股票大作手回忆录

[美]爱德温·李费佛 著

芝 麻 译

山西出版传媒集团

山西人民出版社

图书在版编目（CIP）数据

股票大作手回忆录 /（美）爱德温·李费佛著；芝麻译.
—太原：山西人民出版社，2019.7
ISBN 978-7-203-10417-9

Ⅰ.①股… Ⅱ.①爱…②芝… Ⅲ.①股票投资—经验—美国
Ⅳ.①F837.125

中国版本图书馆CIP数据核字（2018）第098838号

股票大作手回忆录

著　　者：	（美）爱德温·李费佛
译　　者：	芝　麻
责任编辑：	王晓斌
复　　审：	贺　权
终　　审：	秦继华
出 版 者：	山西出版传媒集团·山西人民出版社
地　　址：	太原市建设南路21号
邮　　编：	030012
发行营销：	0351-492220　4955996　4956039　4922127（传真）
天猫官网：	http：//sxrmcbs.tmall.com　电话：0351-4922159
E-mail：	sxskcb@163.com　　　发行部
	sxskcb@126.com　　　总编室
网　　址：	http：//www.sxsxkcb.com
经 销 者：	山西出版传媒集团　山西人民出版社
承 印 者：	北京市兴星伟业印刷有限公司
开　　本：	710mm×1000mm　1/16
印　　张：	16.5
字　　数：	238千字
印　　次：	1-5100册
版　　次：	2019年7月第1版
印　　次：	2019年7月第1次印刷
书　　号：	978-7-203-10417-9
定　　价：	48.00

如果印装质量问题请与本社联系调换

目 录

第一章　价格走势总在遵循一定的规律 …………………………… 1
第二章　并不只是数字的波动而已 ………………………………… 12
第三章　不是看涨,也不是看跌,是要看对 ……………………… 25
第四章　避开圈套,从骗子那儿赚钱 ……………………………… 33
第五章　既要看得清,更要坐得稳 ………………………………… 47
第六章　相信自己 …………………………………………………… 57
第七章　不要廉价买进,是时机,不是价格 ……………………… 68
第八章　最可靠的盟友是基本条件 ………………………………… 74
第九章　理论必须和实践结合,梦想才能实现 …………………… 85
第十章　价格总是沿着阻力最小的方向发展 ……………………… 99
第十一章　要把操作到位变成一项本能 …………………………… 111
第十二章　心态决定了一切 ………………………………………… 121
第十三章　要用自己的钱交易 ……………………………………… 135
第十四章　要注意警告讯号,大势不会突然转变 ………………… 147
第十五章　风险永无止境,意外之外还有意外 …………………… 161
第十六章　不要轻信消息 …………………………………………… 168
第十七章　经验和记忆培养出的行动本能 ………………………… 181
第十八章　投机者的勇气,其实就是按照自己的判断行事的决心 …… 193
第十九章　炒作要围绕股票的价值,而不是价格 ………………… 200
第二十章　不要和大盘争辩,任何时候都不要忘记,你的目的是赚钱 … 206

第二十一章　最好的消息人士是大盘 …………………………… 216
第二十二章　用明智的无私来避免愚蠢的自私 ………………… 229
第二十三章　要警惕匿名的权威言论 …………………………… 246
第二十四章　真相不可能出自知情人士之口，这是投机游戏的本质 … 255

第一章　价格走势总在遵循一定的规律

我初中一毕业就去工作了，在一家股票经纪行里当记价员。我对数字很敏感，上学的时候，三年的算术一年就学完了。我特别擅长心算。记价员的工作就是把行情机接收到的价格记在客户室里的那块大行情板上。客户中通常有人会坐在行情滚动机边上报出价格，他们报价的速度无论多快，都难不倒我，我总记得住，一点儿问题都没有。

这间经纪行里还有很多其他雇员，我当然和他们相处得不错。只是如果市场活跃的话，我从上午10点到下午3点之间就会特别忙，顾不上和他们聊天。不过那是工作时间，我不在乎。

但是，活跃的市场并没有妨碍我对自己工作的思考。对我来说，这些行情数据代表的不是股票价格，不是每股多少钱什么的，它们仅仅是数字。当然，这些数字自有意义。它们总是在变化，这是我唯一感兴趣的地方：变化。它们为什么会变？我不知道，也不关心，而且根本就不去想这个问题。我只是看见了它在变化。工作日每天5小时，每逢星期六2小时，这些时间内我所需要想的就是这一件事情：它们总在变化。

我最早就是这么对价格行为产生兴趣的。我对数字有极好的记忆力，能够把前一天价格在上涨或者下跌前的具体波动记得一清二楚。我对心算的爱好这会儿派上了大用场。

我注意到，股价在上涨和下跌前，它的走势总会呈现出一种固定的模式。我无例可循，这些观察就是我的依据，为我起着指导作用。那时我只有14岁，但是在默默观察了数百次后，我发现自己正在把一些股票的当日走势和它们在其他时间的走势进行比较，在测试它们的准确性。不久后，我就能预测价格的变动了。我说过，指导我的唯有它们过去的表现。我心里有一份"行情秘史"，等着看股价按照固定的模式变动。我已经为它们"计时"了。

举例说，你可以认出买方只比卖方略胜一筹的位置。股市上进行着一场战争时，大盘行情就是你的望远镜。使用它，10 次里有 7 次可靠。

我很早就懂得了另一个道理，那就是华尔街上无新事。不可能有什么新鲜事，因为投机这件事情就像山川那么古老。在股票市场上，今天发生的事情以前一定发生过，以后也还会再次发生。这个道理我从未忘记。我想我真正设法去记住的，是它在何时以及如何发生的。正是这样的记忆，使我的经验得以丰富起来。

我变得非常沉迷于这个游戏，特别急切地想预测所有热门股票的涨跌，所以就弄了一个小本子，把自己的观察一一记在上面。好多人都有一个记录模拟交易的小本子，他们那样做的唯一原因，就是在暴赚或者暴亏时，不至于昏头或者进救济所。而我的小本子很不同，它记录着我的得分和失误。我对下一步可能会出现的走势做出判断后，最感兴趣的就是验证自己的观察是否准确，也就是说，我是对还是错。例如，有一只活跃的股票，我在星期一仔细研究了它的每一个波动后，推断它的这些走势和它每次要跌破 8 个或 10 个点时的表现一样。这时，我就会把这只股票及其当天的价格记下来，而且根据记忆中它过去的表现，也把预测的它在星期二和星期三应该会出现的走势记下来。等时间过去之后，再与实际发生的走势进行对比验证。

我对行情数据的兴趣最早就是这样来的。从一开始，我就认为走势的波动只不过是数字上上下下的移动而已。每次波动当然都有原因，但是行情数据并不理会这个，它从不解释。我 14 岁的时候没有深究这些数据波动的原因，现在 40 岁了，也还是不会这么干。某只股票今天波动了，原因也许在两三天、几个星期，甚至几个月内都不会为人所知，可那又如何呢？关键是现在，而不是明天。原因可以等待，但你却必须立即行动，否则就要被抛在后面。我一再

第一章 价格走势总在遵循一定的规律

看见这样的事情发生。你该记得,那次市场上其他股票都在迅速上涨,空管公司却下跌了3个点的事吧?这是事实;后来,星期一你看见董事会通过了股息方案,这就是原因。这些董事很知道自己该怎么做,他们即使没有卖出股票,可也不去买进。内部无人买进,不跌才怪。

就这样,我大约有6个月坚持记自己的备忘录。工作完成后,我并不急着回家,而是记下所需要的数据,研究那些变化。我总是寻找那些重复以及同时出现的价格走势——其实这就是在学习分析大盘,可当时我并没有意识到。

有一天,我在吃午饭。办公室里的一个男孩,他比我大,向我走来,低声问我有没有钱。

"你干嘛想知道这个?"我说。

"呃,"他说,"我有一个关于伯灵顿股票的可靠消息。如果能找个人一起做的话,我就打算玩玩它。"

"玩玩它?你什么意思?"我问。对我来说,只有客户——那些腰缠万贯的老家伙们才玩,或者说可以玩股票。不是吗?要进入这游戏,非得有成百甚至上千美元不可。这就好比拥有自己的四轮马车和一名带着丝帽的车夫。

"我的意思就是这个,玩玩它!"他说。"你有多少钱?"

"你需要多少?"

"哦,5美元我能交易5股。"

"你打算怎么玩?"

"把钱给投机商做保证金,看他能让我买多少我就买多少,全买伯灵顿,"他说。"这股票肯定会涨。就跟捡钱似的,咱们一眨眼的工夫就能把钱翻番。"

"等等!"我对他说,然后拿出了自己那本小小的秘史。

我对把钱翻番并不感兴趣。我感兴趣的是他关于伯灵顿股票要上涨的说法。如果真是这样,我的小本子上应该有显示。我看了看,果不其然,根据我的记录,伯灵顿股票现在的走势正是它在上涨前的惯常做法。我有生以来从未买卖过任何东西，也从未和别的男孩赌博过，可我现在看见的，是一次大好时机、一次测试一下我的研究和嗜好是否精确的大好时机。如果我的方法在实际运用中无效，那么这理论就站不住脚，也就勾不起我任何兴趣了。于是我把自己所有的钱都给了他。带着我俩的钱，他去了附近的一个投机交易行，买了一些伯灵顿股票。两天后，我们把它兑现了。我赚了3.12 美元。

有了这第一次后，我开始自己去投机行那儿交易。我总是在午饭时间去买进或者卖出——对我来说，两者之间压根没区别。我操作的是一套系统，而不是某只喜欢的股票或者想法，我的知识仅限于其中的算术。事实上，这正是在投机交易行里操作的理想状态，因为那儿所有的交易者都是根据报价单上数字的波动来赌博的。

没过多久，我从投机行那里取出的钱就远远多过我投入的工资了，于是我就辞了职。本来我爸妈都挺反对，可他们看见我挣的钱后就没话了。我还只是个孩子，在办公室里，做小弟的工资可不怎么高。我自己独立干得很不错。

我赚到第一笔 1000 美元时是 15 岁。我把钱放在了我妈面前，那全是从投机商那儿赚来的，并不包括我交回家的那些。我妈受了点儿惊吓。她要我把钱存到储蓄银行里，这样既摸不着又看不见，可以免受诱惑。她说她从未听见过一个 15 岁的孩子两手空空可以赚那么多钱。她都不太相信那是真的钱。我对这些让她提心吊胆的钱没有任何想法，只是觉得可以继续验证自己的推算了。这里面全部的乐趣就在于运用头脑，做出正确的判断。如果我用 10 股测试出的结果是正确的，那么交易上百股的话，我就会是 10 倍的正确率。在我看来，资金增多只有一个意义，那就是我的正确性得到了更大幅度的强调。是更有勇气了吗？才不！没什么区别！如果我仅有 10 美元，可是我把它全拿去冒险了，这比我有着 100 万美元存款，然后拿着另一个 100 万美元去冒险要勇敢得多。

总而言之，15 岁的时候我就能靠股市过上挺舒服的日子了。

第一章 价格走势总在遵循一定的规律

我从一些小规模的投机行开始做。在那儿，如果有人一次交易20股的话，就要被怀疑是约翰·盖茨或者摩根在匿名微服出游了。那时候的投机行很少榨取他们的客户，因为没那必要。即使客户猜对了，也还有很多其他途径能让客户和他们的钱分家的。投机行的生意利润惊人。在它正当经营的时候——我的意思是它不耍花招，爽爽快快地经营时——市场的波动自会把那些小本经营者收拾掉。洗掉0.75个点的保证金根本不费什么事。赖账的情况也不太可能发生，因为这种人会被永远拒绝在游戏之外，再也不能交易。

我一个追随者也没有，自管自交易。无论如何，这本来就是一个人干的事情，一切都凭我的头脑来决定。难道不是吗？我猜对了，就算没有朋友或者搭档的帮助，价格也会朝着我预测的那条路上走；猜错了，也没人有能力因为好心而制止它朝另一个方向去。我当然有朋友，但是我的事情却一直都是老样子，它只涉及一个人。这就是为什么我总是独自操作的原因。

我总是比投机商们高出一筹。这样的情形没过多久，他们就受不了了。我走进门，把保证金拍在柜台上，可他们看着钱就是不接。他们会对我说，没什么可做的了。从那时起，他们开始叫我"少年赌徒"。我从这家投机行转到那家投机行，只好一直不停地更换投机商。后来，事情演变到我不得不化名。我总是从很小的规模开始，只交易15或者20股。只要他们起了疑心，我就先故意输一把，接着再狠狠地收拾他们。当然啦，他们很快就觉得在我身上破费太多了，因此告诉我，让我和我的交易到别处去，不要阻碍老板发财。

有一次，我待了几个月的一家大投机行对我下了逐客令。我决定要从他们身上多捞走一些。这家投机行在这座城市的酒店大堂、附近的小镇等地方，到处都有分部。我去了一家酒店中的分部，问了那儿的经理几个问题，后来就可以交易了。可是，我一开始用自己特别的方法操作一只活跃的股票时，他就从总部接到了一些询问，问谁在这儿做呢。经理拿这些问题来问我。我对他说，我的名字叫爱德华·罗宾森，从剑桥来的。他把这令人欣慰的消息告诉了大老板，可那边还想知道我长的什么样。经理把话传给我，我对他说："你就说我又矮又胖，黑头发，一把大胡子！"但他还是忠实地描述了我的样子。他说完后，凝神倾听，接着脸就变得通红。放下电话，他就让我走。

"他们对你说什么了？"我客气地问。

"他们说，'你这个该死的蠢蛋，我们难道没有告诉过你不要让拉瑞·利文斯顿来交易吗？你却明知故犯，让他从我们这里卷走了700美元！'"别的还有什么话，他没说。

我去其他的分行一家一家试，但他们都知道我，我的钱在哪儿都没用。我甚至进去看一下行情，都会受到一些职员的取笑。我试图让他们偶尔接受我一次，我可以轮流去每一家交易，这样间隔时间就会很长。可那也不行。

最后我可考虑的只剩下了一家，那是所有投机行中最大最有钱的一家——大世界股票经纪公司。

大世界的信用等级被评为A，业务量很大，新英格兰的每个工业中心都有它的分行。他们不错，接下了我的单子。几个月间，我买进卖出，有赚有赔，但老戏最终还是上演了。他们并没有像那些小投机行一样不由分说地拒绝我。这倒不是出于公不公平的考虑，而是因为如果上了报纸，让人知道他们容不得人赚点钱的话，他们的名声就坏了。不过他们做得也不比别人好多少。他们规定我交3个点的保证金，而且迫使我分别在0.5个点、1个点和1.5个点的时候附加一笔保险费。这简直是障碍重重！此话怎讲？很简单！假设你以90元的价格买进钢铁公司，你的成交单上一般是这么说的，"90.125元买进10股钢铁公司"（译者注：是手续费）。如果你的保证金是一个点，那就意味着如果它跌破89.125的话，你就要被自动消灭掉了。投机行是不会主动要求客户追加保证金的，客户如果不愿意的话，也用不着忍痛让经纪商把他的股票按市价卖出。一切都由客户自己抉择。

第一章 价格走势总在遵循一定的规律

大世界弄保险费这一出，那是在使卑鄙手段。这意味着如果我买进的价格是90元的话，我的成交单上的价格不是"90.125元买进钢铁公司"，而是"91.125元买进钢铁公司"。我如果在这只股票涨了1.25个点后卖出，也还是亏。另外，他们一开始就坚持让我交3个点的保证金，这么做就等于减少了我三分之二的交易能力。不过，毕竟只有这家投机行肯接我的单子，我要么接受这些条件，要么就放弃交易。

我当然有赚有赔，不过总体来说还是赚得多。这些令人发指的障碍本来就足以击退任何人了，但他们还是不满意，又对我施加骗局，可他们到底也没抓着我，我的预感帮我逃脱了魔爪。

正如我所说，大世界是我最后的去处。它是新英格兰最富有的投机交易行，按照惯例，他们对交易向来不设限制。在他们那些每天都来、稳扎稳打的散户中，我想我大概是交易量最大的。他们有一个很高级的营业厅，有一块我在别处从未见过的行情报板，很大、很全面，有整间屋子那么长，所有能被想到的东西都写在了上面。我是指在纽约和波士顿的股票交易，还有棉花、小麦、必需品、金属等等，在纽约、芝加哥、波士顿和利物浦买卖的所有东西。

你知道那些投机行里交易是怎么进行的：你把钱给一名职员，告诉他你想买进什么或者卖出什么。他看着报价单或者行情板，把那上面的价格——当然是最新的——记下来，当然还有时间。这样一来，这张委托单看上去几乎就像一份平常的经纪商报告了，上面有他们从你这儿接了多少钱，在某日某时以什么价格为你买进或者卖出了多少股某只股票。你如果想结算这桩交易时，就去告诉那个职员，或者另一个职员，这要看投机行的。职员记下这只股票的最新价格，如果这只股票不活跃，他会一直等到新的价格出现。然后，他把价格和时间记在你的委托单上，核对之后就把单子给你，你再拿着单子去现金柜台那儿兑现。当然喽，如果市场和你对着干，价格超出了你的保证金所容许的范围，你的交易就会被自动结算掉，而你的委托单就只不过是废纸一张了。

在低级一些的投机行里，人们最低可以买卖5股，委托单也是一张小纸片，买进和卖出的颜色都不一样。有时候，比方说在一个士气高涨的牛市里，投机行的损失会比较严重。因为所有的客户都非常看好后市，都碰巧赌对了。这时，投机行就会把卖出和买进的手续费一同扣除，如果你的买进价格是20，委托单上会写20.25。因此你只有0.75个点的空间。

不过大世界是新英格兰最高级的投机商。它有上千个客户，而我真的认为，我是仅有的一个让他们感到害怕的。不管是那逼死人的保险费还是3个点的保证金，都没能怎么减少我的交易。我总是以他们容许的最大限度买进和卖出。有时候，我握有的股票多达5000股。

事情发生的那天，我跟你说，我正做空3500股糖业公司的股票。500股一张的粉红色委托单，我有7张。大世界的委托单尺寸很大，上面有片空白，是他们用来记下追加的保证金的。当然，他们从来不催着你追加。你的资金越少，对他们来说就越好，因为他们的利润就是从你的破产中得到的。在规模小的投机行里，如果你想继续追加保证金，他们会给你一张新的委托单，这样就能向你再收一次买进的手续费。而且每次下跌一个点，他们只给你0.75个点的空间，因为卖出被当做一次新的交易，并且把手续费也精确地计算在内了。

嗯，我记得这天我的保证金超过了1万元。

我积累到第一个1万美元时才20岁。你真应该听听我妈怎么说的。你会觉得除了老洛克菲勒，没人会有那么多钱。她过去常常对我说，我应该满足了，该去做些普通生意。我花了大力气说服她，我不是在赌博，而是在用数字赚钱。1万元在她眼里是一大笔钱，而在我眼里，无非是有了更多的保证金而已。

我是在105.25的价位做空那3500股糖业公司的股票的。屋子里另外还有一个家伙，亨利·威廉姆斯，也做空了2500股。我经常坐在行情滚动机边上为记价员报价。这只股票的价格走势在我的预

第一章 价格走势总在遵循一定的规律

料之中。它立刻下跌了两个点，然后喘了口气，停了一下，准备另一次下滑。大盘整体来说相当疲软，各方面看上去对我都很有利。但是突然间，我对糖业公司的盘整有了一些不好的感觉。我感到别扭，我想，我该出局了。这时它的卖出价是 103 元，是这天的新低。可这不但没让我放心，反而让我更加担心了。我感觉出了岔子，可又不能确切地知道哪里错了。如果出现了问题，但我却不知道问题打哪儿来的，那么我就不可能做好防卫措施，这种情况下我最好抽身离开。

你知道，我不盲目地做事情。我不喜欢那样，我也从未盲目过。即使还是孩子的时候，我做事情也必须知道原因。但这次我没什么明确的理由给自己。然而，我不安的感觉太强烈了，让人无法忍受。我找来一个认识的人叫戴夫·韦曼，对他说："戴夫，你来代替我吧。不过，我想让你帮我个忙。糖业公司的下一次价格出来后，你等上一会儿再报，行吗？"

他说行。我就从行情滚动机旁站了起来，把位置给他，好让他为记价员报价。我从口袋里掏出那 7 张糖业公司的委托单，走向柜台。要想交割，就要到那里去让职员给你的委托单做记号。不过，我还没弄清楚为什么应该退出呢，所以就把委托单拿在手里不让那个职员看到，靠着柜台站在那里。我很快就听见了电报的滴答声，并且看见那个职员，汤姆·伯恩汗姆，飞快地转过头去倾听。我能感觉到一个阴谋正在酝酿，就决定不能再等了。正在那时，行情滚动机边的戴夫开始喊："糖……"，我闪电般迅速地把委托单甩在柜台上那个职员面前，喊道："糖业公司平仓！"正好比戴夫的报价早了一步。因此，当然啦，公司不得不按照糖业公司的上一个价格结算。结果，戴夫报出的价还是 103 元。

根据我的推算，糖业公司这次应该跌破 103 元。行情有些蹊跷。我有种感觉，周围有陷阱。况且，现在电报机疯了似的不停地滴答作响。我注意到那个职员汤姆正听着那些个滴答声，仿佛在等着什么，而我的委托单还没被动过，仍旧在原地。于是我冲他喊道："哎，见鬼了，汤姆！你还在等什么？把价格记在这些委托单上啊——103元！快点！"

屋子里每个人都听见了，开始朝我们这边看过来，询问出了什么事。因为，你看，尽管大世界从来没有出过事，可谁也说不准。投机行和银行的经营有共通之处，如果让一个客户起了疑心，那么其他的客户就会跟着起疑心。因此，汤姆虽然阴沉着脸，可还是过来在每张单子上记下了"平仓价格103元"的字样，然后把这些单子推给我。他的脸色可真不好看。

说起来，从汤姆的位置到兑换现金的窗口距离还不到8英尺呢。可还没等我走到那儿，就听见戴夫在行情滚动机边上兴奋地喊叫："天啊！糖业公司，108元！"不过，这已经太迟了。我大笑着冲汤姆喊道："刚才失手了，对吧，老伙计？"

这当然是一次设计好的事情。我和亨利·威廉姆斯加在一起的话，一共做空6000股糖业公司，这家投机行已经拿到了我们俩的保证金了。而其他做空这只股票的客户也许还有很多，做空的股票总数很可能是8 000到1万股。估计一下的话，在糖业公司这只股票上他们收了有2万美元的保证金。这笔钱足够让他们在纽约证券交易所的场内捣鬼，把我们洗掉了。当年，无论何时，只要一家投机行发现它的客户过多地买进某只股票，就会找个经纪商来打压这只股票的价格，直到把它所有做多的客户都洗掉，这是司空见惯的事情。投机行所花费的不过是几百股股票的两三个点而已，但他们赚到手的却是上万块钱。

这正是大世界对我和亨利·威廉姆斯，还有其他糖业公司空头干的事情。他们在纽约的经纪人把价格拉到了108元。当然，它立刻回落了，但是亨利和许多其他人却都被洗掉了。只要股价在出现了一次无法解释的骤跌后，紧接着又一次反弹，当时的报纸就会称它为一次"投机行的操作"。

最令人可笑的是，大世界的人企图骗我入局的事发生后，还不到10天，他们自己却被一个纽约的操盘手弄走了7万多美元。此人在1896年的"布莱恩恐慌"中以空头身份一举成名，当时正处在全盛时期，对市场有相当大的影响力。他是纽约证券交易所的一位成员。由于法规不容许牺牲其他成员的利益来赚钱，他一直为此头疼。后来他想到，如果从下面那些投机行里取些不义之财的话，证券交易所或者警察局大概都不会有什么怨言。在我说的这件事中，他派了35个人假装成客户，分散到了大世界的总部营业厅和一些较大的分支，约好在某天某时，针对某只特定的股票，在经理们允许的范围内，同时有多少就买进多少。他们都得到指示，等有了一定利润后就溜。这个人自己做的，当然就是在亲朋好友间散布利好消息，然后走进交易所大厅，在场内交易员的帮助下把价格拉高。这些交易员都还以为他挺规矩呢。这种事情，只要谨慎地选对了股票，不用怎么麻烦就能把价格拉高三四个点。他的那些手下按照预先的计划，在下面那些投机行里把钱兑换到手。

　　有个人告诉我说，这个牵头者在除去给那些手下的开销和报酬后，还净赚了7万美元。这个把戏他在全国范围内玩了好几次，狠狠处罚了一下纽约、波士顿、费城、芝加哥、辛辛那提，还有圣路易斯的投机行。此人偏爱的股票之一是西联公司，因为像这样的半热门股票上下波动几个点是最容易的。他的代理人以某个价位买入，有了2个点的利润后就抛出，然后转头做空，就又能赚3个点的利润。顺便说一下，我前几天读到一则消息，说这个人死了，死时穷困潦倒，默默无闻。如果他在1896年去世的话，纽约的每张报纸都会在头版至少刊登一个专栏，可现在他只占了第五版的两行字。

第二章　并不只是数字的波动而已

我发现，如果 3 个点的保证金和 1.5 个点的保险费还拦不住我的话，大世界已经完全准备好用不正当的手段来对付我了。而且他们还暗示我，不管怎样都不想再接我的单子了。既然如此，我决定到纽约去。在那儿，我可以选一个纽约证券交易所成员的营业室交易。我不想去波士顿的交易行，因为那里的行情都得通过电报传送。我希望离行情的源头近一些。我来到纽约时 21 岁，带着全部家当 2500 美元。

我说过，我 20 岁的时候就有了 1 万美元，而且做糖业公司的保证金超过了 1 万。然而，我并不是一直都在赢。这和我的交易策略没有关系，它们够可靠的了，正确的次数远远多过失误。如果我坚持按计划行事的话，那么 10 次里可能会做对 7 次。事实上，只要我一开始就能确定自己是对的，那么就总会赚钱。我的失误在于脑子还不够使，不能坚持自己的原则。这个原则是，只在有利可图，并且情况令人满意时才出手。每件事情都有时机，但我那时不明白这个。这也正是华尔街上那么多精英人士失败的原因。世上有一种普通的傻瓜，他随时随地都会做错事；还有一种是华尔街的傻瓜，他们认为自己必须不停地交易。没人能够有充分的理由去天天买卖股票，即使这么干了，也不可能有足够的智力去保证每次操作都很高明。

这一点是我已经证明了的。只要依照经验看盘，我就能赚钱；可我要是像个没头脑的傻瓜那样操作，就没法不赔钱。我和普通人并没有什么不同，也会犯错。可不是嘛，巨大的行情板上大盘在滚动，它们凝视着我；而周围人们一边交易，一边眼睁睁地看着自己的委托单变成钞票或者废纸。这种情景下，我理所当然地让激情压

第二章　并不只是数字的波动而已

倒了理智。在经纪公司里，人们的保证金比较少，所以不太做长期交易。这样一来，也就会很快很容易地被洗掉。盲目频繁的交易是华尔街上许多人赔钱的原因，甚至包括那些专业人士。这些人好像认为自己在做一份固定收入的工作，每天必须带点儿钱回家。请记住，我那时还只是个孩子，还不知道后来学到的那些东西，还没有学会等待。15年后，也就是1915年时，我亏得一文不名，努力想东山再起。那时因为经不起鲁莽的操作，必须弹无虚发，所以才等待。等了漫长的两个星期后，眼见我看好的那只股票往上涨了30个点，我感觉安全后才出了手——我成功了。这事说来话长，我以后会在适当的章节里讲到它。现在咱们还是回过头来，继续说说我是怎么在战胜那些投机行多年后，又被他们掠走了大部分胜利果实的。

并且，我是眼睁睁地看着他们干的！而且这种事情我这辈子干了不止这一回，一名股票作手必须付出高昂的代价和自己作战。总之，我带着2500美元来到了纽约。这里没有什么可靠的投机行。在证券交易所和警察局的两面夹攻下，它们基本上已经被消灭得差不多了。况且，我想找的是一个除了交易规模，其他方面没有任何限制的地方。我没多少钱，不过我认为我不会永远没钱。开始最主要的，就是找到一个可以公平交易，让我免除顾虑的地方，于是我去了一家纽约证券交易所的会员公司。这家公司在我的老家有一个分部，我认识里面的一些职员。他们早已不做这一行了，我不喜欢那儿的一个合伙人，所以没在那里呆多久。后来，我就去了富勒顿公司。一定有人对他们说过我早先的经历，因为没多久他们就开始叫我"少年炒手"。我看上去总是很年轻，这一点在某些方面来说是个障碍，但是却激励着我为自己而奋斗，因为许多人都企图利用我的年轻来占便宜。以前投机行的那些家伙们见我是个小青年，就一直认为我是个运气好的傻瓜，觉得我经常打败他们的唯一原因就是运气好。

呃，还不到6个月我就破产了。我是个相当活跃的交易者，有几分"常胜将军"的名气。我猜想我的手续费总体不菲。我账号里的数字涨得很快，但是，最后还是输了。我小心翼翼地操作，可注定是要输的。我告诉你原因是什么：就是因为我在投机行里那让人难以置信的成功！

我只有在投机行里才能以自己的方法获胜。我赌的是数字的波动，所以看大盘时只看这一点。我买进的价格就写在面前的行情板上，甚至在买进前，我就能分毫不差地知道我为这只股票要付的价钱。而且，我总是能够立即抛出。我在买卖之间来回转换而能成功，其原因就在于我能像闪电般行动。我可以在一秒钟内获利或者止损。比方说，有时候我确定某只股票会上涨至少一个点。我完全可以用一个点的保证金在一眨眼的工夫内把钱翻倍；或者我也不必贪心，只赚半个点就行。每天这么做一二百股，一个月下来也不坏了，对吧？

当然了，这么干有一个实际问题，那就是投机行即使有财力应付稳定的大笔亏损，也不会乐意去这么做。他们不会要一个总是赢钱的客户，那种人未免太不识相。

总之，在投机行里显得很完美的那套交易方法，到富勒顿的营业厅就不行了。我在那儿是真正在买卖股票。糖业公司的价格在大盘上是105，对此我预测要有3个点的跌幅。然而，实际情况却是，这里的行情打出105的那一刻，纽约证券交易所那儿的真正价格也许是104或者103。等我1000股的卖单送到富勒顿营业人员的手上去执行时，真正的价格或许还会更低。我在从职员那里拿到成交报告前，根本不会知道自己做空的价格究竟是多少。同样的一次交易，我在投机行里确凿无疑能赚到3000块，在一家证券交易所会员公司里也许一分钱也拿不到。当然，我举的是一个极端的例子，可基本事实是一样的，那就是我一直没有意识到，就我的交易系统而言，富勒顿公司营业厅所提供的都是滞后的历史行情。

除此之外，如果我的交易规模相当大的话，我自己的卖单就可能会进一步压低价格。我在投机行时，用不着把自己的交易对行情产生的影响考虑在内。我在纽约失败的原因，就在于那里进行的是一种完全不同的游戏。我赔钱并不是因为我现在的操作正当合法了，而是因为我对这种状况的无知。人们总说我看起盘来是把好手，可是这一点并没有帮上我。如果我是个场内交易员，亲自在交易所内的话，可能情况会好一些。在那个特定的人群中，我也许可以立即调节自己的交易策略以适应面前的情形，不过，如果我的交易规模像现在这么大的话，那么我自己的交易就会对价格产生影响，而我对此一无所知，所以还是会失败。

总而言之，我还不懂股票投机这个游戏。投机行那部分我是懂的，那是相当重要的一部分，我一直从中受益匪浅。但是，如果我有了这些知识，仍然还是在赔钱的话，那么身为股票投机的门外汉，我能有多少赢面，或者说，赚钱的可能呢？

我没用多长时间就意识到自己在操作上有问题了。可是我找不到具体问题的所在。有时候，一切都在按照我的计划漂亮地进行着，可突然之间，接下来就什么都不剩了，只有接二连三的打击。请记住，那时我才22岁。我这么说，并不是指自己当年刚愎自用、不想弄清楚跌倒的地方；我的意思是，在那样一个年纪，谁也懂不了多少。

营业所的人对我非常好。虽然他们的保证金条例使我不能随心所欲地下赌，可是老富勒顿和公司其他人对我是那么的亲切，以至于在很频繁地交易了6个月后，我不但把自己带来的和赚到的钱全赔光了，甚至还欠了公司几百块。

这就是我那时的情形：还是个以前从未离过家的孩子，一文不名。不过，我知道问题并不在我自己的身上，而是我的操作。我不知道自己的意思是否表达明白了，不过我是从来不会对着股票市场意气用事的。我从来不和行情较劲。对着市场发脾气帮不了你任何忙。

我急着重新开始交易，就一刻也没等，找到了老富勒顿。对他说："老富，借我500美元。"

"要来干嘛？"他说。

"我需要点钱。"

"要来干嘛？"他又问。

"当然是缴保证金啦，"我说。

"500美元？"他说着，皱起眉头。"你知道，他们会指望你维持10%的保证金，也就是说100股1000美元。给你贷笔款要好得多。"

"别，"我说，"我不想在这儿贷款。我已经欠公司的了。我要的是你借我500美元，然后出去赚一笔再回来。"

"你准备怎么赚？"老富问道。

"我要去一家投机行交易，"我告诉他。

"在这儿交易吧，"他说。

"不行，"我说。"我拿不准自己能玩赢这里的游戏，不过我肯定能从投机行那儿赚到钱。那里的玩法我门清。我有个感觉，我知道我在这儿差错出在什么地方了。"

他把钱给了我，我这个投机行的"恐怖少年"——他们这么叫我——就走出了这个让我输得精光的地方。我不能回家，因为那儿的投机行不会接我的单子。纽约那时已经没有那种投机行了，所以也不在考虑范围内。听人说，八九年前宽街和新街上到处都是投机行，可我现在需要它们的时候，已经一家都没了。沉吟之后，我决定去圣路易斯。我听说过那儿的两家大投机行。它们生意兴隆，分行散布在几十个小镇上，遍布整个中西部，利润一定十分庞大。事实上，有人说东部没有一家公司能比得上他们的营业额。这两家公司经营透明，高手可以毫无顾忌地在那儿交易。有个家伙甚至告诉我说，其中一家的老板是商业部的副部长。不过那不可能是在圣路易斯。不管怎么说，那儿就是我带着500美元要去的地方。我打算赚上一笔保证金，然后回到那个纽约证券交易所的会员公司富勒顿，继续交易。

我一到圣路易斯就住进了酒店，洗漱一番后，立刻出发去找投机行。一家是杜兰公司，另外一家是泰勒公司。我知道我能赢他们。我在操作上要求绝对安全，也就是说，保守、谨慎。我担心的只有一点，就是有人认出我来，把我出卖掉。因为全国的投机行都

第二章 并不只是数字的波动而已

听说过"少年赌徒",它们就像赌馆,掌握着职业赌徒所有的小道消息。

杜兰比泰勒要近,我就先去了那里。我希望他们在把我赶走前也许能让我做几天。我走了进去。那是一个非常大的营业厅,至少有几百人在盯着行情板。我很高兴,因为在这么拥挤的人群里,我更不容易引起注意。我站在那儿观察着行情,仔细研究,终于挑出了一只股票,准备玩第一把。

我环顾四周,看见在交钱下单的窗口有一个职员,他正看着我。于是我向他走去,问道:"棉花和小麦在这儿交易吗?"

"对啊,小伙子,"他说。

"我也能买股票吗?"

"如果你有钱,那就行,"他说。

"噢,那个我有的是,有的是,"我说得像个牛皮哄哄的孩子。

"有的是?是吗?"他笑着说。

"100美元能买多少股?"我问道,做出一副很恼怒的样子。

"100股,如果你真有100美元的话。"

"没错,我有100。200也有!"我告诉他。

"啊,天呐!"他说。

"就给我买200股吧,"我很干脆地说。

"200股什么?"他问道,这才严肃了起来。这是正经事。

我又看着行情板,做出一副动脑筋的样子,然后告诉他:"200股奥马哈。"

"很好!"他说。他接过我的钱,数了数,然后下了单。

"你叫什么名字?"他问我。我回答道:"郝瑞斯·肯特。"

他把委托单给了我。我走开来,在客户中间坐下,等着股价上涨。我行动迅速,那天交易了好几次。第二天也一样。我在两天时间内就赚了2800美元,我盼望能做完这个星期,以这个赚钱速度,到时候情况就会很不错了,然后我再去对付另外那家投机行。如果在那儿我也有这运气的话,那么我回纽约后就有本钱做些什么了。

第三天早上,我走到窗口前,做出很害羞的样子,要买500股BRT的股票。那个职员对我说:"呃,肯特先生,老板要见你。"

我心里明白,游戏结束了。不过还是问他:"他见我干什么?"

"我不知道。"

"他在哪儿?"

"他的私人办公室。那边进去。"他指着一扇门。

我进了门。杜兰正坐在桌前。他转过身来,说:"坐下,利文斯顿。"

他指着一把椅子。我最后的希望破灭了。我不明白他是怎么发现我是谁的,也许通过酒店的登记。

"你见我有什么事?"我问他。

"听着,小家伙。我不想和你过不去,一点儿也不想。明白吗?"

"不,我不明白。"我说。

他从旋转椅上站起来。他块头很大。他对我说:"这儿来,利文斯顿,请过来。"他走到门前,打开门,指着大营业厅里的客户们。

"看见了吧?"他问。

"看见什么?"

"这些人。小子,看看他们。300个!300个傻瓜!他们养着我和我的家人。懂么?300个傻瓜!然后你来了,你两天里挣的钱比我从这300个傻瓜身上搜刮两个星期的还多。生意不是这么做的,小子——这我可不干!我不想和你过不去。已经赚到的钱你就别客气了,不过不能继续再赚。这里的钱没你什么事了!"

"为什么,我……"

"就这样。前天你进来我看见了,当时我就不喜欢你的样子。老实说,我真不喜欢。我看你就不善。我把那边那头蠢驴叫了进来"……他指着那个犯了错的职员……"问他你都干了些什么。他告诉我后,我对他说:'我不喜欢那家伙的样子,他是个老手!'那个傻瓜说:'什么老手啊,老板!他叫郝瑞斯·肯特,只不过是个想玩大人游戏的毛头小子。他没问题!'好吧,我就听他的。这个可恶的家伙让我丢了2800美元！小伙子，我不怪你，不过现在钱箱对你锁上啦。"

"听我说……"我开口道。

"还是你听我说吧，利文斯顿，"他说。"你的事我早就听说了。我是从傻瓜身上赚钱的，你可不是傻瓜。我打算公平行事，所以你偷偷赚到的那些钱你尽管拿去。可现在我知道你是谁了，要是还让你接着赚，我就成傻瓜了。所以你快离开吧，小子！"

我带着2800美元的利润离开了杜兰的地盘。泰勒公司的营业厅在同一个街区。我已经得知泰勒是个非常富有的人，经营着许多赌场，我决定去他的投机行。我琢磨着，是应该一开始含蓄点，以后逐渐增加到1000股呢；还是上来就弄个大的，因为也许只有这么一天的机会。他们亏钱的时候很快就会学乖，而我真的想买1000股BRT，我确信它能涨四五个点。可如果他们起了疑心，或者如果买这只股票的人太多的话，他们也许根本就不会让我交易。我寻思着也许最好还是分散着买，开始的时候出手小一些。

那儿没杜兰家的营业厅那么大，不过设施要高级得多，里面的客户一眼看去就知道来自比较好的阶层，这太适合我了。我决定买进1000股BRT，于是就走到办事的窗口，对里面的职员说，"我想买BRT。限量多少？"

"没有限量，"那个职员说。"你想买多少就能买多少——只要你的钱够。"

"买1500股，"我说，从口袋里把钱掏了出来。他在一边下着单子。

这时，我看见一个红头发的男人。他上来就把那个职员从柜台边推开了，探过身子，对我说，"嗨，利文斯顿，回杜兰那儿去吧。我们不想要你的生意。"

"等我拿到单子，"我说。"我刚买了点儿BRT。"

"这儿没你什么单子，"他说。这时其他职员也都来到他身后，一起盯着我。"永远也别到这儿来做，我们不接你的单子。懂不？"

发火或者争论都没什么意义。所以我回到酒店，结完账，搭第一班车回到了纽约。太难了。我想弄笔像样点儿的钱，可那个泰勒竟然连一笔交易都不让我做。

回到纽约后，我把 500 美元还给富勒顿，用在圣路易斯赚的这笔钱重新开始交易。我的情况时好时坏，不过总体来说还是略有小赚。说到底，我并没有多少需要改正的地方，除了要抓住一个事实，那就是，投机股票这个游戏比我在来到富勒顿之前所预想的要复杂。我就像个热衷于填字游戏的人，在星期天的报纸上做填字游戏。那样的人填不出就不得消停，而我呢，当然想着要为自己的难题找到解决办法。我以为自己在投机行里已经掌握了交易技巧，但是我错了。

回到纽约大概两个月后，一个老家伙来到富勒顿公司。他认识富勒顿。有人说他们曾经一起拥有过许多赛马，显然，他昔日也有过好时光。我被介绍给了这个老麦德威。他正跟人说到西部赛马场上的一群骗子。那些混蛋刚在圣路易斯布完一个骗局，为首的家伙，他说，是一个叫泰勒的赌场老板。

"哪个泰勒？"我问他。

"那个大家伙泰勒。"

"我知道那只鸟，"我说。

"是个坏家伙，" 麦德威说。

"简直是恶棍，"我说，"我还有笔小账要跟他算算清楚。"

"想怎么算？"

"我能打击他们骗局的唯一途径是通过他们的钱包。不过现在我在圣路易斯够不着他，可总有一天我会的。"然后我把自己不满的由来告诉了麦德威。

"这个嘛，"老麦说，"他想在纽约弄关系做这一行，可没成，所以就去荷波肯市开了一个店。据说那家店对交易没有限制，而且资金非常雄厚，直布罗陀的巨岩和它一比都成了矮虱子影儿。"

"什么样的一个店？"我以为他在说赌场。

第二章 并不只是数字的波动而已

"投机行，"麦德威说。

"你肯定它开着吗？"

"对，好几个人见着我都那么说。"

"那还是听说而已嘛，"我说。"你能不能确认一下它是不是真的开着，还有，他们允许一个人交易的量到底能大到什么程度？"

"当然可以，小子，"麦德威说。"我明天早上亲自出马，然后回到这儿来告诉你。"

他果真去了。结果表明，泰勒在那儿的生意看来已经做得很大了，而且来者不拒。那是个星期五，股市这个星期一直都在涨。请记住，这可是20年前呀，星期六的银行报表一定会显示出盈余公积金在大幅下降的。这对那些大炒家来说正好是一个介入股市的恰当时机，可以让他们去淘汰掉某些资金薄弱的经纪行。如果这样，大市在交易的最后半小时就会出现一些常规反应，特别是那些公众交易最活跃的股票，这些股票自然也就是泰勒的客户们恰好竭尽所能大力买进的股票。这种情况下，如果有人出来卖点儿空的话，他可能会很高兴。没什么比让傻瓜两头受捉弄更让人愉快的事了，何况还那么容易——他们那儿的客户只缴1个点的保证金。

那个星期六早上我赶到荷波肯市，到了泰勒的投机行。他们弄了一个很大的营业厅，有一块挺棒的行情板，而且职员齐备，还有一个穿着灰色制服的特别保安。营业厅内大约有25名客户。

我和经理有一场谈话。他问有什么可以效劳的。我说没什么，还跟他说，股票只能让人赚点鸡零狗碎，而且没准还得要好几天，远不如去赌赛马碰运气，那样不但赚的钱要多，而且还自由，想赌多少钱就赌多少钱，几分钟内就能赚上千块。他听后，就开始对我说股市如何如何更加安全，他们的客户赚了如何如何多的钱，说的你一定以为他是个正规的经纪人，在证券交易所帮你实际买卖股票呢。他还告诉我，只要交易量大，就能赚大钱。他一定以为我要去赌场，而且想在那些赛马场把我的钱啃光前先刮掉一笔，因为他说我应该赶紧行动起来，星期六股市12点收盘，这样我就还有整个下午可以去别的地方玩了。他说，我没准还能多带点钱去赛马呢——如果选对了股票的话。

我做出一副不相信的样子，他就继续劝导我。我看着时钟，到 11 点 15 分时，我说，"好吧，"然后就给他下了几种股票的卖空指令。我取出 2000 块现金，他非常高兴地收下了，告诉我他觉得我会赚很多钱，并且希望我能多多光顾。

事情正如我所预料的那样发生了。炒家们对那些他们认为最经不起波动的热门股票开始打压，价格一路下滑。我在大市最后 5 分钟的习惯性反弹前平了仓。

5100 美元在向我召唤。我去兑换。

"我真高兴自己顺路进来了，"我对那个经理说，然后把单子递给他。

"呃，"他对我说，"我没法儿把钱全给你。没想到会是这么个输赢。你星期一早晨来拿吧，一定没问题。"

"好吧。不过你现在有多少我就先拿多少，"我说。

"你得让我先把那些小户付掉啊，"他说。"我把你的本金给你，剩下的就等我把别人的单子兑换完再说。"于是我就一直等着他去付清其他的赢家。我知道我的钱很安全，泰勒的生意那么好，不会赖账不给。而且，就算他这么干，我除了现在尽可能拿走他所有的钱外，还能有什么更好的办法呢？我拿回了自己投入的 2000 美元，另外还有大概 800 块，那是营业厅里所有的钱了。我告诉那个经理，我星期一早晨过来。他发誓说钱一定准备好。

星期一，我到荷波肯市的时候还不到 12 点。我看见一个家伙在对那个经理说话。泰勒让我滚回杜兰的那天，我在圣路易斯见过这人。我立即明白了，那个经理给总部发了电报，他们派了此人来调查这件事。骗子是不相信任何人的。

"我来拿剩下的钱，"我对经理说。

"这就是那人？"圣路易斯的伙计问道。

"是的，"经理说道，从口袋里掏出一沓钞票。

第二章　并不只是数字的波动而已

"等等！"圣路易斯的那位老兄对他说，然后转向我，"喂，利文斯顿，难道我们没告诉过你，我们不要你的生意吗？"

"先把钱给我，"我对经理说。他把钱展开来递给我，两个1 000块，4个500块，还有1个300块。

"你说什么？"我对圣路易斯那人说。

"我们告诉过你，不想要你在我们的地盘上交易。"

"是的，"我说，"所以我才来。"

"不许再来了。离远点！"他朝我吼着。穿灰衣服的保安悠闲地靠近了些。圣路易斯的老兄冲着经理晃了晃拳头，嚷嚷道："你不该让这个家伙进来，你早该知道，你这个可恶的蠢蛋，他是利文斯顿。你接到过命令。"

"听着，你，"我对圣路易斯那人说。"这儿不是圣路易斯。在这里你别指望能像你那老板骗贝尔法斯特男孩那样，别指望玩什么把戏。"

"你离这个营业厅远点！你被禁止在这交易！"他喊着。

"如果我不能来交易，那没人会来，"我告诉他。"你要想在这里耍那套花招的话，那可跑不了。"

嘿，圣路易斯的那位老兄立即就换了声调。

"你看，老兄，"他说，顿时殷勤了起来，"帮帮忙，讲点儿道理！你知道，每天这样我们可受不了。老家伙要是听到你是谁的话，还不得一跳三尺高。替我们着想一下吧，利文斯顿！"

"我会悠着点儿，"我向他保证。

"你还是讲道理的，对吧？发发慈悲，离远点！给我们顺利开张的机会吧。我们刚开业。行不？"

"那我下次来的时候，可不想再面对这种傲慢无礼的事了。"我说完就走了，留下他对着经理连珠炮似地嚷嚷着。我从他们身上弄了点钱，是报复他们在圣路易斯让我受到的对待，发火或者设法让他们关门没有任何意义。我回到富勒顿的经纪公司，把这事告诉了麦德威。我对他说，如果他同意的话，我想要他去泰勒那儿，以

20 或者 30 股的量开始交易，先混个脸熟。然后等我看见赚大钱的好机会时，就给他打电话，他就可以冲上去了。

我给了麦德威 1000 美元，他去了荷波肯市，按我说的办，成了一名老客户。后来有一天，我认为行情会有一次突破，就悄悄传话给老麦。他在能力所及的范围内全部做空。那天，除去给老麦的回扣和开销，我还净赚了 2800 块，而且我怀疑老麦也稍带给自己做了点。这之后不到一个月，泰勒就把他的荷波肯分号关掉了。警察很是忙了一阵。尽管我才在那儿做了两次，但是它还是亏本。我们正逢一个疯狂的牛市，股价极难下跌，即使 1 个点的保证金，也不容易被洗掉。所有的客户当然都在做多，都在赚钱。他们的账面资金在不断增加，而全国各地的投机行在纷纷倒闭。

游戏已经不同了。在老式投机行里交易，比起在一家享有盛誉的经纪公司里投机，有一些优势很明显。比如说，在投机行里，你的保证金到极限后，交易就会被自动结算掉。这是最好的止损办法，你最多亏掉所投入的资金，而不会更多。而且，也不会有委托单执行不力的危险，等等。纽约投机行对待客户从未像我听说的西部投机行那么大方。这里的投机行常常把某些热门股票的获利限制在两个点以内，例如糖业公司和田纳西煤铁公司。它们即使在 10 分钟内涨跌了 10 个点，你也只能每张单子赚两个点。这些投机行认为，不然的话，客户的机会就太大了，差不多是赔一赚十的几率。除此之外，有时候所有的投机行，包括那些最大的，都拒绝接收某些特定股票的委托单。1900 年，在大选日的前一天，麦金利当选已经基本成定局，国内没有一家投机行容许它的客户买卖股票。选举看好麦金利的比例是三比一。星期一买进股票的话，你能赚 3~6 个点，甚或更多。即便有人赌布莱恩获选，可只要他买进了股票，就也一定能赚钱。投机行那天根本就拒绝接受委托。

如果我没有遭到拒绝，就永远也不会停止在投机行的交易，那么我也就永远不会知道，股票投机这个游戏远不止是几个点的波动那么简单了。

第三章　不是看涨，也不是看跌，是要看对

一个人要花很长时间才能从错误中充分吸取教训。据说任何事情都有两面，但是股市只有一面。它既不是看涨，也不是看跌，而是看对。我把这条基本原则牢牢刻在脑海中，比记住股票投机的大多数技术性规则，所花的时间要长多了。

我听说有人模拟炒股，然后用假想中赚来的钱证明自己是多么正确，借以沾沾自喜。这些缥缈的赌徒有时候能赚上百万。那倒是种投机的轻松方式，就像那个古老的故事中的一个人。故事中，那个人第二天有一个决斗。

他的副手问他："你的射击技术如何？"

"这个嘛，"那个决斗士说，"我能在20步外射断酒杯的握柄，"他露出了一副谦虚的神情。

"很不错，"副手不为所动。"不过如果酒杯拿着一把上子弹的手枪瞄准你的心脏时，你还能射断它吗？"

就我而言，观点必须用钱来支撑。损失教会我，只有确定不必撤退后，才可以开始考虑进攻。如果不进攻，那我就干脆原地不动。我这么说的意思，并不是指一个人错误的时候，不应该控制亏损，他应该。只是，并不应该由此而产生优柔寡断。我一辈子都在犯错，但是从亏掉的那些钱中，得到了一些经验，积累了许多有价值的"不做"事项。我山穷水尽过好几次，但是每次亏损从不是一无所获，否则我现在也不会在这儿了。我一直都知道自己还会有另一次机会。此外，同样的错误我不会犯第二次。我相信自己。

一个人如果指望靠炒股谋生的话，就必须相信自己，信任自己

的判断。这就是我不听信内幕消息的原因。如果我听老史的消息买进了，那我卖出时，就还得听他的。这样就对他产生了依赖。可假如该卖出股票时，老史却度假在外怎么办？不，先生，没人能靠别人的指示赚大钱。我从经验中得知，没有谁的消息比自己的判断更能为我带来钱。我花了5年时间才学会，在自己正确的时候，如何才能操作明智，赚到大钱。

　　我并不像你们想象的那样，有许多丰富有趣的经历。我是说，现在回头看去，学习怎样投机的过程似乎并不是非常戏剧化。我有过几次破产，那种事情永远不会令人愉快，但是我赔钱的原因和华尔街上所有赔钱的人没有什么不同。投机既艰苦，又耗神，一个投机者必须把所有的时间都用在这件工作上，否则他很快就会失业。

　　我的任务非常简单，那是我在富勒顿受挫后早就应该明白的：从另一个角度来看待投机。但是我并不知道，这个游戏中有许多东西是在投机行里不可能学到的。我以为自己在掌握这个游戏，事实上我掌握的只是投机行而已。我在投机行交易时培养起来的分析大盘的能力，以及对记忆的训练，与此同时变得极具价值。这两种能力的具备对我来说都不费吹灰之力。我早期的成功靠的全是它们，而不是我的头脑或者知识；因为我的头脑还未经训练，我的知识贫乏得惊人。投机本身教会了我投机，但是，它在教育我时，并没忘记给我当头几棒。

　　我还记得刚到纽约的那一天。我跟你说过投机行是怎么赶着我去寻找一家信誉良好的经纪公司的——他们不接我的生意。我得到第一份工作的那个经纪行里有个男孩，他在哈丁兄弟的证券公司工作，那是一家纽约证券交易所的会员公司。我到这城市的时候是早上，当天中午一点钟之前我就在这家公司开了户，准备开始交易。

　　我还没对你解释过，我之所以完全照搬投机行的那套交易方式，是因为这对我来说是件非常自然的事情。在投机行时，只要抓住价格上微小而明确的变化，然后把钱压在这之间的波动上就行了。从没人站出来向我指出其间的根本不同之处，或者帮我改正错

第三章　不是看涨，也不是看跌，是要看对

误。不过话说回来，即使有人说我的方式不行，我也还是会去试一试，亲自验证一下。因为只有一件事情能让我认错，那就是赔钱。同样，只有赚钱才能说明我的正确。投机就是如此。

那些年的形势挺好，市场非常活跃，这种气氛总是令人备受鼓舞。我立刻就感觉到家了。在我眼前的是那块再熟悉不过的行情板，它正述说着一种我15岁前就学会了的语言；有一个男孩在一模一样地干着我当初在第一家，也是生平唯一的一家公司里的工作；还有那些客户们，那堆熟悉的人，他们或看着行情板，或站在行情滚动机旁报着价格，谈论着大市；机器也还是我熟悉的老样子；空气也是我第一次赚到钱——3.12美元，伯灵顿股票一起呼吸到的那个空气。同样是委托单，同样是炒家，游戏当然也就同样的了。而且请记住，我才22岁。我认为自己对这游戏知根知底，有什么不应该呢？

我观察着行情板，发现某只股票看上去不错，它的走势很对路。我以84的价格买进了100股，半小时不到就以85的价格出了手。然后我又看见另外一只自己喜欢的，就照样又干了一次，在极短的时间内净赚了0.75个点。这头起得很不错，不是吗？

现在请把这些记下来：那天是我作为一家声誉良好的证券交易所会员公司的一名客户的第一天；我才开户两个小时；我跳进跳出地交易了1100股股票。而这天操作的直接结果是，我不多不少正好亏掉了1100美元。也就是说，初试身手，我将近一半的资产就灰飞烟灭了。要注意，其中有些回合我还是赚的呢。总之，那天我总共赔了小1100块。

我没有为此困扰，因为我看不出自己做错了什么。还有我的操作，也没什么问题。如果还是在大世界的话，我绝对不但不亏还能赚。那消失了的1100美元明明白白地在对我说，是机器出了错。只要修机器的人还好好地在那儿，就没必要烦恼。唉，无知在22岁时并不能算一种不可弥补的缺陷。

没几天我就对自己说："这样下去可没法做了。报出来的行情

根本靠不住！"可是我并没有去追根究底，而是得过且过。我继续交易，时赚时赔，直到被彻底榨干。于是我找到老富，从他那儿借了500美元。从圣路易斯回来时，正如我前面刚讲过的，我带着在那儿的投机行里赚来的钱——那里的游戏是我总能够把握的。

我更加小心谨慎地操作，有那么一段时间做得比以前好了些。手头一宽松，我就开始享受生活了。我交了些朋友，过了一段好日子。请记住，我还不到23岁，独自呆在纽约，口袋里的钱来得也比较容易，而且打心眼儿里相信自己已经开始明白这些机器是怎么报价的了。

考虑到委托在证券交易所里的实际执行情况和我所接到的行情之间的差别，我下单时开始留有余地，操作得更加小心翼翼。可是我的注意力始终都集中在大盘上，也就是说，我还在忽视那些基本规律。我只要继续这样下去，就不会找到自己在这个游戏中的具体问题。

我们进入了1901年的大发展，我赚了好大一笔钱——就一个男孩子而言。你还记得那段时间吧？国家空前的繁荣，我们碰上了一个前所未有的时代。工业整合和资本运作势不可当，公众疯狂地追逐股票。我听说，华尔街在以前好的时候常夸口，说日交易量多达25万股，价值达2 500万什么的。可1901年，我们的日交易量是300万股。所有的人都在赚钱。钢铁大亨们都涌了进来，这伙百万富翁们对钱并不比那些醉醺醺的水手更看重，可以满足他们的游戏只有股市。华尔街上出现了一些有史以来最大的赌家：著名的"赌你100万"约翰·盖茨和他的朋友们，还有约翰·德拉克、劳依尔·史密斯以及其他人；里德-利兹-摩尔集团卖掉了手上一部分的钢铁股份，用得来的钱在公开市场买下了罗克岛铁路系统实际上的大部分股票；还有施瓦波、弗瑞克、菲脯斯和"匹兹堡财团"。同时还有那些在洗牌中被洗下去的人，这些人如果是在其他任何时间的话，都会被称做大炒家的。股市上所有的股票任人买卖，基恩炒热了美国钢铁公司。有个经纪人几分钟内就脱手了10万股股票。

那是多么美好的时光！多少精彩的成功操作！还有，股票所得不用缴税！眼前一片光明。

　　当然，这么过了一段时间后，我就开始听到将要暴跌的预言了。老手们认为众人皆醉他独醒，别人都疯了。可除了他们自己，所有的人都还在赚钱。我自然知道涨势一定有极限，这种不论什么都买进的疯狂行径终有一日会结束——我开始看空了。但是，每次一做空我就亏，要不是跑得够快，亏得会更多。我虽然期待着一次下跌，不过操作起来还算稳妥：用做多赚来的钱做空。所以，你一想到我过去那么小的时候就有那么大的交易量，就以为我在这次大涨行情中赚了大钱，可实际上我赚到的并没有你想象的那么多。

　　有一只股票我从未做过空，那就是北太平洋公司。我分析大盘的能力派上了用场。我感觉大多数股票的上涨都在停滞，可这只小家伙的走势似乎还在冲高。现在大家都知道了，那时它正被库恩-罗布-哈里曼联合集团稳步收购。我买进了1000股北太平洋的普通股，对营业厅所有人的话置若罔闻，一直捂着它。后来它的价格大涨，我有了30个点的利润，就把它兑现了。这笔交易使我的账上有了将近5万美元，是那时为止我能够积累到的最大一笔钱。对一个几个月前还在这里亏得一文不名的人来说，这很不错了。

　　如果你还记得的话，哈里曼集团向摩根和希尔通告，表示他们要参股伯灵顿-北太平洋铁路集团。摩根那边起初指导基恩买进5万股北太平洋铁路，以保护自己的控制权。我听说，基恩实际上让罗伯特·培根买进了15万股。不管怎么说，基恩把他的一个经纪人，艾迪·诺顿，派进了北太平洋铁路，买进了10万股这只股票。之后还有一次购买，我想是另外5万股，接着就开始了那场著名的较量（1901年，一直积极参与铁路业的哈里曼集团着手购买北太平洋铁路的股票，开始与该公司的大股东詹姆斯·希尔以及靠山摩根一争高低。其时摩根本人不在纽约，北太平洋铁路股票的异常情况没有及时引起注意，股价狂涨时，他的旗下大将罗伯特·培根甚至还在毫无戒心地抛售。两股势力的较量促使股票价格暴涨，超过了每股

1000美元。后来双方意识到，如果这种恐慌不能被迅速遏止，那么华尔街将会遭到空前劫难，整个纽约股市也将毁于一旦。出于这种担忧，两大财团的银行家们制定了一系列缓和措施，希尔和哈里曼并且联合向公众承诺双方将进行和平谈判；摩根也重新指定了新的北太平洋公司董事会。一场金融恐慌终于得以消退——译者注）。1901年5月8号股市收盘后，整个世界都知道一场金融巨头的战争正在进行。这个国家从未有过两个如此大的资本力量彼此对抗。哈里曼对摩根，一股不可抗拒的力量，对应一个无法撼动的目标。

我在5月9号清晨的时候，握着大约5万美元现金，没有任何股票。我说过，我看空已经有些日子了。现在，机会终于来了。我知道下面会发生什么：一次极其糟糕的暴跌，一些棒透了的便宜货；这之后，会有一次迅速反弹。对于那些捡到便宜的人来说，这意味着丰厚的利润。这些不用是福尔摩斯就能猜到。涨涨落落中，我们将面临的不仅是一次赚大钱的机会，简直就是一次从地上捡钱的机会。

事情的发展不出所料，我万分正确——可亏得一分钱不剩！我被意料之外的事情洗了出去。如果不存在意外，人与人之间就不会有区别，那么生活就会毫无乐趣；这场游戏也就会变成简单的加减运算，会把我们变成思维单调的簿记员。是猜测拓展了人的大脑思维能力，这一点，你只要想想必须怎样才能猜对，就会明白。

股市相当火爆，正如我预料到的。交易量极其庞大，股价波动的幅度前所未有。我下了许多做空的单子，可看到开盘价时，还是非常吃惊。跌幅太可怕了。我的经纪人忙碌着，他们和其他经纪人一样能干尽职，但即便如此，等他们执行我的委托单时，股价已经又跌了20个点。因为交易实在繁忙，所以报告也总是迟迟不来，我们接到的行情远远落后于市场的实际情况。我发现，要是照着我们这儿的行情下单的话，比方说，以报价100卖空，经纪人能让我成交的价格就是80，和前一天的收盘价相比大约有30或者40个点的差别。这在我看来，无异于正在放空那些自己在计划中要买入的便宜货。市场不可能无休止地下跌，因此我立即决定，把做空的仓位平掉，转头做多。

我的经纪人帮我买进了，可买单并没有以我心中的价格成交，它的成交价是交易员执行我的委托单时证交所里当时的价格。买进价比我估计的平均要高出15个点。一空一多，让我在一天内损失了35个点，没人能承受得起这个。

我被行情报价机打垮了，它实在太滞后了。我已经习惯把它当作我最好的帮手，因为我是根据它报出的数据来下赌注的。可现在它欺骗了我。它的报价和市场的实际价格之间的差距把我给毁了。我上一次的失败这次又升了级，那种"到家了"的感觉以前就让我吃过苦头。现在看来，情况似乎很明显：只分析数据带，而不考虑委托单的执行情况是不够的。我真不明白，自己那时为什么就没有把问题看清楚，并且找到一个解决办法。

实际上，我做得比视而不见更糟糕。我继续交易，进进出出，完全无视委托单被执行的情况。你知道，我从来不做限价交易。我一定要和市场赌一把，我努力要击败的是股市，不是某个特定的价格。我觉得该跌的时候就卖，要涨的时候就买。我坚守投机这一信念，而它挽救了我。交易时把价格限定，这无异于把以前在投机行的交易策略简单拙劣地挪用到了一家信誉良好的证券经纪行。那样永远不会使我懂得什么是股票投机，只会使我继续凭着有限的经验对那些能够确定的东西下注。

有时候，我的确也想用限定价格去尽可能地消解报价滞后带来的负面影响。可每当这么做时，立刻就发现市场把我甩了。这种事发生的次数太多，以至于我断了这个念头。我简直都没法跟你说，我怎么就花了那么多年才明白过来，我的任务是预测大的走势，而不是眼前要出现的变化。

5月9号的恶运过后，我继续交易。我调整了自己的交易方法，但还是有缺陷。如果我一点儿钱也赚不到的话，也许我能更快地悟到市场的智慧。不幸的是，我赚的钱还足够我过舒服日子。我喜欢朋友，喜欢享受。那个夏天，我像许多财源兴旺的华尔街人一样，住在泽西海滨。我赚来的钱同时应付我的亏损和生活费用有点吃力了。

我继续交易并不是出于固执，只是不能够面对自己的问题。当然，想去解决它也会是徒劳的。我喋喋不休地反复在这个话题上绕，是想展现我在真正赚到大钱前所走的必经之路。大规模游戏是高火力连发式来福枪干的事，我的旧猎枪和BB弹干不了。

那年秋天，我不但再次被洗空，而且深深厌倦了这个我无法击败的游戏。我决定离开纽约，到其他的某个地方去试试别的事情。我从14岁起就开始交易了，15岁时赚到了第一个1 000美元，21岁前赚到了第一个1万美元。此后，1万美元在我这儿来来去去的不止一次。我在纽约赚过也赔过上万美元，我曾经有过5万美元，而两天内就没了。我没有其他的事情，也不懂其他游戏，几年后又回到了起点。不，更糟，因为我养成了一些奢侈的习惯和爱好。不过，这一点并没有像犯错那么不断地困扰着我。

第四章　避开圈套，从骗子那儿赚钱

好了，我回到了老家。不过在到家的那一刻，我就明白了，我的生活中只有一个任务，那就是筹笔钱，再回华尔街。那是全国唯一可以让我大规模交易的地方，等我某天掌握了这个游戏的正确玩法时，我会需要这样一个地方。一个人在正确时，就会希望得到因正确而能享受的全部好处。

我没有抱多大希望，但还是又去试了试投机行。它们比以前少了，其中一些是陌生人在经营着。那些记得我的人都不愿意给我一个机会，让我证明给他们看看，自己是否是作为一名炒手回来的。我把情况告诉他们，说我把在家赚的钱都赔在纽约了；说我其实并没有自己过去认为的那样懂得那么多；还说现在没什么理由不能认为，我的交易现在对于他们来说会是笔好生意。可他们不听。而新的场所也靠不住，它们的老板都认为，如果你觉得自己哪怕有一丝猜对的可能，那么作为一名绅士，你买进的股票就不应该超过 20 股。

我需要钱，而那些大点儿的投机行正从他们的常规客户身上捞大笔的钱。我把一个朋友弄到了一家投机行里交易，而自己假装只是闲散地逛进去，随便看看。我再次试着游说接单的职员接下一笔小委托，哪怕只有 50 股也行。不出所料，他拒绝了。我和那位朋友定了一套暗号，所以他能照我的意思买卖，可这到底只是杯水车薪而已。后来，投机行接收我朋友的委托时，也开始不情不愿的了。终于，有一天他试着要卖出 100 股圣保罗，但被他们制止了。

我们后来才知道，有一个客户看见了我们在外面谈话，就进来向投机行举报了。当我那朋友要卖掉 100 股圣保罗时，那个接单的家伙说："做空圣保罗的委托我们一律不接，不从你这儿接。"

"为什么，出什么事了，乔？"我朋友问。

"没什么，就这样，"乔答道。

"难道那钱不是钱吗？看清楚，都在这儿。"说着我朋友递过去100美元，这可是我的100美元，都是10美元一张的。他努力摆出一副愤愤不平的样子，而我面上则装着毫不关心。但是其他大部分客户听见声音一高，就都朝这里围了过来。只要有客户和投机行之间声调一高，或者露出哪怕极小的争吵迹象时，他们就总会这样。他们关心投机行的偿付能力，所以想弄明白事情的始末。

那个职员乔，是个经理助理。他从工作台后面出来，走到我朋友面前，看看他，然后又看看我。

"有意思，"他缓缓地说道，"太有意思了。你的朋友利文斯顿不在的时候，你从不委托。你坐在那儿，一小时一小时地看着行情板，吭都不吭一声。可他一进来，你就突然忙起来了。也许你的确是在给自己做。不过，别在这里。你有利文斯顿的消息，我们可不吃这亏。"

哎，我这条财路就这么断了。不过我赚到的比花掉的多出了几百美元。怎么用这钱让我颇为思量，我需要筹笔足够的钱带回纽约，这比任何时候都迫切。我感觉自己这次能做得更好些。我现在有时间去平心静气地思考一些自己愚蠢的操作了，结果呢，隔着一点距离看，事情就清楚了许多。眼下的当务之急是筹资。

有一天，我在一家酒店大堂和认识的一些人聊天，他们都是相当稳健的炒手。所有的人都在谈论股票市场。我评论道，在券商无法充分执行委托的情况下，没人能赚到钱，尤其是以市价交易，像我这样的。

有个人提高了嗓门，问我具体所指的是哪些券商。

我说，"最好的那些，"他就问，这些到底是谁。我看得出，他不相信我曾经在一流的证券公司里交易过的。

不过我还是说了："我指的是纽约证券交易所的所有成员公司。倒不是说他们玩弄手段或者不负责任，而是你按市价下单买入时，在接到券商的成交报告前，你永远也不会知道你的实际买入价位。行情中一两个点的小波动总是要多过 10 个点或者 15 个点的波动。但是因为委托被执行的时间差,场外交易者抓不住那些小涨小跌。投机行如果能让人大笔交易的话,我真是宁愿天天在投机行做。"

跟我说话的这个人我从来没见过。他叫罗伯茨,似乎对我很友好。他把我拉到一边,问我去没去别的交易所做过。我说没有。他说他知道一些地方,都是棉花和农产品交易所以及小规模股票交易所的成员。这些交易所都很细心,特别注意委托的执行情况。他说,这些地方和纽约证券交易所里最大最精明的券商都有秘密联系。通过私人关系和每月几十万交易量的保证,他们得到的服务比私人客户得到的好多了。

"他们对小客户真的很好,"他说。"他们专门做外地的生意,对待 10 股的委托单子和对待 1000 股的委托单子都一样尽心。很能干,很可靠。"

"嗯。不过,如果他们付给纽约证券交易所正常的那 1/8 的佣金,那他们还从哪儿赚钱呢?"

"这个嘛,他们应该是付 1/8 的,可是——你知道!"他向我眨了眨眼。

"不错。"我说。"可是,有一件事是证券公司不会干的,那就是在佣金上打主意。交易所宁可券商去杀人放火犯重婚罪,也不愿意他们和外面做生意时削减佣金。证券交易所就指着这一条生存呢。"

他一定看出我和证券交易所的人谈过,因为他说,"听着!那些正正规规的证券公司中,每隔一阵,就会有一家因为违反这条规则被暂停一年的营业,对吧?回扣佣金的办法太多了,没人能说出什么的。"他可能看到了我脸上不相信的样子,就继续说道:"而且另外,对于特定的生意种类,我们——我是指那些我有关系的地方——在 1/8 的佣金之外,另外要加收 1/32。不过这一点他们放得很宽,如果不是很特别的情况,或者客户交易太不活跃的话,他们从来不会另外收费。你知道,他们不这样就得亏本。他们可不只是为了健康着想才做生意的。"

听到这儿我已经明白了,他是在为一些冒牌经纪商招揽生意呢。

"你知道哪儿有这种可靠的地方吗?"我问他。

"我知道美国最大的那家经纪公司,"他说。"我自己就在那儿做。他们在美国和加拿大的78个城市里设有分部。生意做得很大。如果他们没做到绝对公平的话,就不会年复一年做得那么好了,对吧?"

"肯定的,"我表示同意。"他们做的是纽约证券交易所的股票吗?"

"当然了,还有场外交易的和任何国内其他交易所的,还有欧洲的。他们交易小麦,棉花,农产品,你想做的任何东西。他们到处都有往来,在所有的交易所都有会员资格,有的是用自己的名字,有的是匿名。"

那时我已经很清楚了,不过觉得应该哄他继续。

"是的,"我说,"不过这并不能改变那个事实呀,委托单还是得由别人执行。而世上没人能保证市场会如何变化,也没人能保证行情报价器里的价格和交易所场内的价格。等这儿的人接到行情,下了单子,再传到纽约,一些宝贵的时间已经流失了。我最好还是回纽约去,把我的钱赔在那儿的正经公司里。"

"我对赔钱的事一无所知。我们的客户可没那习惯。他们都赚钱。这点我们关照着呢。"

"你们的客户?"

"呃,我对这家公司很感兴趣,只要能够,我总是会介绍点儿生意给他们。因为他们一直对我不错,通过他们我赚了不少钱。如果你愿意,我可以把你介绍给那儿的经理。"

"那家公司叫什么名字?"我问他。

他对我说了。那名字我听说过,报纸上满是他们的广告,吹嘘他们的客户根据他们提供的热门股内部消息赚了多少多少钱。那是他们的特长。他们不是一个普通的投机行,而是一群号称证券经纪的投机诈骗者,他们在接到的委托单上做手脚,通过巧妙的伪装,使外人相信他们是正当的经纪人，在从事一桩正当的生意。他们是最早做这种事情的公司之一。

那时的他们可算是此类公司的老祖宗，这种公司今年倒闭了不少。它们的基本原则和方法还是老一套，只是欺骗公众的具体手段有所不同了。每当一些手段广为人知后，他们就推陈出新。

这些人过去常常针对某只特定的股票，散布买进或者卖出的消息。对同一只股票，他们这边发出成百封电报建议买进，而那边则是成百封的电报建议卖出。他们用的都是赌马场上的老套路，结果，被他们吸引的买单和卖单就纷至沓来。这公司的确会通过一个信誉良好的证券公司交易，比方说，在那儿交易1000股这只股票，并且为此拿到一封正规的成交报告。如果有哪位老兄竟敢怀疑客户的单子被做了手脚，那么这份报告就会被拿出来给这个粗鲁无礼的人看看。

他们那时在营业厅内还设有全权委托交易。那算是帮客户的一个大忙，容许客户在看好他们的时候，书面授权给他们，让他们用客户的名字和钱交易。这样一来，当钱无影无踪时，即便是最能吵架的客户，也没法子合法地拿到赔偿。他们会弄出一个做多某只股票的计划，让客户申请加入，然后耍一套老式投机行的花招，消灭掉那数百个投入了微薄保证金的客户。他们一个也不放过，女人、教师、还有老人，是他们最理想的目标。

"我对所有的经纪都心有余悸，"我对那贩子说，"我得好好想一想，"然后就离开了，免得他再和我说下去。

我打听了一下这家公司，了解到他们有几百个客户。虽然有不利的传言，但都是些习以为常的事迹，并没有发现有人如果赢了但却拿不到钱的事情。要找到一个曾经在那个投机行赢过钱的人很难，不过后来我做到了。那时，情况似乎在朝着对他们有利的方向发展，这意味着如果有一桩交易不顺他们的心，他们也不大可能会赖账。而且大多数赖账不付的公司最终自然会走向破产。骗子经纪公司发生过好几次有规律的流行性倒闭，就像过去的银行业那样，一家倒闭，另外几家就发生挤兑。这是因为其他地方的客户心理上也传染上了不安全感，赶着去把钱领回来的缘故。不过，这个国家里退休的投机行老板也很多。

总之，关于那贩子的公司我并没有听见惊人的事情，除了他们自始至终全心扑在捞钱上，也不总是很老实。他们的拿手好戏是从那些一心要快速致富的傻瓜身上刮钱。不过，他们总是先取得客户的许可，是那种书面上的，允许他们把钱从客户那儿拿走。

有一个我碰到的人的确跟我说，他见过一天中发出600封电报建议客户买进一只股票，又发出600封电报给另外一批客户，强烈敦促他们立即卖出这只股票这样的事情。

"是，我知道这招，"我对他说。

"对啊，"他说。"可是第二天，他们又给这些客户发电报，让他们把手上所有的买卖都平仓，然后买进或者卖出另外一只股票。我问办公室里的那个高级合伙人：'你干嘛这么做？前面那部分我懂。有些客户即使和其他人一样最终会赔钱，但是暂时必定还是会让他们在账面上赚到点钱。可是你现在这么干，明摆着是要把他们一网打尽。这是什么招数？'"

"'咳，'他说，'不管这些客户买什么，或者怎么买、在哪儿买、什么时候买，他们注定都会赔钱。他们失去钱的时候我就失去客户了，所以我还是尽可能多捞点他们的钱比较好，然后去觅新食。'"

呃，我坦白承认，我不关心这公司的商业道德。我告诉过你，我对泰勒公司感到很恼怒，那种感觉使我报复了他们。但是我对这家公司没有这种感觉。他们或许是骗子，或许并没有别人描绘的那么黑，总之我并不打算让他们为我做任何交易，也不打算去追随他们的消息，或者相信他们的谎话。我只想筹集到一笔钱，回到纽约找个正经地方去大规模交易。在那儿，你就不必害怕警察会像对待投机行那样突然袭击了，也不必担心会眼看着主管部门扑过来冻结你的资金。资金要是被冻结了，如果运气好的话，你一年半载后每美元或许能拿回八分钱。

第四章 避开圈套，从骗子那儿赚钱

不管怎么说，相对于那些你也许会称之为合法经纪商的公司，我决定去看看这家公司到底有些什么优势。我没多少可以用来做保证金的钱，而那些在委托单上做假的公司在这方面自然会比较大方，几百美元能在他们那儿做很大。

我去了那家公司，和经理本人谈了谈。在听说我是个老手，以前在纽约证券交易所的会员公司里开户交易，而且把家当亏得一分不剩后，他就不再废话，说什么如果我容许他们代我投资的话，他们保证一分钟就能让我赚100万了。他断定我永远都会是那种跟在行情屁股后的傻瓜，总是在交易，也总是在赔钱。这种傻瓜为经纪商们提供着稳定的收入，无论是骗子经纪商还是满足于收取佣金的正当经纪商。

我告诉经理，我看重的是委托单的执行情况。由于我总是按市价交易，所以不想在拿到成交报告时，发现成交价格和报价器上的价格相差半个，或者1个点。

他用人格向我担保，我认为怎样正确，他们就会怎样去做。他们很想接下我的生意，因为他们想让我看看一流的经纪商是什么样的。他们有这一行中最优秀的雇员。事实上，他们就是以执行委托闻名。如果报价器上的价格和成交报告上的有任何不同的话，差异也总是对客户有利的，当然，这一点他们不能完全保证。如果我在他们这儿开户的话，马上就可以用电讯传来的价格买卖了，他们对自己的经纪人信心十足。

这自然是说，我完全可以实际上像在一家投机行那样交易——也就是说，他们让我在下一次报价时就开始交易。我不想显得过于急切，所以就摇了摇头，告诉他我觉得自己不想在当天开户，想开户的时候会通知他。他一鼓劲儿地窜掇我立刻开户，说现在走势不错，正是赚钱的好时机。这倒是真话，只是所谓的好时机，是对他们而言而已。大市清淡，价格波动甚微，正适合把客户拽进去，然后在发过内部消息的那只股票上来次大震荡，把进去的人都洗光。我费了点劲才脱身出来。

我已经把名字和住址给了他，结果当天就开始收到那种预付过款的电报和信件了。它们敦促我买进这个或者那个股票，信里说他们知道有一个内部的庄家正准备把价格炒高 50 个点。

我忙着四处走动，想充分了解一下这类骗子经纪商中另外几个的情况。在我看来，如果我可以确保从他们紧攥的手里赚到点儿钱的话，要积累一笔像样的资金，那么就只有一个办法，就是在他们附近的这些投机行里交易。

能了解的都了解之后，我就在三家公司开了户。我弄了一个小办公室，和三个经纪商直接联系。

我的交易很小，这样他们不会一开始就被吓着。总体来说我在赚。他们很快就对我说，对那些和他们直线联系的客户，他们指望的是真正的交易，并不想要胆小鬼。他们断定我做得越多，赔得就会越多；而我被洗光得越快，他们就能赚得越多。这理论其实不错。想想看吧，这些人对付的必定都是普通客户，从财务的角度来说，普通客户向来坚持不了太长时间。一个破了产的客户就不能交易了，而一个半死不活的客户却会发牢骚，惹是生非，弄出些对公司不利的事情。

我还和一家本地公司拉上了关系。这公司和纽约有直线联系，在纽约的联络员是纽约证券交易所的会员。我弄进去了一个行情报价器，开始谨慎地交易。就像我对你说过的，这和在投机行交易非常相似，只是慢一些。

这是一个我可以战胜的游戏，而我确实赢了。我从未漂亮到百发百中过，但是总体在赚，每个星期都有钱到手。我再次开始享受生活，但是一直都存着钱，在慢慢积累带回华尔街的资金。我在另外两家这类公司里又弄了两条线，这样一共就有五家了。

有几次我的计划出了故障，挑出的股票打破了常规模式，走势和以往完全相反。不过这些对我的打击并不严重，我就那么一点点钱，不可能严重到什么地步。我和那几个经纪商之间的关系还算友好。他们的账单记录和我自己的并不总是一样，而且之间的差异刚好都是对我不利的，真算是令人惊奇的巧合——才不是！不过，我总是为自己的利益做斗争，所以一般最后还是会照我的来。对我从他们那儿拿走的钱，他们总是满怀希望，觉得还能拿回去。我猜想他们把我赢走的那些钱看做是一笔临时贷款了。

他们不满足于收取佣金，而是靠诱饵和骗术赚钱，绝对谈不上公平。既然傻瓜们用股票赌博时总是输钱——他们从来不是在真正地投机——你会认为这些投机商应该满足于经营那种所谓的合法的非法业务了。可他们并不。"照顾好客户才能致富"，这句古老的谚语是个真理，但他们似乎从来没听说过，并不甘心平平淡淡地经营。

他们有好几次都试图耍些老把戏骗我入局，而我因为疏忽大意被他们逮住过两次。我赚的也不过就是平常的那点钱，可他们还偏要这么干。我指责他们不公平，还举出了一些更严重的罪行，可他们全都否认。这种争执都是以我回去像平时那样交易而结束。和一个骗子来往的迷人之处在于，只要你不停止和他做生意，那么你抓住他的小辫子时，他总会原谅你。对他来说，那没什么，他很乐意做些让步。很大度的一群人！

在这些骗子花招迭出的干扰下，我的资金积累速度令人很不满意。我决定教训一下他们。我挑了一只股票，这股票在被投机者一阵热炒后，现在很低迷，是只水货。如果挑一只从来没活跃过的股票，那会引起他们的怀疑。我委托我那 5 个经纪商买进这只股票。他们接下单子，在等待最新价格出来时，我通过那个证券交易所的关系向市场上卖出了 100 股这只股票。我敦促一定要快。呃，你可以想象交易所大厅拿到这张卖单时的情景：一家和外地有联系的会员公司急着抛售出一只很不活跃的股票。有人趁机用便宜价格接了手。结果这笔成交被打印到了行情报价器上，而这个价格，就会是我那 5 张买单应有的成交价格。总体来算的话，我是在一个很低的价格上做多了 400 股。电报公司问我听说什么了，我说我有个内部消息。在收市前，我又给那家声誉良好的公司下了指令，要他们买回那 100 股股票。我要他们不要浪费任何时间，说我不想在任何情况下做空，还说价格多少我都不在乎，因此他们就给纽约发了电报。这个指令又迅速引起了一阵暴涨。至于我，那当然是早已做空了500股，而且委托已经由我的朋友们执行了。事情令人非常满意。

他们还是死不悔改，没有收敛。于是我又把这招用了几次。我没敢下重手去痛快地惩罚他们，每次都很少超过100股的一个或者两个点。不过我为华尔街探险准备的资金却因此得以增长了。有时我把程序多样化，做空某只股票，但不过分。这种敲打每次能赚600或者800美元，我已经很满意了。

有一次，我的敲打玩得太顺利了，完全超出了所有的设想，引起了一个10点的震荡，让我始料不及。事实上，我那天刚好在其中一个经纪商那儿做了200股，而不是往常的100股，不过其他四家还是100股。这对他们来说，简直太过分了。他们恼怒得像只小狗，开始在电报里说这说那。于是我就去见经理，就是那个当初特别着急想让我开户，后来每次被我抓着他做手脚时又特别宽宏大量的那个人。以他的职位而言，他说起话来口气可真够大的。

"这只股票走势有假，我们他妈的一分钱都不会给你！"他赌咒发誓。

"你接过我的单子买进时，可没觉得它的走势有假。那时候你二话不说就让我入市了，现在你就得让我出来。要不你这能算公平吗，能吗，你？"

"能，我能！"他嚷嚷着。"我能证明有人搞了鬼。"

"谁搞鬼？"我问。

"有人！"

"他们搞谁的鬼呀？"我问。

"搞鬼的人有你的朋友，这是肯定的，"他说。

我对他说："你知道得很清楚，我做交易独来独往，这镇上所有人都知道这个，早从我刚开始做股票起他们就知道了。现在我好声跟你说，快去把我的钱拿来给我。我可不想有什么争执，快点照办吧。"

第四章 避开圈套，从骗子那儿赚钱

"我不会给钱的，这桩交易有假。"他喊道。

我不耐烦了，告诉他："你现在立刻就得给我。"

他接着咆哮了一会儿，断然声称我就是那个有罪的骗子，但最后还是把钱交了出来。其他几个经纪商倒没这么闹腾。其中一个经理在我操作那些冷门股时，一直都在研究。接到我的指令后，他不但执行了我的委托，还给自己也弄了些，赚了点钱。这些家伙并不担心客户以欺诈起诉他们，因为他们通常在技术上有很好的法律防卫准备。但是他们担心我会使他们的根基受到牵连，也就是说，他们放在银行里的钱。他们不在乎让人说几声精明，那伤不着他们；可是绝对不愿意担上赖账的名声，那样他们就完了。因为一个客户在经纪商那儿输了钱并不是什么希奇事，可要是一个客户赢了钱却拿不到，那可是投机者戒令中最严重的一条忌讳。

我从所有的经纪商那儿都取到了钱，可是这10个点的震荡结束了过去那段从骗子身上剥皮的愉快时光，对于那些他们用来欺骗大批客户的伎俩，他们自己也开始小心提防了。我又回到了正常交易，可大盘和我的系统总有点儿对不上，也就是说，因为受到他们对我交易规模的限制，我使不出杀手锏。

我这么做了一年多，这期间用尽了所能想到的办法在这些公司里赚钱。我日子过得很舒服，买了辆车，花起钱来毫无节制。我在弄一笔资金的同时，还要生活。如果操作得好，我的钱就花不完，这样我就总能存点儿；如果操作得不好，赚不到钱，那么就没钱花。我说过，我存了相当一笔钱，而这五家投机商那儿也没多少钱可赚了，因此我决定重回纽约。

我有自己的车，就邀请一个朋友和我一起开车去纽约。他也是一个炒手。他答应下来，于是我们就出发了。在纽黑文市我们停下来吃晚饭。饭店里，我碰到了交易上的一个老熟人。聊天中，他告诉我这镇上有一家投机行，也有电报线，生意做得不错。

我们离开饭店继续往纽约前进，不过我沿着那家店所在的街开，想瞧瞧它的样子。我们发现后，而且没能经受住诱惑，停下来要看看它的里面。厅里并不怎么豪华，可是有熟悉的行情板，还有客户，还有那正在进行中的游戏。

它的经理看上去像是做过演员或者政治演说家，给人印象很深刻。此人说起"早晨好"来，就像是他用显微镜找了10年后才发现早晨的好处，现在把这发现作为礼物送给你一样，而且同时奉送的还有那天空、阳光和公司的资金。他看见我们开的那辆花哨的车了，而且我们俩都很年轻，一副漫不经心的样子——我猜自己看上去连20岁都不到——他想当然地把我们当作耶鲁大学的学生了。我没告诉他我们不是。他没给我机会就开始发表演说了：他见到我们很高兴，愿意舒舒服服地坐下来吗？我们会发现，那天早晨的股市很友好，事实上，它哭着喊着要给大学生们增加点儿零用钱。有史以来，聪明的大学生都会缺钱。而此时此地，在行情报价器的慈善捐助下，小小的一笔投资就会有几千美元的回报。股市所渴望的，也不过就是为你奉献些花都花不完的零用钱。

呃，这个友好的人这么急切地想让我们下手，我觉得不做就未免太可惜了，因此我告诉他我们听他的，因为我也听说有很多人从股市上赚了大钱。

我开始交易，非常保守，但一赢就加码。我朋友跟着我做。

我们在纽黑文市过了一夜，第二天早晨，差5分钟10点时，就又到了那家友好的投机行。演说家看见我们很高兴，以为这天该轮到他赢了。不过我用了很少的钱就卷了1500块。接下来的一天，我们又顺路来见那个伟大的演说家。我递给他一张委托单，要卖出500股糖业公司。他犹豫了，不过最后还是接了下来——默默地！那只股票跌破了一个点，我平仓，把委托单给了他。500块保证金，加上我应得的净利润500块。他从保险箱里拿出20张50块的，极其缓慢地数了三遍，然后又当着我的面一张一张数。那些钞票粘着他不肯离开，仿佛他的手指正分泌着胶水，不过他最终还是把钱递给我了。他叉起了两只胳膊，咬着下嘴唇，一直咬着，凝视着我身后那扇窗口的顶端。

第四章 避开圈套，从骗子那儿赚钱

我告诉他，我还想卖出200股钢铁公司。可他压根没动。他就没听见。我重复了一下自己的想法，只是把200股变成了300股。他转过头来。我等着他开口。可他只是盯着我看，什么也不说，接着，舔了舔嘴唇，咽了口唾沫，简直像要准备开始攻击反对党的那些不可理喻的贪污受贿者们引起的长达50年的政治混乱。

终于，他冲着我手中那些黄颜色的钞票挥了挥手，说："把那些华而不实的东西拿走吧！"

"你们准备去哪儿，大学生？"他说话的样子让人难忘。

"纽约，"我告诉他。

"那就对了，"他说，点了大概20下头。"那真就对了。反正你们得离开这儿，因为现在我明白了两件事情，两件！大学生！我明白了你们不是谁，还明白了你们是谁。是的！是的！是的！"

"真的吗？"我很客气地说。

"是的。你们俩——"他停顿了一下，然后放下了架子，吼叫着："你们俩是全美国最狡诈贪婪的家伙！学生？嘿嘿！一定还是新生吧！我呸！"

我们把他扔在那儿自言自语，就离开了。他可能并不怎么在乎那些钱。职业赌徒没人在乎。这是游戏规则，风水本来就是轮流转的。他气的是被我们愚弄了。

我就这么回到了华尔街，开始做第三次尝试。我一直在研究，试图发现导致自己在富勒顿证券公司失败的具体原因。我20岁时赚到了第一个1万美元，又把它全亏了；此中缘故我是知道的，那是因为我总是在不恰当的时机交易，没能紧跟自己的系统，而这系统是建立在研究和经验上的。我那时是在赌博，只是一味地希望赢，而不去弄明白怎样才能赢。在差不多22岁时，我有了5.5万美元。这钱全赔在了"5月9日"那天。这其中的缘故我也知道，那是因为滞后的行情报价，还有那糟糕的一天里，价格变动空前未有的剧烈程度。我所不知道的是，在"5·9恐慌"之后，或者说我从圣路易斯回来后，我为什么又亏了。对此我有一些理论，也就是说，给我认为的其中一些错误找到了药方，不过还需要具体实践一下。

　　没有什么比让你变得一无所有而更能让你知道什么不该做了。等你知道要想不亏钱就不该做什么时，你也就开始学习应该做什么去赢钱了。弄明白了吗？开始学习吧！

第五章　既要看得清，更要坐得稳

我怀疑，在普通的技术派操盘手所犯的错误中，过度专业化要承担的责任不会逊于其他原因。它意味着缺乏弹性，成本高昂。说到底，无论它的基本规律多么死板，投机这个游戏也并不全都是数学或者制定规则。即使是我，分析行情时也不仅限于算术。里面有一种东西，我称之为"股票行为"。股票的行为使你能够判断它的走势是否会遵循你以前观察到的模式。如果一只股票的行为不正，那就别碰它。因为你不能准确无误地说出它哪儿出了错，就也说不出它将要走的方向。没有诊断，就没有预测；没有预测，就没有利润。

注意股票行为，研究它过去的走势，这是一种很古老的方法。我第一次来到纽约时，在一家经纪商的办公室里，有个法国人常常谈论他的图表。起先我以为他是公司出于好心养着的一个吃闲饭的人。后来才了解到，他是一个很有感染力，最能打动人的谈话对手。他说只有一个东西从不撒谎，也撒不了谎，那就是数学。通过他的图线，他能够预测市场的变化，也能够进行分析并且判断。比方说，他就能分析出基恩为什么在他著名的艾奇森股票上选择做多是明智的，而后来又为什么在他的南太平洋铁路股票一事上栽了跟头。好几次，有那么一两个专业炒手试过这法国人的方法，可后来还是回到他们自己那不太科学的老方法上去谋生了。他们说，那种干脆的、不是赢就是输的方式，成本更低些。我听说，那个法国人说基恩承认这图表百分之百准确，但却声称这个方式在一个活跃的市场中实践起来太过迟缓。

那时，在一家经纪商那儿有一张价格日线图。从那上面你一眼就能看到每只股票连月来的走势。通过比较个股的曲线和大盘的曲线，再联系一定的规则，客户就能判断自己通过那些小道消息买进的股票是否会涨。他们把这张图差不多当做一种免费的消息来源。时至今日，你可以在大多数证券公司里看到交易图表。它们由公司的统计专家所做，不仅有股票，还包括了期货。

我应该说，图表对那些能读它，或者更应该说，那些能把它化为己用的人是有所帮助的。可是，普通的看图人更容易沉迷于一种想法，认为底部、高位、基本走势，还有次要走势，这些东西就是股票投机的一切了。如果这种信心压倒了理智，那么他就注定要破产。曾经有一位特别能干的人，他是一家很有名的证券公司的前任合伙人，是一个训练有素的真正的数学家。此人毕业于一家著名的技术院校。他非常谨慎地精心研究了价格行为在各种市场股票、债券、谷物、棉花、货币等等的表现，并在此基础上设计出了图表。他一年一年地往回追踪，寻找相互关联的和周期性的波动，总而言之，寻找所有的迹象。许多年里他就依照这个图表来交易股票。他所做的，其实就是利用了某种很高明的平均法。据说他经常赢，直到世界大战把所有可遵循的走势打破。我听说他和他大批的追随者们在罢手前丢了几百万。不过，股票市场是牛市还是熊市，这取决于市场条件，即使世界大战也改变不了这个。一个人要赚钱的话，他所需要知道的一切，就是对市场条件进行评估。

我并不想这样跑题，可我一想到自己刚到华尔街最初的那几年，就忍不住说这些。我现在明白了自己那时候不明白的一些事。我之所以总想着自己那些无知的错误，是因为这些错误也正是普通的股票投机者们年复一年犯下的。

我回到纽约，在一家证券公司里第三次试着和市场较量时，市场交易颇为活跃。我并没指望自己能做得像在投机行里一样好，不过我以为过一段时间后，自己就会好多了，因为我的资金使我有能力承受更剧烈的折腾。然而，我现在明白了，我那时主要的问题是，没有把握住股票赌博和股票投机之间致命的差别。尽管如此，靠着我7年阅读行情的经验和对这个游戏的某种天分，我虽然算不上发了财，可资金回报率也相当高。我和以前一样，有赚有亏，不过总体在赚。我赚得越多，花得越多。大多数人都是如此，倒不必一定得是那些来钱容易的人。除了守财奴，人人如此。当然，有些人，比方说老家伙拉塞尔·塞奇(美国著名金融家和政治家。死后其大量财富除被家人捐给慈善机构外，还建立起了20世纪美国最早的私人基金之一：拉塞尔·塞奇基金会——译者注)，既能赚钱又能守财，他们死时钱多得简直让人恶心。

每天10点到下午3点之间，我全身心投入到和市场的搏击中。3点之后，则全身心投入到享受生活上。别误解我，我向来不容许享乐影响到正事。我亏钱的时候是因为我错了，而不是因为我的放荡或者体力超支。我在操作的时候从来没有过精神恍惚或者醉酒之类的事情。我受不了体力和精神上的不舒服。即使现在，我通常也在晚上十点前就睡觉。作为一个年轻人，我从来不熬夜，因为我睡眠不足的话就没法儿好好做事。我收入可观，所以并不觉得有必要剥夺生活的乐趣。反正股市总在那儿为我提供所需。我对自己的谋生方式，持有一种专业而冷静的态度，从中也建立起了自信。

我在操作中做的第一个改动是在时间方面。我不能像在投机行那样，等着事态确定无疑后，再动手赚那一两个点。如果我想在富勒顿的营业厅抓住时机的话，就必须更早地开始行动。换句话说，我必须研究将要出现什么情况，去预测股票的波动。这听上去是很无聊的老生常谈，不过你明白我的意思。对待这个游戏我自己态度上的转变，才是最重要的。它一点一点教会了我，根据波动下单和预测不可避免的涨跌之间，以及赌博和投机之间，是有本质区别的。

我对市场的研究必须再提前至少一个小时，这一点是我在世界上最大的投机行也不可能学到的。我把兴趣投入到研读交易报告、铁路收益以及财务和商业数据中。我当然热衷于大规模的交易，他们叫我"少年赌徒"。不过，我也同样喜欢研究变化。任何东西，只要能使我操作起来更高明，我就不会对它厌烦。在解决问题之前，我必须能把问题说清楚；而当我认为自己找到了解决的办法时，就一定要证明自己是正确的。我知道的证明方法只有一个，那就是用自己的钱。

尽管现在我的进步看似缓慢，但是考虑到我总体来说是赚的，所以我觉得自己的学习速度已经算快了。如果我亏得更频繁些的话，也许会被刺激得更加不断地学习，那样的话，我自然也就会发现更多的错误。不过，对于这一点我不是太确定。因为如果我亏损更多的话，就会缺乏资金去验证自己改进后的交易方法了。

在研究自己在富勒顿营业厅的成功案例中，我发现，尽管我对市场的判断常常百分之百的正确，这是指我对市场条件和基本趋势的诊断方面——我所赚到的钱却少于我的"正确"所应给我带来的钱。为什么我没有全部赚到呢？

我们从不彻底的成功中所能学到的东西并不比从失败中能学到的少。

例如，从牛市一开始我就看多。持着这个观点，我买进了股票。正如我清楚预见到的，后来涨了。到目前为止，一切都非常顺利。然而我接着做了什么呢？我去听信了那些年纪大的老手的话，把自己年少的冲劲抑制住了。我决定要聪明些，小心翼翼地、保守地操作。每个人都知道，这种操作风格其实就是见利润就平仓，然后有机会再买进。我正是这么做的，或者说，这正是我努力去做的。我常常把利润兑换后，就开始等待时机，可时机却再也没出现过。眼看着自己刚平仓的那只股票又冲高了 10 个点，我却只能坐在那里，保守的口袋里揣着 4 个点。他们说，有赚的时候就兑现，这样你永远不会变穷。对，你是不会穷，可在一个牛市中只赚了 4 个点的利润，这也不会使你致富啊！

在我应该赚 2 万美元的时候我只赚了 2000 美元，这就是我的保守主义对我干下的事。当我发现自己只赚到了应赚的一小部分钱时，我还发现了别的东西，那就是，傻瓜和傻瓜之间的区别在于不同程度的经验。

新手什么也不懂。这一点，每个人，包括他自己，都知道。可下一个，或者说第二个级别的人则认为，他知道很多，而且使其他

第五章 既要看得清，更要坐得稳

人也这么认为。这是一个有经验的傻瓜，他研究过一些东西，不过研究的不是市场本身，而是几篇由更高级的傻瓜所作的市场评论。这个二级傻瓜知道如何防止新手才会出现的一些错误。他们这种半瓶子醋，才是以佣金为收入的证券公司的衣食父母，而不是那些百分之百的新手。这种人平均下来能坚持3年半。相比之下，第一次进入华尔街的人通常只能维持3～30个星期。半瓶子醋们很自然地总是把一些名言警句和各种各样的游戏规则挂在嘴边。从老手那充满善意的嘴里说出的所有忌讳，他都知道，只要除了最根本的一条：别做个傻瓜！

这种半瓶子醋就是那种爱在下跌时买进，自以为很聪明的人。他专等下跌，以从顶部跌下的点数来评估他的便宜货。在大牛市中，一个头脑简单的纯粹傻瓜，对于规则和前例完全一无所知，只凭着盲目的希望而盲目地买进；这种人在一个正常的市场反应把他的钱一笔卷净前，是最能赚的。而一个小心谨慎的二级傻瓜则会像我这样，自认为在高明地操作，其实用的都是别人的脑子。我知道应该改变自己那套在投机行的交易方法，而且以为任何调整都是在帮助我解决问题。其中我尤为倚重的，却都是客户中经验丰富的炒手们认为含金量很高的调整。

大部分客户，姑且称他们为客户吧，都是相似的。你找不到几个没在华尔街上亏损过的人。在富勒顿公司，情况也一样。各种级别都有！对了，其中有一个与众不同的老家伙。说起来，他是个年纪比我们大很多的人。他从来不自告奋勇给人建议，或者吹嘘自己的成功，是个非常好的听众。他似乎并不怎么热衷于内部消息，也就是说，从来不去问人家听到或者知道什么。而有人告诉他消息时，他就很礼貌地谢谢人家。有时候他会再次表示感谢，因为后来证明，这消息还行。不过，如果消息不准，他也从来不抱怨，所以也没人知道他是真跟着消息做了，还是只听听而已。公司里都传说这老家伙很有钱，有能力做大规模的交易，可他并没有向公司贡献多少佣金，至少没什么人能看见。他的名字叫帕区杰（译者注：此名另有一个意思为"鹧鸪",因此有后文),可他们在背后给他起了个绰号,"火鸡"。因为他胸肌很厚,喜欢把下巴尖抵在胸膛上,趾高气扬地在各个房间里穿梭。

客户们做股票时,都渴望有外力逼着他们做,因为这样他们就能把失败归咎于他人了。他们常常去找老帕,告诉他,一个知情者的朋友的朋友建议他们做某某股票,他们会跟他说,自己并没有听从那个消息,然后就指望他会告诉他们该怎么做。不过,无论他们得到的那个消息是利空还是利好,那个老家伙的回答总是一样。

某客户在编完这种故事后,问道:"你觉得我应该怎么办?"

老火鸡就把脑袋斜到另一边,面带父亲般的微笑,审视着这人。半晌,郑重地抛出一句话来:"你知道,这是牛市!"

我常常听到他说:"呃,这是个牛市,你知道!"就好像他在递给你一个上了100万意外保险的护身符。我当然根本没懂他的意思。

有一天,一个叫艾尔莫的人冲进营业厅,写了一张委托单,交给职员,然后又冲到了老帕那儿。老帕正在很有礼貌地听约翰讲故事。故事说,约翰无意间听到了基恩给经纪商下的指令,可结果只买了100股,才赚了可怜的3个点。当然啦,他才脱手,那只股票就在3天内涨了24个点。这至少是约翰第四次向他说这个故事了,可老火鸡还是像第一次听到似的,同情地笑着。

嗯,艾尔莫到了老家伙跟前,也顾不上向约翰道歉,就对老火鸡说:"帕先生,我刚抛出极点汽车。我这边的人说市场一定会回落,到时候我能用更便宜的价格把它再买回来。你最好也这么干。我是说,如果你还拿着这股票的话。"

艾尔莫看老帕的神色里有点儿疑心。最初买进的消息,他是给过老帕的。这些业余的,或者说免费的消息灵通人士,就算在还不知道自己的消息是否准确前,都以为自己有权对受惠者管头管脚。

"是的,艾尔莫先生,我还拿着呢,这是当然的!"老火鸡很感激地说。艾尔莫心真好,还想着老家伙。

"啊,现在正是落袋为安的时候,等下一次跌时再买进,"艾尔

第五章　既要看得清，更要坐得稳

莫说得就像是已经为老帕准备好存款单了。他在受惠者的脸上没有看到万分感激的神情，就重复道："我刚刚把自己所有的股份都卖掉了！"

从他的声音和样子上，你会保守地估计那有1万股。

不过帕先生遗憾地摇了摇头，为难地说，"不！不！我不能那么做！"

"什么？"艾尔莫嚷嚷道。

"我做不到！"帕先生说。他为难极了。

"我不是给过你消息让你买了吗？"

"你是给过我，艾尔莫先生，对此我非常感激。真的，我很感激，先生。可是……"

"且慢！听我说！难道那股票没有在10天内就涨了7个点吗？没有吗？"

"涨了，非常感谢，我亲爱的小伙子。可我不想卖掉它。"

"你不卖？"艾尔莫问道，开始对自己产生了怀疑。大部分提供消息的人也都会习惯性地成为接受消息的人。

"不，我不能卖。"

"为什么不？"艾尔莫凑上前来。

"为什么，这是牛市！"老家伙这么说，就好像他给出的是个又长又详细的解释。

"对啊，"艾尔莫说。因为失望，他看上去很恼怒。"我和你一样清楚这是牛市。不过你最好还是把你那些股票卖了，然后跌回来时再买进。这样你也许会减少成本呢。"

"我亲爱的小伙子，"老帕很苦恼地说，"我亲爱的小伙子，如果我现在把这股票卖了，我就没仓位了，那我怎么办呢？"

艾尔莫甩着手，摇着头，走到我这儿来找安慰："你能把它打压下来吗？"他装着压低声音说道。"我求你！"

我什么也没说。因此他继续道："我给了他这股票的消息。他买进了500股，拿到了7个点的利润。我建议他退出，回落时——

现在早该发生了——再买进。可他却怎么说？他说，如果卖掉了他就没工作了。你知道这是什么意思吗？"

"对不起，艾尔莫先生，我没有说我要丢工作，"老火鸡插进来说道。"我说我就没仓位了。等你像我年纪这么大，像我一样经历过许多兴衰之后，你就会明白，没人能受得了把仓位给丢了，即使洛克菲勒也不行。先生，我希望这股票会回落，能让你以极低的价格重新买进。可我自己只能按着我多年的经验来操作。我花了不少钱买进这股票，我不想再付第二笔学费。不过我还是非常感谢你。这是牛市，你明白。"说完他趾高气扬地走了，只留下目瞪口呆的艾尔莫。

我对大势的判断如此正确，却没有赚到应赚的那么多钱，而且自己的这种失误数不胜数。在开始考虑这个问题时，老帕的这番话才引起了我的注意。我越研究，就越觉得这老家伙真是富有智慧。很显然，他年轻的时候也犯过同样的错误，而且深知自己性格上的弱点。经验告诉他，这是个难以抗拒的诱惑，而且一直都证明了这个诱惑的代价很昂贵，就像我付出的那些代价，因此，他不把自己暴露给这种诱惑。

我觉得，明白了这一点使我在学习交易操作中迈进了一大步。我终于意识到了，老帕在对那些客户说"呃，你知道这是牛市！"时，他真正想告诉他们的是，要想赚大钱，靠个体的波动是不行的，要看市场的大势。也就是说，不是读读行情数据就行了，而是要对整个市场和它的大趋势有个估计。

此时此刻我得说一件事：在华尔街浸润多年后，在手上来来去去了几百万之后，我想对你说：我赚大钱从来都不是因为我的思想，而是因为我坐得住。懂吗？全凭我坐得住的本事！判断正确根本不是什么技术活，你总是能在牛市时发现很多低位买进的人，在熊市时发现很多高位卖出的人。我认识很多人，他们都是在绝对正确的时机，以最合适的价格开始买进或者卖出股票的。可他们的经历和我一模一样，也就是说，他们没有赚到真正的大钱。既能判断正确，同时又坐得住，这样的人非常罕见。我发现这是最难学的事情之一。可一个股票操盘手只有牢牢掌握了这项本领，他才有可能赚大钱。赚大钱在懂得如何交易后是一件很容易的事情，而在不懂时，想赚几百美元都会很难，这一点千真万确。

这里面的原因在于，一个人可以看得很明白很清楚，但是却需要时间来把自己的预测在市场中转变为现实。在这个过程中，他会变得不耐烦，甚或产生怀疑。这就是为什么华尔街上那么多人——这些人根本不能算傻瓜，甚至连三级都不能算——还是亏了钱的原因。不是市场打败了他们，而是他们自己把自己打败了。因为尽管他们有头脑，可他们坐不住。老火鸡的所作所为完全正确。他不仅有勇气坚守自己的信念，而且还有高明的耐心稳坐不动。

忽略了大势，努力跳进跳出，这是我致命的地方。没人能抓住所有的波动。在一个牛市中，你要做的就是买进，然后一直持有，直到你相信牛市即将结束。要做到这一点，就必须研究市场的大环境，而不是内部消息或者对个别股票有影响的特殊事件。离开你的股票，是为了保住它们！然后等待，直到你看见——或许你宁可说认为看见了——市场的变向，看见了一轮反向行情的开始。做这些，必须要有头脑和远见，不然我的建议就和告诉你要低买高卖似的一样蠢了。还有一件最有用的事情，是任何人都能学会的，那就是放弃想抓住最高点或者最低点的努力。这两个是世界上最昂贵的点，股票交易者们为它们花的钱足以建起一条横穿大陆的水泥高速公路了。

在操作上有了一些进步之后，我研究自己在富勒顿公司的交易中还注意到了另外一件事情。那就是，我刚开始的几次操作很少会赔钱，但是在后面的操作中，我的判断有时候就会被其他人的建议，甚至被我自己的缺乏耐心而破坏。这使我很自然地决定从一开始，在对自己的判断充满了信心时，就大规模地操作。一个人对自己的判断如果没有信心的话，就不可能在这场游戏中有大的作为。这些基本上就是我学到的所有的东西：研究总的市场条件，找到自己的部位入市，然后坚守。我可以无比耐心地等待。我面对挫折而毫不动摇，因为我明白那只不过是暂时的。我曾经在做空 10 万股时预见到要有一次大涨。我推测完全正确——这次大涨不可避免，甚至有益市场健康，但它会使我的浮动利润减少 100 万美元。但我仍然坚守着，眼睁睁地看着浮动利润被冲掉。"先平仓再重新建仓"的想法一次都没出现过。因为我知道，如果那样做的话，我也许就会把自己的仓位丢了，那肯定就完了。要知道，为你赚大钱的是大势的波动。

　　如果说我的学习进度太慢，那是因为我在从自己的错误中学习。从犯错到意识到犯错，总是需要时间的；而从意识到犯错到准确地找到错误，则需要更多的时间。况且与此同时，我过得相当舒服，又还很年轻，所以光阴也不算是虚度的。我的大多数赢利中，有一部分是靠自己分析行情数据的本事赚来的，因为那时的市场正好很适合用这方法。我的亏损不再像刚到纽约时那么频繁，那么令人恼火了。这并没什么可值得骄傲的，想想吧，我在不到两年的时间里就破产过三回了。我跟你说，破产是一所效率很高的教育机构。

　　我的资金增长不是很快，因为我一直在尽情享受生活。我这个年龄和品位的人有很多想要的东西，我都没有委屈自己。我有自己的小汽车。我看不出自己有什么理由在能从市场上取钱的时候还要省着花。股市照例只在星期天和节假日里没有交易。每次我找到一次失败的原因或者另一个错误的来由时，我就在资产表上添加一个全新的"禁忌"，而我的资产在日益增长。使用它们最愉快的方法，就是在日常生活中不要缩手缩脚。我当然有过一些愉快的经验和一些不那么愉快的经验。可如果要把它们一件件细细道来的话，我永远也说不完。事实上，我不用费力就记住的，只是那些对我的交易具有绝对价值的经验，那些拓宽了我对股票投机，还有我自己的视野的经验。

第六章　相信自己

　　1906年春天,我在亚特兰大城度一个短假。我把股票完全抛开了,只想换换空气,好好休息一下。顺便提一下,我已经回到我第一个经纪商那儿了,也就是哈丁兄弟公司;而且我的账户也相当活跃,我可以交易3000或者4000股股票。与我不到20岁时在大世界投机行的交易量相比,这并没有多少。但是,这种真正在纽约证券交易所替我买卖股票的经纪商对保证金的要求,和投机行那1个点的保证金是有所不同的。

　　也许你还记得我告诉过你的那个故事吧?就是我在大世界做空3500股糖业公司那次,我的直觉告诉我有问题,最好赶紧平仓。嗯,我常常会有那种古怪的感觉。一般说来,我会服从它。不过有时候我也会嗤之以鼻,告诉自己,屈服于这些突发的盲目冲动而改变自己目前的仓位,绝对是愚蠢的。我把自己的直觉归咎于神经状态,觉得是因为雪茄抽得太多,或者觉没睡好,或者精神不振之类引起的。每当我说服自己不去理会这种感觉,稳坐不动时,总会有事情让我后悔。有好几次,我没有听从直觉把股票卖掉,后来第二天去城里时,就看见股市强劲,或许甚至在冲高,那时我对自己说,要是跟着那个盲目的冲动走,把股票卖了,可该有多傻!可是再接下来的一天,股市就会出现一个相当大的跌幅。一定是什么地方出了岔子,我要是不那么聪明那么有逻辑的话,本来可以赚到钱。原因显然不是物理上的,而是心理上的。

　　我只想跟你细说其中的一次,因为它对我意义深远。它就发生在1906年春天我在亚特兰大城度的那个短假期间。当时有个朋友和我在一起,他也是哈丁兄弟公司的一个客户。我那时非常享受这一次休息,对股市压根没兴趣。我一向都可以因为享受而放弃交易。当然，除非股市异乎寻常地活跃，而我的仓位也相当重。如果我记得不错，那是一个牛市。大环境对总体的商业发展很有利，股票市场放慢了速度，不过基调还是稳固的，所有的指标都说明股价会上涨。

有天上午，我们吃完了早饭，读遍了所有的纽约晨报，就看着海鸥们吃早餐。它们叼着蛤飞到20尺的高空，然后松开嘴，把蛤甩在又湿又硬的沙滩上，这样蛤就被打开了，它们也就能吃了。看腻了后，我和朋友就开始沿着木板街散步。这就是我们在白天最有趣的活动。

那时还不到中午，我们慢慢走着消磨时间，呼吸着带着咸味的空气。哈丁兄弟公司在木板街上有一个分部，我们通常每天上午要进去一下，看看开盘的情况。这谈不上什么，只能说是习惯使然，因为我什么都不做。

我们发现股市很强劲，很活跃。我那朋友本来就相当看好，手中还握着不多不少的一批股票，价位比现在低几个点。他开始跟我说话，说很显然，明智的事情就是把股票握在手里，等待更高的价格。我没注意他的话，顾不上表示同意，因为我正看着行情板，注意着那些变化。大部分股票都在涨，直到我看见了联合太平洋铁路。我有种感觉，觉得自己应该做空。我说不出更多，只是感觉应该放空这只股票。我问自己，为什么会有这种感觉？我找不到任何应该做空联合太平洋铁路的理由。

我直呆呆地盯着行情板上的最新价格，可以说，直到眼睛里看不见任何数字或者任何行情板或者任何其他东西。我只知道我想卖联合太平洋铁路，还有就是，我弄不明白自己为什么这么想。

我看上去一定有些古怪，因为朋友正站在我的旁边，忽然用肘推推我，问道："嗨，怎么啦？"

"不知道，"我回答。

"犯困？"他说。

"没，"我说。"我不困。我想放空那只股票。"跟着直觉走，

第六章 相信自己

我总能赚钱。

我走到一张桌子前,那儿有一些空白委托单。朋友跟着我。我填了一张以市价卖出 1000 股联合太平洋铁路的单子,递给经理。这人在我填单的时候面带笑容站在一边,这会又微笑着接了过去。可看到单子时,他不笑了,看着我。

"你确定吗?"他问我。我看着他,没说话。他就冲到操作员那儿去了。

"你干什么呢?"朋友问。

"我要卖空!"我告诉他。

"卖空什么?"他冲着我叫。如果他看多,我怎么能看空呢?一定有什么事情出错了。

"1000 股联合太平洋铁路,"我说。

"为什么?"他很激动地问我。

我摇了摇头,意思是我也不知道为什么。可他一定领会成我有内部消息了,因为他拉着我的胳膊,把我带到外边的长廊里,这样其他的客户和闲人就看不见,也听不见了。

"你听到什么了?"他问我。

他相当激动。联合太平洋铁路是他的一个宠儿,他看好它,因为它的收益和前景都不错。可他还是愿意间接地了解它的利空消息。

"什么也没听到!"我说。

"没有?"他不相信,也毫不掩饰这一点。

"我一件都没听说。"

"那到底为什么要卖?"

"我不知道,"我告诉他。这是千真万确的真话。

"得了吧,拉瑞,坦白吧,"他说。

他知道我的习惯,我交易一向要有理由。我卖了 1000 股联合太平洋铁路。面对这么强劲的市场,却放空了这么多的股票,我一定有很好的理由。

"我不知道,"我又说了一遍。"我只是觉得要发生什么事情。"

"会发生什么事？"

"我不知道。我给不出任何理由。我只知道我想做空那只股票。而且我打算再放空 1000 股。"

我回到营业厅，委托卖出另外 1000 股。如果卖出第一个 1000 股是正确的话，那么我就该再多卖一些。

"可能发生什么事呢？"朋友坚持问着，他没打定主意要不要跟我做。要是我告诉他，我听说联合太平洋铁路要跌，他肯定问都不会问我消息的来源和原因，直接就卖了。"可能发生什么样的事情呢？"他又问。

"有一百万件事情可能发生。可我不能向你保证任何一件。我给不出任何理由，我也不会算命，"我告诉他。

"那你就是疯了，"他说。"完全疯了，什么也不为就做空那只股票。你真的不知道为什么想做空？"

"我真的不知道为什么想做空。我只知道我确实想，"我说。"比什么都想。"那感觉如此强烈，我又卖了另外 1000 股。

对朋友来说，这太过分了点儿。他抓着我的胳膊说："喂！趁你没把整个股市做空，咱们赶紧离开这儿吧。"

我已经痛快过了，所以就随他走了，也没等后来那 2000 股的成交报告。即使有最好的理由，我做空做得也够多的了。在没有任何原因，特别是当整个股市如此强劲，任何人都不会看空的时候，我这么做空似乎太过分了。但是我可没忘记，以前没有听从同样的直觉时，过后我总是后悔。

这些故事我对朋友说过一些，他们有人告诉我那不是直觉，而是脑海里的潜意识，是一种创造性的思维在活动。艺术家在创作时对自己为什么要这么做的理由毫无知觉，就是如此。也许在我身上，它就是许多事件累积起来的反应，许多细小的单个事件。它们不重要，但是累积起来后却很有能量。也可能是朋友不明智的看好激起了我的逆反情绪，我选中联合太平洋铁路是因为它被追捧得太厉害了。我说不出自己直觉的原因或者动机是什么。我只知道我在一个涨势喜人的股市里做空了3000股联合太平洋铁路,而走出哈丁兄弟公司在亚特兰大城的分部时,心里无忧无虑。

我想知道后来的2000股在什么价位成交的。因此午饭后,我们散步到那个营业厅。我很荣幸地看到大市很强劲,联合太平洋铁路涨得更高了些。

"我看你完了,"朋友说。你能看出,他很高兴自己一点儿没卖。

第二天,大市又涨了些,我听到的尽是朋友那令人鼓舞的评论。但是我的心很安定,还是觉得做空联合太平洋铁路是对的。在我感觉正确的时候,我从来不会变得不耐烦。有什么意义呢?那天下午,联合太平洋铁路停止了上涨,快收盘时它开始下跌。很快,它就跌破了我那3000股的平均价格,并且低了一个点。我比任何时候都肯定,自己站对了方向。而既然是这种感觉,那我自然就应该再放点儿空。因此,临收盘时我另外又放空了2000股。

这就是我的情形,凭着一个直觉,做空了5000股联合太平洋铁路。这是我在哈丁兄弟公司的保证金所容许我交易的最大限额。我觉得就一个假期而言,这太多了些。因此我放弃了休假,当天晚上就回了纽约。谁也说不出会发生什么事,我觉得自己最好能在现场。这样在需要时,我就能够迅速行动。

接下来的那天,我们就接到了旧金山地震的消息。那是一场可怕的灾难,然而股市仅仅低开了两个点,牛市的力量仍在。公众对于新闻从来不会用自己的脑子,向来如此。比方说,如果有一个坚实的牛市基础,那么与此同时,无论报纸怎么说这牛市是被人操纵的,那些新闻消息就是不会产生影响;而如果是在华尔街看空的时候,这些新闻是一定会引起反应的。这都和当时的情绪有关。在这件事情上,华尔街没有回应这场灾难的影响,是因为它不希望也不愿意。这天在收盘前,价格又回升了。

我做空了5000股股票,利空消息出来了,可我的股票没有跌。我的直觉是第一流的,可我的银行账户并没有增长,即使在纸面上都没有。那个和我一起在亚特兰大城,看着我做空联合太平洋铁路的朋友，对此又欢喜又难过。

他对我说："孩子，你那直觉是不错。可是，这么说吧，在人气和资金都看多的时候，和它们对着干能有什么用呢？它们注定会赢。"

"给点时间吧，"我说。我指股价。我不会平仓的，因为我知道这次地震损失惨重，联合太平洋铁路会是最大的受害者之一。不过，华尔街的盲目让人看着实在恼火。

"给点时间你的大熊就要把你给吃了，"他向我保证。

"那你会怎么做？"我问他。"在南太平洋铁路和其他铁路损失几百万美元的情况下，买进联合太平洋？弥补这些损失后，他们从哪儿再弄钱产生收益和股息？你最多指望一下它的损失不像看上去那么严重。可这能成为一个买进一条受损最严重的铁路的股票的理由么？你回答我。"

而我的朋友所能说的就是："对，听上去是这么回事情。可我告诉你，股市可不同意你的想法。那些行情不撒谎，是吧？"

"它也不会总是立刻告诉人们真相，"我说。

"听着。黑色星期五前，有个人和吉姆·费斯科聊了会儿，给出了10个应该做空黄金的有效理由。他越说越激动，后来干脆告诉费斯科他要去卖空它100万美元。而吉姆·费斯科只是看着他，说：'去吧！动手吧！做空后别忘了邀请我去你的葬礼。'"

"是的，"我说，"如果那家伙做空了，那该出多大的事呀！你也卖掉点儿联合太平洋吧。"

"我才不！我是那种跟风顺水才活得最舒服的人。"

接下来的那天，更多的报告出笼了，市场开始下滑。可都到了那时候，也没有以它该有的力度下滑。我知道世界上没有任何事情能够阻止一次巨大的跌幅，就把自己的持仓量翻了番，又卖空了5000股。呃，到了这时候，许多人也都明白了，我的经纪商们也都没说什么。他们和我都不是莽撞的人，我对市场的估计并不过分。随后的一天，市场开始出现了应有的反应。魔鬼来讨钱了。我自然孤注一掷，把仓位又翻了番，又卖了1万股，这是必然之路。

第六章 相信自己

我只知道两点，首先，自己是正确的，百分之百正确。其次，这是一次天赐良机。是否利用这次机会全由我决定。我又卖空了更多的股票。我想过吗？我放空的量这么大，反弹的力度不用很大，就会把我的浮动利润，甚至我的本金抹掉？我也不知道自己是否想过这个问题。不过，如果我想过的话，那它也没怎么影响到我。我并不是在莽撞地赌博，我操作起来很保守。没有什么能把地震退回去，像从来没有发生过，对吧？他们不可能一夜之间就把那些倒塌的高楼修复一新，而且还是不要钱的、免费的，不求回报的，他们能吗？全世界所有的钱在以后的几个小时内也帮助不了多少，是吧？

我不是在盲目地下注。我不是一头疯狂的熊。我没有被成功灌醉，或者以为旧金山差不多从地图上消失了，全国成了一片废墟。确实没有。我并不认为会出现恐慌。接下来的那天，我就平了仓。我赚了25万美元，这是我那时为止赚到的最大一笔钱。全都是在几天内赚到的。地震的头两天在华尔街根本没有引起任何注意。他们总说，那是因为刚开始的报告并不怎么惊人，可我却认为那是因为公众要用很长时间才能转变对证券市场的看法。即使是专业操盘手，他们大多数反应也很慢，目光也很短浅。

我给不了你什么解释，无论是科学的或者孩子气的。我只是在告诉你，我做了什么，为什么做，还有后果是什么。我对直觉的神秘性不怎么上心，我更关心的是我从中捞了25万美元这个事实。这意味着，时机来到的话，我现在可以比任何时候都玩得大了。

那年夏天我去了萨拉托加温泉度假地。那本该是一次休假，可我还是留心着股市。这么说吧，我还没有累到一想起它就厌烦的程度。后来，我在那儿认识的所有人都对股市很感兴趣，或者说曾经很感兴趣，我们很自然地就聊起它了。我注意到，嘴上空谈和具体操作之间是有相当区别的。有些家伙在谈论交易的时候，会让你想起那个胆大妄为的职员，那人对他的坏脾气老板说起话来就像对一只小黄狗。

哈丁兄弟公司在萨拉托加有一个分部。他们在那儿有许多客户。不过，我猜想在那儿设分部的真正原因，是因为其广告价值。在一个度假胜地有分部，这本身就是一块高级广告牌。我经常顺路进去，到处和其他的客户坐坐。经理是一个很友好的家伙，来自纽约总部。他很愿意帮助朋友和陌生人，而且如果可能的话，拉些业务。那儿是小道消息的天堂——各种各样的小道消息，赛马的，股市的，还有关于服务员的。营业部里都知道我不听这些消息，所以那个经理也并不会过来俯在我耳边，悄悄告诉我刚从纽约那儿接到了什么消息。他只简单地把电报传过来：说"这是他们刚发出的"或者诸如此类的事情。

我当然在观察大市。对我来说，看着行情板和注意征兆是一回事。我注意到，我的好朋友联合太平洋铁路看上去像要涨。价格很高了，可这股票却表现得像是有人在吸货。我没动手，观察了它两天。我越观察，就越相信有人在对它进行收购。而且这不是什么散户，应该是一个不仅有大量资金，并且知道内情的人。很机灵的收购，我想。

我一旦确定这一点后，自然就开始买进了，价位在160左右。它继续走好，我就继续买进，一次500股。我买进的越多，它的走势变得越强，走得很稳，我觉得非常放心。我看不出这股票有什么理由不能再涨上一大块，至少我从行情数据上看不出。

忽然，那个经理走到我这儿来，说他们从纽约接到了一个信息，当然啦，他们有一条直线，问我是否在营业部，他们回答是，就又来了一条，说："把他留在那儿。告诉他，哈丁先生想和他说话。"

我说我等着，就又买了500股联合太平洋。我想象不出哈丁有什么话要对我说。我不觉得会是和生意有关的事情。我的保证金远远超过我买进的份额。经理很快就过来了，告诉我哈丁先生想要我接一下长途电话。

"你好，艾德，"我说。

可他说："你见了什么鬼了？疯了吗？"

"你呢？"我说。

第六章 相信自己

"你在干什么？"他问。

"你什么意思？"

"买进那些股票！"

"怎么，我的保证金没问题吧？"

"不关保证金的事。是你在当大傻瓜。"

"我不懂你的意思。"

"你干嘛买那些联合太平洋？"

"它在涨，"我说。

"在涨，呸！难道你不明白那是里面的人在喂你吗？你简直就是市场上最容易上钩的人。你赔在赛马上还更愉快些呢。别让他们糊弄你了。"

"没人糊弄我，"我告诉他。"我跟谁都没谈过。"

可他反驳道："你不能指望每次赌这只股票都会有奇迹出现。趁还有机会赶紧出来吧，"他说，"现在这个价位做多就是在犯罪，那些恶棍正成吨地往外抛呢。"

"行情显示他们在买进，"我坚持道。

"拉瑞，你的委托单进来的时候我心脏病都犯了。拜托，别当傻瓜了！出来吧，立刻！任何时候它都可能崩盘。我尽力了，再见！"他挂了电话。

艾德•哈丁是一个非常聪明的家伙，异常地见多识广，而且是一位真正的朋友，无私、善良。特别是，我知道，他消息灵通。而我在买进联合太平洋时，所依靠的都是自己对股票行为长期的研究和对某些迹象的感知，经验告诉我，这些迹象通常都伴随着一次大涨。我不知道自己怎么了，不过我猜想自己一定是得出了这么个结论：那就是，让我从中分析出有人在吸货的那个行情，是高明的人为炒作的结果，是内部的人特意制造出的假象。我之所以这么认为，可能是因为哈丁那么肯定的态度。他如此肯定这对我会是一个灾难性的错误，如此真诚地劝阻我，给我留下了深刻的印象。无论是他的头脑还是他的动机，都没什么可怀疑的。我说不出到底是什么让我觉得自己应该听从他的建议，但是，却听从了。

我把所有的联合太平洋都卖了。当然，如果做多是不明智的，那么同样地，不做空也是不明智的。因此我抛掉那些买进的股票后，又做空了4000股。大部分的价位在162左右。

第二天，联合太平洋的董事们发了一个公告，说这只股票的红利是10%。华尔街上开始没人相信。这太像是被逼到绝路上的赌徒使出的伎俩了。所有的报纸都在指责这些董事。可就在华尔街人犹豫不决时，市场开锅了。联合太平洋放出了巨大的交易量，创了新高。一些场内交易员一个小时内就发了财。我记得后来听说有一个相当迟钝的家伙，因为出了错，结果赚了35万美元。他在接下来的那个星期就把自己的席位卖了，第二个月时，就成了一名农场主绅士。

10%的红利前所未闻。我在听到公告的那一瞬间，当然就意识到了自己没有听从经验之声，而去听信了一位消息灵通人士，这个结果是我应得的。在朋友的怀疑和自己的信念之间，我选择了朋友，而这仅仅因为他平时无私，知道自己在做什么。

我一看到联合太平洋铁路创出新高，就对自己说，"这不是该我做空的股票。"

我在世上的全部身家就是哈丁公司里的保证金。认清楚这个事实，既没使我备感鼓舞，也没使我就此顽固不化。情况很简单，我对行情看得很准，可任由哈丁动摇了自己的信念，当了回傻子。没必要去反过来指责了，因为我没有时间可以浪费。除此之外，发生的事情已经发生了。因此我下了指令，把做空的股票平了。我下指令以市价买入4000股联合太平洋铁路时，它的价格在165左右。以这个价格计算的话，我亏了3个点。呃，在它们全部完成前，其中一部分我的经纪商是以172和174给我成交的。我拿到报告后发现，哈丁好心的干涉花了我4万美元。对于一个没有勇气坚持自己信念的人来说，这个价钱很便宜！这是一个廉价的教训。

我没有担心，因为行情显示价格还会更高。这是一次不同寻常

第六章 相信自己

的波动,董事们的行为没有过先例。不过这次我做了自己认为该做的。我在下指令买进4000股平仓的时候,就决定要靠行情显示出的迹象获利,因此我就跟上了。我买了4000股,一直拿到第二天上午,然后抛了。我不仅补回了亏掉的4万美元,而且另外还赚了大约1万5000美元。如果哈丁没有试图拯救我的钱包的话,我就发财了。不过他为我做了一件大好事,因为我坚定地相信,这个插曲所给我的教训,使我作为一名操盘手的教育彻底完整了。

这并不是说,我所需要学习的就是不要听从内部消息,应该跟随自己的意愿。而是说,我对自己有了信心,终于能够甩开交易上的陈旧手法了。萨拉托加的经验是我最后一次毫无章法,全凭运气的操作。从那以后,我开始考虑基本大势,而不是个别的股票。在投机这所高难度的学校中,我把自己升了级。这一步,迈得悠长而又艰难。

第七章　不要廉价买进，
　　　　是时机，不是价格

　　我会毫不犹豫地告诉别人自己看空或者看多，但是却不会告诉别人该买进或者卖出哪只股票。熊市里所有的股票都跌，牛市里所有的股票都涨。我当然并不是说，即使在战争引发的熊市里，与军火有关的股票也不会涨。我指的是一般情况。可普通人想听的不是你对牛市还是熊市的判断，他想听的是你告诉他哪只股票该买或者该卖。他想什么都不付出，想不劳而获。他甚至都不愿意去思考，把地上捡起来的钱数一数对他来说都嫌麻烦。

　　嗯，我还没懒到这个地步，不过我的确发现研究个股比研究整个市场要容易得多，判断个股的波动也比判断大势的动向容易。我必须改变自己，我做到了。

　　人们似乎并不容易抓住股票交易里本质的东西。我常常说，在大势上涨的时候买股票是最舒服的。这时的关键并不在于尽可能便宜地买进或者尽可能高价地卖出，而是在正确的时机买进或者卖出。在我看空卖出股票时，每卖一次的价位肯定比前一次低。在我看多买进时，则情况相反，每买一次肯定比前一次高。我不会向下买进，我买进时，价格要越来越高。

　　咱们来设想一下，比方说，我打算买点儿股票。我要在110的价位买进2000股。如果这股价在我买进后涨到了111，那说明我操作正确了，至少暂时来说是这样。因为，它涨了一个点，我有利润可赚。而因为我对了，我就要再买2000股。如果股市还在涨，那我就还买进另外一个2000股。假如说价格到了114，我认为该暂时罢手了，这时我手上已经有了进行操作的交易量了。我总共买进了 6000 股，均价 111，而股价目前是 114。我暂时不会再买进，要等着看看情况。我推测，在上涨的过程中，肯定会出现一次回落，我要看看市场对那个回落的反应。回落的价位很可能要到我第三次买进时的价格。假如说，在上涨了一段时间后，它回落到 112，然后反弹；当它重新涨到 113 时，我下单买进 4000 股——当然是以市价。呃，如果我这 4000 股的成交价都是 113 的话，我就会知道有问题了。这时，我就会下个测试性的委托单，也就是说，我会卖出 1000 股，看看市场是怎么消化它的。不过，如果我在 113 下单买进的这 4000 股中，有 2500 股是以 114 成交的，剩下的都是在这股票一路上涨时成交的，而最后 500 股的成交价格是 115 的话，那么我就知道我是正确的了。是买进这 4000 股的成交过程告诉我，这只股票是否值得买，还有是否应该在那个时候买——当然，这个判断的前提条件是我已经透彻地研究过市场的基本面情况，有了对大市看好的假设。买进股票时，我从来不想买得太便宜或者太容易。

我还记得一个听来的故事，是关于迪肯·怀特的。那时他还是华尔街上的大操盘手之一。他是一个很好的老人，训练得非常聪明，而且勇敢。从我听说的事迹来看，他在自己的鼎盛时期有过一些很高明的操作。

那还是以前了，糖业公司那时是市场上最持久的热门股之一。这公司的老总哈维迈耶正处在他的全盛时期。我从和老前辈的谈话中得知，老哈和他的追随者们有足够的实力和头脑成功运作自己的股票。他们说，老哈在自己的这只股票里面修理过的小交易员们，比任何其他庄家在任何其他股票里修理过的都要多。一般说来，场内交易员们对于庄家们的运作会设法阻碍，而不是从中辅助。

有一天，一个认识迪肯的人冲进营业厅，激动万分地说："迪肯，你跟我说过，如果得到什么好消息，要立刻来告诉你。要是你觉得可信，就也会顺带帮我做几百股。"他停下来喘了口气，等着迪肯确认这话。

迪肯用他那种沉思的目光瞧着这人，说："我不知道自己是不是真对你那么说过，不过对于可以利用的消息我还是愿意给点儿报酬的。"

"嗯，我给你带来消息了。"

"那好啊，"迪肯说道。他那么和蔼，弄得带来消息的那个人涨着脸说："是，先生，迪肯。"然后那人走近了些，不使其他人听到，说："哈维迈耶在买进糖业公司。"

"是吗？"迪肯很平静地问。

这让透露消息的人有点儿恼火，他硬邦邦地说："是的，先生。全力买进。"

"朋友，你确定吗？"老迪肯问。

"迪肯，我相当肯定。那帮内部的家伙正在尽其所有买进。好像是因为什么关税，普通股要大涨，会超过优先股。这意味着一开始就肯定会有 30 个点的利润。"

"你真的这么想？"老人从他那老式银边眼镜的上沿看着他，这眼镜是他戴着看行情用的。

"我这么想吗？不，我不用想，我知道事情就是如此。绝对！你知道，迪肯，哈维迈耶和他的朋友每次这样买进糖业公司时，净利润都不会少于 40 个点，要不他们不会满足。而在他们满仓前，我要是随时看见市场大涨了起来，一点儿不会吃惊。经纪商手上的量不像一个月前那么多了。"

"他在买进糖业公司，嗯？"迪肯心不在焉地重复道。

"买进？他根本就是在扫荡，要多快有多快，连价格都不限定。"

"真的？"迪肯说。就这么一句。

不过这足以激怒给消息的人了，他说，"是的，先生！而且我称之为极好的消息。这完全是很直截了当的嘛。"

"是吗？"

"是的，而且应该值很多钱。你打算利用它吗？"

"哦，是的。我打算利用它。"

第七章 不要廉价买进，是时机，不是价格

"什么时候？"带来消息的那人怀疑地问。

"立刻。"迪肯喊道："弗兰克！"这是他那位最伶俐的经纪人的名字，那时正在内间。

"有什么吩咐，先生？"弗兰克说。

"我要你去卖出1万股糖业公司。"

"卖出？"通风报信的人喊了起来。他这一嗓子充满了痛苦，弗兰克本来已经开始跑开了，听到这话又犹犹豫豫地慢了下来。

"怎么？是卖啊，"迪肯和气地说。

"可我对你说的是哈维迈耶在买进！"

"我知道你是这么说的，朋友，"迪肯平静地说，又转向那个经纪人，道："快点儿，弗兰克！"

那个经纪人迅速冲去执行指令了。报告消息的人脸都红了。

"我来这儿，"他气急败坏地说，"带着我得到过的最好的消息。我把它给你，是因为我认为你是我的朋友，而且很公平。我指望你能立即行动"。

"我是在行动，"迪肯打断了他，声音很平静。

"可我说的是哈维迈耶和他的朋友在买进！"那人尖声叫到。

"是的，买进！我是这么理解你的话的，"迪肯向他保证。他站在行情机边上，看着打出的行情单。

"可你在卖出。"

"没错，1万股。"老迪肯点着头，"卖出，当然了。"

他不再说话，把精力集中在行情上。老家伙狡猾得很，于是通报消息的那人就挨近去看他在看什么。他正从迪肯的肩上望过去时，一个职员拿着一张纸走了过来。很显然，是来自弗兰克的报告。迪肯都没怎么看。他从行情上已经看出了他的委托的成交情况。

他对那个职员说："告诉他，再卖出1万股糖业公司。"

"迪肯，我向你发誓，他们真的在买进那股票！"

"是哈维迈耶先生告诉你的吗？"迪肯安静地问。

"当然不是！他从来不告诉任何人任何事。最好的朋友他都不

71

会帮。可我知道这消息是真的。"

"别让自己太激动，朋友。" 迪肯做了个手势。他看着行情单。那位情报员苦涩地说："我如果早知道你要和我想的反其道而行，就永远也不会来浪费你的或者我的时间。不过你就此大亏特亏时，我也不会觉得高兴的。我为你难过，迪肯，真的！我要告辞了，找别的地方赚这钱去。"

"我是在赚这钱。我觉得我对市场还是有点儿了解的，也许不如你和你的朋友哈维迈耶了解得那么多，不过还是有所了解。经验告诉我，配合你带来的消息，我现在的所作所为是最聪明的做法。一个在华尔街呆了像我那么长时间的人，对于任何为他感到难过的人他都很感激。保持镇定，朋友。"

那人只好盯着迪肯，说不出话来。对方的判断和勇气都是他非常尊敬的。

很快，那个职员又来了，把一份报告交给了迪肯。迪肯看着，说道："现在去告诉他，买进3万股糖业公司。3万股！"

那职员匆匆离去。情报员咕噜了一声，看着这只老灰狐狸。

"朋友，" 迪肯和蔼地解释道，"你看见了，我不怀疑你是在告诉我真话。可即使我亲耳听见哈维迈耶本人说这事，我还是会这么干。因为，只有一个办法才能真正知道是否有人像你说的那样，在像哈维迈耶和他的朋友那样买进股票。这办法就是我刚才做的事情。第一个1万股出手很容易，可这还不足以说明问题。但第二个1万股被吸收时，股价还是一路上涨，没有停滞。这2万股被市场吸收的过程向我证明了，确实有人在有多少接多少。这个问题弄明白后，到底是谁在接就不重要了。因此我把做空的股票平了，现在还做多了1万股。就目前来看，我认为你的消息挺好。"

"好到什么程度？"情报员问。

"你在这儿有500股，价格是这1万股的均价。" 迪肯说。"再见，朋友。下次镇定些。"

"哎，迪肯，"情报员说，"请你在出货时把我的也一并处理了

第七章 不要廉价买进，是时机，不是价格

吧？我没自己想的那么能干。"

这就是道理所在。这就是我从来不廉价买进股票的原因。我自然总是要尽量有效地买进——所用的办法就当做是帮自己造势好了。做空的话就比较简单：除非有人想接，否则没人能卖掉。

如果你操作的规模比较大，你就得把这一点一直印在脑海里。一个人小心谨慎地研究大势，策划操作方式，然后着手行动。他的交易量很大，而且积累了相当大的利润——账面上，那么就不能随意脱手。你不能指望市场消化起5万股就像消化100股那么轻易。他必须等待，直到市场有足够大的胃口。在他认为市场有足够的承受力时，要考虑的就是时机了。机会一旦来临，他就必须抓住。一般来说，他得一直处在等待的状态，有机会的时候就卖出，而不是什么时候想卖了就卖。要抓住机会，他就得观察和试验，判断市场什么时候能消化你抛出的量。这里面并没有什么技巧，可一开始就全部抛出是极不明智的，除非你认定万无一失。记住，股票永远不会因为价格太高而不能买进，也永远不会因为价格太低而不能卖出。在第一笔交易之后，就不要忙着做第二次，除非第一次时你获利了。要等待，观察。这就是该你分析行情的时候了——使你能够决定什么时机适合下手。在很多时候，开始的时机是否完全正确是决定性的。意识到这一点的重要性，不但让我花了很多年的时间，还花了很多的钱。

我并不想被理解为，我是在建议不断加码。当然了，一个人不断加码赚到的大钱，是他不加码时赚不到的。不过我的意思是：假设一个人想买500股，我认为他不应该一次全买进，如果他是投机的话就更不该。如果他纯粹在赌博，那我的建议就只能是，千万别！假设他买进了第一个100股，而且立刻亏损了，那他还有什么理由去买进更多的呢？他该立刻发现这事错了，至少暂时错了。

第八章　最可靠的盟友是基本条件

　　1906年夏天，在萨拉托加交易联合太平洋铁路股票一事，使我比以往任何时候都更加不再依靠消息和谈话，也就是别人的看法、臆断，还有疑心；无论他们有多友好，或者个人有多能干。是事实而不是虚荣心向我证明了，我分析行情比大多数人要准确，远比他们对我的分析准确。和哈丁公司的普通客户相比较，我准备得更为充分，完全摆脱了投机上的偏见。做空并不比做多对我更有吸引力，反之亦然。我只剩一个坚定不移的偏见，那就是反对犯错。

　　即使还在少年时期，我就总能在对这种事实的观察中归纳出自己的理论。这是我接触到真谛的唯一途径。别人告诉我想让我明白的事实，我没法儿明白，而他们本身就是我的一个事实，你明白吗？如果我相信什么，你可以肯定那只是因为我必须相信。我做多，是因为我对市场的分析使我看好。你会发现，很多人号称很有才智，他们看多却是因为他们自己持有股票。我不会容许自己手中的股票，或者先入为主的想法，来代替我思考。这就是为什么我一再重复说，我不会和大盘争论的理由。 为了市场出乎你的意料，或者甚至不合逻辑地和你做对而恼火，这就像是你得了肺炎却怪你的肺一样。

　　在股票投机中，除了行情数据的分析外，还有很多其他的因素，这一点我逐渐彻底意识到了。老帕认为在牛市持续做多至关重要，他对这一点的坚持，毫无疑问使我在脑海中把判断市场性质放在了其他所有事情的前面。我开始意识到，赚大钱要靠大势的波动。无论是什么引起了大势波动的第一次脉搏，它以后的波动都不受集团或者金融大亨的炒作，而是取决于基本的大环境条件。而且不管谁来阻碍，驱使它的那股力量决定了它会走多快多远多长，它

第八章 最可靠的盟友是基本条件

就一定会不可避免地走多快多远多长。

萨拉托加之后，我开始更清楚地，或许应该说更成熟地看出，既然所有的股票都随大势而动，那么研究个股的行为或者动向就不再像我以前想象得那么必要了。还有，一个人站在市场大趋势的高度，交易起来就不会有限制。他可以买进或者卖出所有股票。只做某一只股票的话，卖出该股的数量超过总股本的一定比率后，做空很危险；这个数量取决于谁在持有这股票、如何持有以及在哪个价位持有。要是交易对象是所有上市的股票的话，那他如果有足够的钱，就能够卖出 100 万股，而不用冒被逼空的风险。当年，内幕者在炒作时会小心翼翼地培养起空头对逼空的恐惧心理，阶段性地从中赚大钱。

明白着，所要做的事情就是在牛市里看多，在熊市里看空。这听上去挺傻，不是么？可我必须先把它牢牢记在心里，因为以后在实践中我才会明白，它真正的意思其实是预测可能性。我花了很长时间才学会守着这些原则交易。不过，我也得替自己说句话，提醒你一下：到那时为止，我的钱还从来没有多到能让我这样投机的地步。如果你的交易规模够大，那么一次大的波动就会意味着一大笔钱；而要有能力驾驭大的交易规模，你在经纪商那儿的账上就得有大笔资金。

我一直必须，或者我觉得我必须，要从股票市场上讨生活。这一点妨碍了我可以用来做大趋势交易的资金的增长。做大趋势交易，所获的利润更大，但是速度也更慢，因此即时交易成本更高。

不过，现在不仅仅我对自己的信心更加增强了，我的经纪商们也不再把我看做是一个偶然走运的"少年赌徒"了。他们已经从我身上赚了不少佣金，而且我现在成为明星炒手的可能性很大，这个价值是我的实际交易量所不能赋予的。对任何券商而言，一个赚钱的客户都是一项资产。

从我不再满足于单纯地看盘那一刻起，我也不再只关心个股的每日波动了。我要做的是从另一个不同的角度来研究这个游戏。我从实时报价回到了主要原则，从价格波动回到了基本形势。

当然了，我长久以来一直有规律地阅读每日消息，这是所有的交易者都在读的。不过其中很多都是传闻，也有很多一看就是假的，剩下的那些纯粹就是作者的个人看法。声誉良好的每周评论在谈到根本的大势情况时，也并不能完全使我满意。财经评论员的看法通常不是我的。汇集各种情况，从中得出他们的结论，这对他们来说不是什么至关重要的事情，可对我来说是。而且，我们对于时机这一因素的评估也南辕北辙。对我来说，对过去一周的分析并没有对下一周的预测重要。

没有经验、年轻、资金不足，这三种不幸混合在一起，使我很多年里深受其害。不过现在我感受到了一个觉悟者的喜悦。我对这个游戏的全新看法解释了为什么我在纽约想赚大钱，却屡次失败的原因。现在，有了足够的资金，还有经验和信心，我太急着试试新钥匙了，以致没注意到门上的另外一把锁——时机之锁！疏忽这一点再自然不过了，通常每进一步，必得付一大笔学费，而我这笔学费还没付呢。

我研究了1906年的情形，认为资金市场的形势特别严峻。世界上许多财富被摧毁了。每个人迟早都会陷入拮据，因此没人会有能力帮助别人。这不会只是用价值1万美元的房子换一车价值8000美元货物的那种艰难时光，这会是彻底的摧毁。房子被火烧了个干净，铁路也毁坏了，大部分马匹在运输中死亡。而英国人把大把辛苦赚来的钱在波尔战争（指1899～1902年间发生的波尔战争，是由金矿引起的一场英国人和南非的波尔人之间的战争。英国虽然获胜，但耗费巨大——译者注）的炮火中也灰飞烟灭了，被派到南非的战士吃掉了他们千百万的钱。这意味着英国投资者不能像过去那样提供资助了。而且，旧金山的地震和火灾，还有其他的灾难，影响到了每一个人——厂商，农场主，商人，工人，还有百万富翁。铁路的损失一定非常惨重。我估计没什么可以幸免于难。在这种情形下只有一件事可做——卖空股票！

第八章　最可靠的盟友是基本条件

我跟你说过,我早就发现,只要我决定了交易的方向后,最初的操作总是能够使我获利。而现在我已经决定做空,所以就赌了一把。既然我们毫无疑问地会进入一个真正的熊市,我确定自己应该使出自己操作生涯中最大的手笔。

股市跌了下去,又反弹回来,回落,然后开始稳步上涨。我的账面利润消失了,账面亏损却在增长。终于有一天,看上去连最后一个空头都无法坚守在所谓的真正熊市里了。我没法再挺下去,于是平了仓。干得正及时。如果我不这么干的话,那就连买张明信片的钱都没了。我虽说全身大部分的毛都被拔光,所幸还活了下来,能够再战明天。

我犯了错。可错在哪儿呢?我在熊市中看空了,这很明智,我也选择了做空,这很正确。我是卖得太早了,为此付出了昂贵的代价。我的方向正确,可是操作错误。无论如何,每过一天,市场离不可避免的崩溃就近了一步。因此我等待着,当涨势缓慢下来并且停止时,我在自己那仅存的可怜的保证金所允许的范围内,尽量地卖出。这次我对了——可仅此一天!因为第二天就出现了另一轮涨势,我又被它啃掉了一大口!我分析了行情,平了仓,又开始等。在适当的时候我再次卖出。大盘下跌势头不错,我又卖……然后,它很不客气地又涨了起来。

看上去大盘在尽其所能要我操起在投机行交易时用的那套简单的老把戏。这是我头一次根据完全前瞻性的计划操作,而且是放眼大盘,没有只盯一只或者两只股票。我估计如果自己坚持下去的话就能赢。当然,那时我还没有形成自己的下单系统,不然的话我会随着市场下跌逐步放空,就像我上次给你们解释的那样。那样的话我就不会亏掉那么多的保证金。我还会犯错,但不会损伤元气。你看,我观察到了某些事实,可没有学会把它们联系在一起。我的观察不彻底,这不仅没有帮助我,反而阻碍了我。

我一向都觉得研究自己的错误很有好处,这使我终于发现:在熊市里保持做空,这一点完全没错;但是要随时分析大盘,决定操作的适当时机。如果开始的时机正确，你就不会感受利润所受到的严重威胁，从而也就不会感觉坚守起来很困难了。

当然，时至今日，我对自己观察的准确性更有信心了，这并不是我想当然的结果，或者习惯性的想法。此外，我还有了更大的能力去验证事实，测试自己观点的正确性。只是，1906年里那一连串的反弹严重损害了我的保证金。

我将近27岁，玩这游戏12年了，但这是第一次根据一个即将来临的危机交易。我发现自己一直在用一架望远镜。从我瞥见乌云的第一眼到大跌后的获利时机，这其间的距离比我所想象得显然远得太多了，我都开始怀疑，自己是否真的看的像自己认为的那么清楚了。我们有过那么多的警告，活期借款利率的涨势也骇人听闻，然而一些大金融家说起话来还是仍然满怀希望，至少在面对报纸记者时。这在股票市场引起了反弹，使灾难倒成了谎言。我是犯了根本性的错误，不应该看空呢，还是只是暂时犯错，放空过早了？

我判断是自己启动得太早，可我那真的是不由自主。后来，市场开始甩盘，我的机会来了，我竭尽全力放了空。可接着股价又反弹了，这次还涨得相当高。

我被洗得一干二净。这就是我当时的情形——虽然判断正确，但是破产了！

这真是太不寻常了。这事是这样的：我向前看，看到了一大堆钱。钱堆上插着一块牌子，上面写着："请自行取用"，字体巨大醒目。钱堆边上停着一辆货车，车厢上用油漆刷着："利文斯顿运输公司"。我手里拿着一把崭新的铲子，周围空无一人。比别人先看见的好处就是在我装钱时，不会有人来和我抢。有些人如果愿意看的话，也许能看到这些钱，可他们那时不是在看棒球比赛，就是在开车兜风，要不就是在买房子。而他们准备用来付款的，正是我看见的这堆钱。这是我头一回预先看到这么大笔钱，当然就向它冲了过去。可还没等我碰上钱呢，风向就变了，逆过来把我一跟头摞倒在地。那堆钱还在那儿，可我的铲子丢了，车子也没了。我冲得

第八章 最可靠的盟友是基本条件

太早了！我太着急了，以致都无法证明自己是真的看到了钱而不是幻觉。我看见了，而且知道自己看见了。我只想着自己的好眼力带来的报酬，可忘了考虑到达钱堆的距离。我当时应该走着过去，而不是全力以赴冲刺。

事情的发生就是这样。我急不可待，没有停下来去判断一下那个时机是否适合跳进去做空。我曾经有过一次机会，本可以借助一下自己看盘的本事，可也没用上。通过这些，我学到了一个教训：一个人即使在熊市之初就正确地看空了，那也千万不要一开始就动大手笔，除非你能排除发动机逆火的风险。

这么些年里，我在哈丁的营业厅里交易了成千上万股的股票，再说，公司对我很有信心，我们的关系再好不过。我觉得他们认定我会在很短的时间内再次成功，并且知道我有乘胜前进的习惯，而我现在所需要的只是一个开始，到时何止是收复失地而已！他们已经从我的交易中赚了不少钱，还会赚得更多。因此，只要我的信用够高，我就不会碰到麻烦，还可以继续在这儿交易。

接二连三的耳光扇得我不再那么趾高气扬了，或许我应该说不再那么漫不经心了，因为我心里当然明白我离彻底完蛋又近了不少。我所能做的就是机警地等待着——这本是我以前应该做到的。这并不是说，我在给马被偷光后的马厩上锁。我只是必须要确定，下一次自己尽力了。如果一个人从不犯错的话，一个月内就能拥有全世界；可如果他不能从自己的错误中有所获益的话，就什么也不会拥有。

嗯，先生，有一个美好的早晨，我来到了城里，再次感到了趾高气扬。这次没有任何疑问。我在所有报纸的财经版上都看到了一个广告，那是一个很明显的标志，正是我以前失去理智没有去等待的东西。它是由北太平洋和大北方铁路联合发出的一份新股发行的公告。上面说，为了方便股东，可以分期付款。这种办法在华尔街上是新生事物。但是看在我眼里，岂止是不祥之兆！

多年来，大北方优先股有一个立于不败之地的利好题材，那就是他们发布公告，说要分另一个甜瓜了，幸运的股东们有权以票面价值认购大北方股票的新股。因为市场价总是高出票面价值许多，所以这些认购权很有价值。可现在资金市场的情形是这个样子，国内最有实力的银行中，没有一家可以确保股东们能有钱捡这个便宜，更别提大北方优先股的卖出价大约是 330 了！

我一到营业厅，就告诉哈丁，"卖空的时机就在眼前，是我动手的时候了。你就看看那个广告吧。"

他看见了。我把银行家们的这一举措拎出来，提出了自己的看法。可他还是不太能够看出暴跌怎么就迫在眉睫了。他认为，在大规模放空前最好还是等一等，因为市场有大幅反弹的习惯。如果我等一等的话，利润虽说可能会少一些，但操作起来更安全。

"艾德，"我对他说，"跌势在开始时拖延得越久，一旦开始后就会跌得越厉害。那个广告是一份银行家们的自白书。他们所恐惧的正是我希望的。这是让我们登上熊市这辆大车的一个信号，我们要的就是这个。如果我有 1 000 万的话，我一分钟都不等，统统投进去。"

我又费了半天唇舌理论。一个神智健全的人从那份令人惊异的广告中可能得出的推论，并不能使他满意。那里面的信息对我来说已经足够，可对营业厅里的大多数人来说并不够。结果我只放空了很少一点儿，太少了。

几天后，圣保罗铁路公司也很友好地出了一份自己的发行公告，不是股票就是权证，我忘了是哪个。不过那不重要。当时重要的是，我一看到那份公告就注意到，它定下的付款日期比大北方和北太平洋铁路的要早，而后者的公告日期却比它早。他们做得太明显了，简直就是在举着麦克风宣布：了不起的圣保罗要力挫另外两家铁路公司，争夺华尔街上流动着的那些可怜的资金。圣保罗铁路公司的银行家们显然担心没有足够的钱应付三家公司，他们可不是在说什么，"兄弟，您先请！"如果资金已经如此短缺——这个银行是最清楚不过的——那么紧接着会是什么？铁路拼了命地需要

第八章 最可靠的盟友是基本条件

钱。可没钱。答案是什么？

卖出他们的股票！当然了！公众的眼睛只盯着股票市场，只能看见那个星期，所以看不到什么；而明智的股票操盘手眼里看见的是那一年，于是看见了很多；这就是区别。

对我来说，这是疑问和犹豫的终结。我当场下定了决心。当天早上，我打响了自追踪起的第一次真正的战役。我把自己的想法和立场告诉了哈丁，我要在330左右的价位做空大北方优先股，其他股票也在高位。他没有提出异议。我从以前那些昂贵的错误中获益匪浅，卖出时操作得愈加高明。

我的声誉和信用一眨眼的工夫就重新建立起来了。这就是在一个经纪商的营业厅里操作正确时的美妙之处，无论这操作是否出于偶然。不过我这次操作得绝对正确，并不是因为直觉或者看盘的技巧，而是因为我对影响整个股票市场的基本因素的分析。我并不是在猜测。我是在对不可避免的事情进行预测。卖出股票不需要任何勇气。我眼中所见都是越来越低的价格，除了放空，不然我还有什么别的可做呢？

整个股市软成了一滩泥。不久出现了一次反弹，人们警告我，说跌到头了，大人物们知道做空的人很多，于是决定逼空。说那会让我们这些悲观主义者吐出几百万来。还说，这事太容易了，大人物们不会心慈手软。对这些顾问们，我常常表示感谢。我甚至不会去争辩，因为那样的话，他们就会认为我不识好歹。

以前和我一起在亚特兰大城的那个朋友很痛苦。他能理解我在地震前的直觉，因为我明智地服从于自己盲目的冲动，卖掉联合太平洋铁路，从而赚了25万美元，面对这样的信息他没法不相信。他甚至说，那是神以神秘的方式在他看多时使我去做空。他也能理解我第二次在萨拉托加交易联合太平洋铁路的股票一事，因为他能理解任何与个股有关的交易；这种类型的交易中，不管是上涨还是下跌，肯定事先已经由内部情况决定了。但是，整个大盘中所有的股票注定都要下跌，这个预言可把他给惹火了。这种信息能对什么人有好处呢？这究竟让人要怎么办才好呢？

我想起了老帕喜欢说的一句话——"嗯，这是牛市，你知道"，就好像对任何够聪明的人来说，这话里已经提供了足够的信息似的，其实确实如此。让人非常好奇的是，那些经历过一次15或者20个点的下跌，承受着巨大亏损，并且还在坚持的人，竟会如此欢迎一次3个点的反弹，并就此相信到了底部，还确定彻底的恢复开始了。

一天，我的朋友过来问我，"你平仓了吗？"

"我干嘛要平？"我说。

"因为世上最好的那个理由。"

"那个理由是什么？"

"赚钱。已经到底部了。跌下来的都要涨上去。难道不是吗？"

"是的，"我回答。"它们先跌到底部，然后再上涨。只是并不是立刻。它们还且得死一段时间呢。还不到这些尸体浮上来的时候，它们还没死透呢。"

一个老前辈听见了我的话。他是那种总能让你想起一些事情的人。他说，看空的威廉姆·特拉弗斯曾经遇到一个看多的朋友。他们交换了对大势的看法。那个朋友说："特拉弗斯先生，你怎么能在这么坚挺的市场里看空呢？"特拉弗斯反驳道："是啊，死得都打挺了！"就是这个特拉弗斯，去到一家上市公司的办公室，要求看看账簿。人家职员问他："你对我们公司有兴趣吗？"特拉弗斯答道："我得说我有！我做空卖出了2万股呢。"

嗯，涨势越来越弱了，我倾全力不断加码。每次我卖出几千股大北方优先股时，它的股价就要跌几个点。我觉得别处也有一些疲软的股票，就也砸了几只。都跌了下去，只有一个例外，令人印象深刻，那就是瑞汀公司的股票。

其他每只股票都在一路下滑，瑞汀却站得跟直布罗陀海峡似的。所有人都说这股票被垄断了。它表现得也像是如此。人们告诉我说，放空瑞汀无异于自杀。营业厅里有的人现在像我一样对所有

第八章　最可靠的盟友是基本条件

的股票看空，可不管谁只要暗示放空瑞汀，他们就会喊救命。我自己放空了一些瑞汀，并且坚守不动。同时，我自然更愿意寻找打击那些软柿子，而不是攻击一些被牢牢保护着的特殊股票。我用看盘技术可以从其他股票那儿更容易地赚到钱。

我听说过很多关于瑞汀多头集团的事情，他们相当有实力。首先，根据从朋友那儿听说的，他们大部分股票的价位都很低，因此他们的均价实际上低于市场水平；再有，这个集团的主要成员和某些银行有密切的联系，关系友善之至。他们利用这些银行的钱来维持自己手里大量的瑞汀股票。只要这股票的价格居高不下，银行家们的友谊就会又牢固又稳妥。集团中有一个成员的浮动利润不下300万，也许下跌损害不着他。所以，这股票屹立不动，不惧空头，是没什么可奇怪的。场内交易者看着它的价格，会时不时地舔舔嘴唇，用一两千股试试。可他们一点都打不下去，所以还是平了仓，去别的股票那儿找容易的钱。我每每看它时，也会再卖出些——数量正好够我让自己相信，我是在忠实于自己新的交易原则，并没有受喜好左右。

要是以前的话，瑞汀的坚韧也许会把我骗了。它的走势一直在说，"别碰它！"可我的理智却另有说法。我期待着一次股票市场整体的暴跌，那时，无论背后有没有集团支撑，将无一例外。

我总是单枪匹马。在投机行起步时如此，以后也一直如此。这是我的大脑在工作。我得自己亲自看，亲自思考。不过我可以告诉你，在大势开始朝我的方向发展后，我在生命中第一次感到有了同盟，世界上最强壮、最值得信任的同盟：基本面条件。它们竭尽全力在帮助我。可能它们有时行动缓慢，但只要我没有完全失去耐心，它们就会非常可靠。我并非在凭着看盘技巧或者直觉赌运气，我是在用事件之间固有的逻辑赚钱。

重要的事情是正确无误。在判断正确后，就应采取相应的行动。我真正的盟友基本条件说，"跌！"而瑞汀公司却不听，这对我们来说是个侮辱。看见瑞汀坚守阵地，好像一切都很平静的样子，我开始觉得不痛快了。所有的股票中它应该是做空最有赚头的一只，因为它还没跌过。随着银根紧缺的情形越来越显著，它的多头集团将不再有能力继续持有现在手里握着的大量股份。总有一天，这些银行家们的朋友会和无依无靠的公众一个下场，而这只股票也必会和其他股票一样。如果瑞汀不跌，那么我的理论就错了；而我要是错了，事实就错了，逻辑也就错了。

我推测，它的价格居高不下的原因是华尔街不敢对它做空。因此，有一天，我向两个经纪人各下了一单，每单 4000 股，同时抛出。

你真应该看看，当这些卖单竞争性地抛出后，那只被囤积起来的股票——那只做空就等于自杀的股票——来了一个头朝下跳水。我接着又砸了几千股。刚开始卖出的时候，它的价格是 111，几分钟之内，我就以 92 的价格平了所有的仓。

这之后，我度过了一段美好的时光。1907 年 2 月，我全面平仓。大北方优先股跌了 60 还是 70 个点，其他股票也跌了相应的比例，我赚了不少钱。不过我平仓的原因是，我认为已经有些超跌了。我期待着一次反弹，不过还没看好到要转向做多的地步。我不打算完全放弃立场。市场在一段时间内已经不适合交易了。我赔掉在投机行赚到的那第一个 1 万美元，就是因为我不顾时机地交易，不管条件适不适合，天天都在做。同样的错误我不会犯两次。还有，别忘了我不久前的那次破产，也是因为我太早看见了这次暴跌，在时机还没有到来之前就开始放空。现在，我有了一大笔利润，我要把它兑现，去切切实实感觉一下自己的正确。涨势以前让我破过产，我可不打算让下一次上涨再把我干掉。我没有稳坐不动，而是去了佛罗里达。我热爱钓鱼，也需要休息。在那里我两样都能满足。再说，在华尔街和棕榈滩之间还有直线电报呢。

第九章　理论必须和实践结合，
　　　　梦想才能实现

我在佛罗里达海域航海钓鱼，非常愉快。无股一身轻，我的头脑松懈下来，享受着美好时光。有一天，几个朋友开着摩托艇离开棕榈滩到我的船上来。其中一个带了份报纸。我好几天没看报纸了，也不想看，对于那上面的任何新闻我都没兴趣。不过我粗粗浏览了一遍朋友带到游艇上的这份报纸，看到股市有过一次大涨，涨了10点还多。

我告诉朋友们，我要和他们一起上岸。不温不火的涨幅时不时的出现一下是可以理解的，可现在熊市还没结束，华尔街或者愚蠢的大众或者绝望的多头就不顾银根紧缺的情况，失去理智地自己或者让别人把价格炒作起来，这对我来说未免太过分了。我得去看一眼这市场。我不知道自己会不会做点什么，但是我知道自己迫切地需要看到行情板。

我的经纪商，哈丁兄弟证券公司，在棕榈滩有一个分部。我走进去时，发现里面有很多人我都认识。他们大部分都看多。他们就是那种只凭着大盘交易，而且行动迅速的人。他们的交易方式就是如此，所以他们也不想往前看得太远。我说过自己在纽约是如何得到"少年赌徒"这一称号的，而人们对于别人的利润和操作规模自然总是会有所夸张。这里的人听说过我在纽约做空非常成功，现在就期望我能再次做空。他们自己认为这个反弹还有很大的上升空间，但是认为去和它对抗是我的职责。

我是来佛罗里达钓鱼的。我一直处在相当紧张的状态下，需要度个假。可我一看到股价已经反弹到那么高后，就不再觉得需要假期了。上岸的时候，我还没想好自己会怎么办，可这会儿已经清楚了：我得做空。我是正确的，而且我要用我的老方法，也是唯一的方法，去证明这一点。我要用钱来说话。做空卖出所有的股票会是一个恰如其分的、谨慎的、有利可图的、甚至爱国的行为。

  我在行情板上第一眼看见的就是安纳康达公司，它正要冲破300的价位。它在飞速上涨，背后明显有一个野心勃勃的多头集团。我原先有个交易理论，那就是，当一只股票首次冲破100或者200或者300这样的整数价位，而且没有停滞继续上涨时，如果你在它刚冲破时买进，那就一定能赚钱。胆小的人不喜欢在新高的部位买进，但是对此我却有经验的指引。

  安纳康达是只四分之一股票，也就是说，股票的面值才25美元。要400股安纳康达才能等同于通常的那种100股面值100美元的股票。我估计它冲破300后，就应该继续上涨，很可能一眨眼的工夫就能到340。

  我是看空的，记住。不过我同时也是跟着行情走。我了解安纳康达，如果它和我预计的一样，那行动起来会很快。行动迅速总是对我很有吸引力。我培养耐心，学会稳坐不动，可我本性喜欢快速流畅的变动。安纳康达当然和磨磨蹭蹭不沾边。我买它是因为它冲破了300大关，是出于一种渴望。我总是有这种强烈的渴望，渴望证实自己的看法。

  就在那时，行情显示买方势头压过了卖方，因此整个反弹也许很容易就能走得更高些。谨慎从事的话就该等一等再做空，可在等待的过程中我也一样可以给自己发点工资嘛！从安纳康达那儿快速拿30个点，工资就有了。对整个市场看空，对这只个股看多！因此，我买进了32 000股安纳康达，也就是8 000股整股（译者注：整股即价值为100美元）。动作虽说是快了些，但我确信自己的看法，认为所获利润会有助于我以后的做空保证金。

  第二天，因为北部发生的暴风雨或者诸如此类的事情，电报不通。我在哈丁营业部里等消息。大伙儿都在发牢骚，猜测各种各样

第九章 理论必须和实践结合，梦想才能实现

的事情，股民没法交易时就会这样。后来我们拿到一个行情，那是那天唯一的一个：安纳康达，292。

和我一起的还有我在纽约遇到的一个经纪人，他知道我做多买进了 8000 股整股。我怀疑他给自己也买了些，因为我们拿到那个行情时，他绝对是发火了。他无法知道就在那一刻，这股价是不是还会又跌 10 个点。照安纳康达当初涨起来的那个架势，它的跌幅超过 20 个点没什么可奇怪的。不过我对他说："别担心，约翰，明天就没事了。"我是真那么觉着。可他看着我，摇了摇头。他觉得自己更明白，他就是那种人。我哈哈大笑，在营业部里等着，想着万一还能传来什么行情。不过没有，先生。那个行情是我们得到的全部：安纳康达，292。这意味着我在账面上亏损了近 10 万美元。我想要快速行动，呃，我这可不是得到了。

接下来这天，电报好了，我们像往常一样有了行情。安纳康达 298 开盘，涨到了 302.75，可很快就开始下跌。而且，市场上其他股票表现得也不像是在更强劲的反弹中。我打定主意，如果安纳康达跌回 301，那我就得把整桩事情看做是一次虚假动作了。合乎逻辑的话，它的股价应该毫无停滞地涨到 310。如果不是这样，那就意味着以前的事例不算数，我错了。一个人犯错误时，能让他唯一正确的事情，就是停止错误。我指望着能赚 30 或者 40 个点，所以买进了 8000 整股安纳康达。这不会是我的第一个错误，也不会是最后一个。

安纳康达毫不含糊地跌回了 301。它一碰到那个数字，我就溜到电报员那儿——他们有直线通往纽约营业厅，对他说："把我的安纳康达全都卖了，8000 股整股。"我把声音压得很低。我不想让其他任何人知道我在干什么。

他抬头看着我，脸上表情几近恐怖。可我点了点头，说，"全抛！"

"利文斯顿先生，您绝不会是说，以市价吧？"他看上去就像是因为一个漫不经心的经纪人执行上的错误，自己要亏几百万了。不

过我只是告诉他,"抛!别争了!"

有两个黑人青年在营业部里,吉姆和奥利佛。我和那个操作员的对话他们是听不到的。他们是在芝加哥起家的大操盘手,在那儿的时候以投机小麦期货交易闻名,现在是纽约证券交易所的重量级交易者。他们很富有,而且很讲究公平。

我离开电报员,向自己在行情板前的位置走过去。奥利佛冲我点了点头,微笑着。

"你会后悔的,拉瑞,"他说。

我停下来问他:"你什么意思?"

"明天你就会把它买回来。"

"把什么买回来?"我说。除了那个电报员,我连个影子也没告诉过。

"安纳康达,"他说。"你会用320把它买回来。你这动作可不怎么样,拉瑞。"他又笑了。

"什么动作不怎么样?"我一脸无辜的样子。

"以市价卖出8000整股安纳康达。事实上,是执意卖出!"奥利佛说。

我知道他据说非常聪明,而且总有内部消息。可我实在不知道他怎么能把我的事情知道得那么清楚。我确信营业部没有出卖我。

"奥利佛,你怎么知道的?"我问他。

他大笑起来,告诉我:"我从查理那儿知道的。"就是那个电报员。

"可他没离开过座位呀,"我说。

"我听不见你和他小声说话,"他吃吃地笑。"可他为你发到纽约去的消息,我每个字都听见了。好几年前,我因为一个电讯上的错误吃了大亏后,就学会了电报信号。从那以后,每次我像你刚才那么做时,也就是口头委托时,我就要确认那个操作员没有发错。我总得知道他以我的名义发出去的东西呀。不过卖掉安纳康达你会后悔的。它会涨到500。"

第九章　理论必须和实践结合，梦想才能实现

"不是这次，奥利佛，"我说。

他盯着我说："你对它相当自负啊。"

"不是我，是行情纸带，"我说。这儿没有行情输送器，因此也没什么行情纸带。不过他明白我所指的意思。

"我听说过这样的人，"他说，"他们看盘就像在看铁路时间表，看的是股票的出发和到达时间，不是价格。不过他们容身的小笼子四周都衬了垫子，倒也伤不着自己。"

我一句也没回，因为就在这时，那个电报员给我送了一份记录。他们以299的价格卖出了5000股。我知道这儿的行情比市场滞后。我向那个电报员下单卖出时，棕榈滩行情板上的价格是301。我非常肯定纽约证券交易所里当时的价格比这要低，如果有人愿意以296的价格把那些股票从我这儿拿走的话，我就会感激不尽。所发生的事情表明，我不做限价交易是正确的。设想一下我把价格限制在300？那我就永远别想脱手了。不，先生，你要想脱手时，那就使它脱手！

目前的情况是，我买进这些股票的价格大约是在300。他们给我卖出了500股——当时是整股——价格是299.75。后来1000股是299.625。接着100股是299.5；200股299.375，200股299.25。最后卖出是298.75。哈丁公司最机灵的场内交易员花了15分钟才把最后那100股卖掉。他们不想把它砸得太厉害。

我接到最后一份平仓报告的那一刻，就起手做我上岸来真正要做的事了，也就是说，做空。很简单，我必须这么干。市场在涨幅吓人的反弹后，正求着人卖呢。尽管人们又开始谈论起做多了，可市场告诉我，反弹到头了。卖出很安全。不需要再细想了。

第二天，安纳康达开盘价低于296。奥利佛正等着更大的涨幅，所以早早来到这里，想目睹这股票冲过320。我不知道他做多买进了多少，或者他到底有没有做多。不过看见开盘价时，他没笑，后来也没有。这只股票还在跌，棕榈滩这儿给我们的报告显示，根本没有买方市场。

对于任何一个人来说，这一点就足以确认了。我的浮动利润一小时一小时地增长着，不断提醒我，我是正确的。我自然卖出了更多。什么都卖！这是个熊市，所有的股票都在跌。明天星期五，是华盛顿的生日。我不能再待在佛罗里达钓鱼了，因为我做空的仓位很重，我得在纽约。谁需要我？我自己需要！棕榈滩太远了，太偏僻。电报来来去去浪费太多宝贵的时间。

我离开棕榈滩回纽约。星期一，我为了等火车，在圣奥斯丁逗留了3个小时。那儿有一个证券经纪商的营业部，我在等待的时候自然会去看看股市的进展。安纳康达比起上个交易日又跌了几个点。事实上，它的跌势在那年秋天的暴跌前就没停止过。

我回到了纽约，做了大概4个月的空。股市像以前一样，常有反弹。我就不停地平仓，然后再放空。严格地说，我并没有稳坐不动。记住，从旧金山地震上赚的那30万美元我已经亏得一分不剩。我那时是正确的，可还是破产了。现在我操作得很安全。一个人经历过逆境之后，就会享受顺境，即使他还远未到达顶峰。赚钱的办法就是去赚它。赚大钱的办法就是在正确的时机做正确的事情。在这一行中，一个人得同时考虑到理论和实践。一个投机者一定不能是一个纯粹的学生，他必须既是学生也是投机者。

即使我现在能看清楚这次战役中的不足之处，我还是认为自己当时干得相当不错。夏天来临时，股市变得清淡，不到秋天不会有什么大动作，这是肯定的。所有我认识的人都去了或者在去欧洲的路上。我觉得我也该那么做，于是就清了仓。乘船去欧洲时，我赚了75万美元还多。在我看来，这还像是一笔钱。

我在埃克斯·雷本(法国东南部萨瓦地区的一个游览胜地和矿泉所在地——译者注)悠然自得，这个假期是我应得的。手里有大把的钱，身边有朋友和熟人，而且每个人都在一心一意找乐子，就得这样待着才好。在埃克斯这些都没什么问题。华尔街是如此遥远，我都想不起它。这里比美国任何一个度假胜地都好得多。我不必去听那些关于股市的谈话，不需要交易。我的钱足以支撑我很长时

第九章　理论必须和实践结合，梦想才能实现

间。况且，我回去后知道该怎么赚钱，赚到的会远远多过我这个夏天的开销。

有天，我在《巴黎先锋报》上看到一条纽约发来的消息，说斯美尔特公司进行额外的分红。他们炒高了股价，整个股市回涨的势头很强劲。这自然改变了我在埃克斯的一切。这条新闻很明白地显示，多头党们还在绝望地负隅抵抗——不顾常识，不顾道德。因为他们知道即将到来的是什么，就想求助于这种诡计把市场炒起来，好让他们在暴风雨来临之前出货。也有可能他们真的不认为危险像我以为的这么严重，这么伸手可触。华尔街上的大人物们像那些政客或者普通傻瓜一样，喜欢打一厢情愿的如意算盘。我本人可做不到那样。对于一名投机者来说，这种态度是致命的。或许只有印股票的人或者发行股票的人，才负担得起这样陶醉在想象中。

无论如何，我知道在那个熊市，所有人为的涨势都命中注定会失败。我一读到那则消息，即刻就知道只有一件事情才能让我舒服，那就是做空卖出斯美尔特的股票。本来嘛，那些内部人士在资金恐慌的边缘还增加分红，无疑是在哀求我这么做。这就像你在少年时代碰到的那些"你敢吗"一样，令人恼火。他们在激我去做空这只股票。

我打电报下了几个卖出斯美尔特的单子，建议在纽约的朋友也做空它。我从经纪商那儿拿到成交报告时，看见他们为我成交的价格比我在《巴黎先锋报》上看见的行情低了6个点。这就向我说明了目前的情况。

我本来的计划是，月底回巴黎，然后再过三个星期，坐船回纽约。可一接到经纪商用电报发来的报告，我就回到了巴黎。当天我就给轮船公司打电话，发现第二天有一只快船要去纽约。我就坐了。

就这么着，我回到了纽约，比我最初的计划早了差不多一个月，只因为它是做空时待着最舒服的地方。我有超过50万美元可做保证金。我回来不是因为我看空，而是因为我很理智。

我卖空了更多的股票。资金市场更为紧缩，浮动利率越来越

高，股票价格越来越低。这些我都预料到了。刚开始的时候，我的远见使我破了产。可现在，我不但正确，而且兴旺发达。然而，真正的欢乐来源于意识，我意识到作为一名操盘手，自己终于走上了正确的轨道。我仍然还要学习许多东西，但是我知道该做什么了。不再挣扎，不再有半对半错的方法。数据分析是这游戏很重要的一部分；在正确的时机开仓也很重要；坚守部位也重要。而我最伟大的发现是，一个人必须研究市场的总体条件，摸清它们就是在赋予自己预测的能力。长话短说，我学会了必须为自己的钱工作。我不再盲目地下赌，或者花心思去精通这个游戏的技术面，而是通过努力研究和清晰的思维去赢得成功。我还发现，没人能避免操作愚蠢的危险。你操作愚蠢，你就拿傻瓜的钱，因为财神爷很尽职，从来不会把给你的薪水袋弄错。

我们营业厅赚了大把的钱。我操作得如此成功，以致他们开始议论起来，当然了，夸张得了不得。许多股票的下跌都被归功于我。常有我不认识的人过来祝贺我，他们都认为最精彩的事情是我赚到的钱。我起先跟他们说起看空时，他们认为那是我作为一个失败者对股市心怀不满而产生的报复性看法，是一只疯了的大熊。他们现在对这事只字不提，对我预见到资金问题这一点也置若罔闻。我那经纪商的会计在我名下的账上用了许多墨水才写完我的赢利，对于他们来说，那才是一项惊人的成就。

朋友们常告诉我，在许多营业厅里，一说起市场在明显注定要有更大跌幅后，多头们还在试图炒高许多股票的股价，以及各种各样和这些多头对抗的打压时，总是提到哈丁证券公司的"少年赌徒"。至今，他们还在谈论我的狙击战。

从九月下旬起，资金市场用麦克风向全世界发布警告。可人们相信奇迹会出现，就是不肯卖出手上留着的那些用来投机的股票。一个经纪人在10月的第一个星期跟我说了一个故事，使我简直为自己的谨慎感到羞愧。

你记得吧，以前办贷款是在交易所场内的资金站。那些接到银

第九章 理论必须和实践结合，梦想才能实现

行还款通知的经纪商，一般都知道他们重新要借多少钱；而银行那边对自己有多少能放出去的款子自然也心中有数，有钱能借的银行就会把钱发到交易所去。银行来的钱由少数几个经纪商掌管，他们的主要业务就是发放定期贷款。每天的新利率会在大约中午的时候公布。这通常代表了那时为止的平均贷款利率。贷款的发放一般都是公开竞价，所以人人都知道怎么回事。在中午到下午两点之间，与资金有关的业务一般没有多少，可过了交割时间，也就是下午2点15分，经纪商们就会一分不差地知道他们那天的资金状况，就可以到资金站那儿，或把自己多余的钱放出去，或借自己需要的款子。这也都是公开的。

嗯，10月上旬的某天，我刚才提到的那个经纪人来告诉我，说经纪商们现在明白过来了，所以在有钱可以放贷时，都不去资金站。这么做的原因是，几个很有名的券商派人在那儿虎视眈眈地盯着，只要一有放款的，就抢下来。公开放款的人自然无法拒绝这些公司。他们有偿还能力，抵押也做得足够好。可麻烦在于，一旦让这些人拿到活期借款，放贷的人就别想再把钱要回来了。他们只要说他们还不出，放贷的人就只能被强迫着续借给他们。因此，交易所的任何成员公司如果有钱可以借给别人的话，现在就派人到场内去，而不是资金站。他们会悄声问好朋友："100个要吗？"意思是："10万美元，你想不想贷？"代表银行的资金经纪人不久就也采用了这种方式。资金站看上去一派凄凉景象，你可以想象一下！

还有呢，他告诉我，10月那段时间里，让借贷方自己给自己定利率的办法，是从股票交易所的风度上考虑的。你瞧，利率每年在100%到150%之间波动。我寻思，把利率的决定权让给借贷方，这一点会以某种奇怪的方式使放贷的人自我感觉不再那么像个高利贷债主了。不过你放心，他拿的不会比别人少，他自然会指望高利率。借贷方一般都会公平操作，和别人付的一样。他们需要的是钱，得到就很高兴。

事态越来越糟糕。终于，那可怕的一天来临了。市场开始向多

头们、乐观主义者们还有一厢情愿的人们算总账。那些大批一开始忍不得小痛，舍不得亏小钱的人，现在要承受被截肢的痛苦，连麻醉药都没得上。我永远不会忘记那一天，1907年10月24日。

那天一早，从要钱的人堆里传出来的消息表明，放款方觉得合适叫出的利率全被借钱的人答应了。需要钱的人太多，根本不够。下午交割时间到后，资金站那儿起码有100名经纪人围着，每个人都希望借点钱去应付自己公司的迫切需要。他们现在的股票都靠保证金撑着，要是没钱的话，就不得不卖掉这些股票，到时也管不了价格了。而市场上的买方和资金一样罕见，那个时候，连一块钱都看不见了。

我朋友的合伙人和我一样看空，因此那公司不必去借钱。可我的朋友，我跟你说过的那个经纪人，从资金站周围那些憔悴的脸中一出来，就到我这儿来了。他知道我对整个市场全面做空，持仓量很重。

他说："天啊，拉瑞！真不知道会发生什么事情。我从来没见过这样的场面，这不可能持续下去。一定得给出东西去。要我看的话，好像所有人都立刻破了产。你不能卖出股票，外面根本没钱。"

"你这什么意思？"我问。可他的回答是："你听说过那个教学试验吗，他们把一只老鼠放在一只玻璃钟里，然后把钟里的空气挤压出去？你可以看见那只可怜的老鼠呼吸越来越急促，身体像只在吃力工作的风箱，努力要从钟里越来越稀薄的空气中弄到足够的氧气。你看着它窒息，眼珠几乎都要从眼眶里蹦出来，喘息着，奄奄一息。嗯，这就是我看见资金站那的人群时所想到的！哪儿都没钱。你没法使股票流动，因为没人接手。我要说，整个华尔街此时此刻在破产，如果你问我的话！"

这番话引起了我的思考。我预判到了一次崩盘，但我得承认，并没有想到会是有史以来最糟糕的恐慌。这对任何人也许都没好处——如果它继续发展下去的话。

最终，情况变得很清楚了。在资金站等钱根本没用。那儿不会再有钱了。于是，地狱之门打开了。

我听说，那天晚些的时候，纽约股票交易所的主席托玛斯先生，明白华尔街上所有的公司都面临着一场灾难，便开始寻求救援。他给詹姆斯·斯提尔曼打了电话。此人是国家城市银行，美国最富有的银行的董事长。这家银行引以自豪的事情就是发放出去的贷款利率从来没有超过6%。

斯提尔曼听了纽约股票交易所主席的话后，说："托玛斯先生，咱们得去跟摩根先生谈谈这件事。"

这两个人，满怀着要在这场我们金融史上最具灾难性的恐慌中力挽狂澜的希望，一起到了摩根公司的办公室，见摩根先生。托玛斯先生向其坦陈了事态的严重性，话音刚落，摩根先生就说："回交易所去吧，告诉他们钱会有的。"

"在哪儿？"

"在银行里！"

所有的人在危难关头都对摩根先生有极强的依赖，所以托玛斯先生连问都没细问，就冲回交易所场内，向自己那些被判了死刑的同行们宣告这个缓期执行的消息。

后来，那天下午不到两点半，摩根先生派来了范恩伯-艾特伯里公司的艾特伯里，这家公司以和摩根银行有密切的资金关系而闻名。我那朋友说，这个老牌经纪人快步走到资金站，举起一只手来，就像是个在复兴聚会上的告诫者。早先从托玛斯先生的宣告中多少得了些安抚的人群，现在开始担心救援计划要流产，生怕最糟糕的事情还是要发生。当他们看着艾特伯里先生的神情，看见他举起了手时，立刻噤了声，一动不动地肃立在那儿。

在死一般的寂静中，艾特伯里先生开口了，"我被授权发放1 000万美元的借款。不要抢！每个人都能拿到！"

接着他开始了。他不是把放贷人的名字告诉每个借钱的人，而是简单地记下借款人的姓名和所借金额，然后告诉他，"会有人通知你，你的钱在哪儿。"他是指过后能让借款人取到钱的银行。

我听说一天还是两天后，摩根先生简洁地把话递给了纽约那些吓坏了的银行家们，要他们必须提供股票交易所需要的资金。

"可我们一点儿钱也没有呀。我们的钱都彻底借光了。"

"你们还有储备金，"摩根断然说道。

"可我们已经低于法定限额了，"他们哀号。

"拿出来用！储备基金为的正是这种事儿！"于是，银行服从了他的命令，动用的储备金有大约 2 000 万之多。这拯救了股票市场。银行恐慌直到接下来的那个星期才降临。J.P. 摩根是个人物，绝对是。没人比得过他。

在我的整个股票操盘手生涯中，那是我记忆中最生动的一天。就在那天，我的获利超过了 100 万美元。它标志着我第一次精心计划的交易战役圆满结束。我所预测的已经实现。不过，比所有的事情更重要的是：我实现了一个狂野的梦想，我是这一天的国王！

这一点我自然会解释。我在到纽约后的两年里，常常绞尽脑汁地思考一个问题。那就是，同样的一个游戏，我在波士顿的投机行里作为一个 15 岁的孩子操作时都能战无不胜，可在纽约的证券公司里为什么就不行了？我知道，我有一天会准确地找到错误，然后会停止犯错。那时，我就不仅只有操作正确的愿望，而且还能掌握如何确保自己正确的知识了。这就意味着权力。

请不要误解我。这不是什么具有远大抱负的志向，也不是极端自大虚荣导致的妄想，它其实是这么一种感觉：令我在富勒顿公司和哈丁公司如此困惑的股票市场，总有一天会在我手中服服贴贴。我只是觉得总会有那么一天的。而这一天终于来到了——1907 年 10 月 24 日。

我之所以这么说的原因是，那天早晨一个为我的经纪商做了不少业务，知道我一直在大笔做空的经纪人，和一个人一起坐车。那个人正好是华尔街上那家最重要银行的一个合伙人。我的朋友告诉这个银行家我放空的量如何如何大，说我肯定在孤注一掷。话到这儿，我得说，如果你不尽可能地把好处捞到手的话，那么判断正确

第九章　理论必须和实践结合，梦想才能实现

又有什么用呢？

也许那个经纪人为了使自己的故事能有点儿分量，就言过其实了；也许我的追随者比自己知道的要多；也许那个银行家远比我更为清楚那时的情形有多么紧急；总之，我那朋友对我说："我告诉他，你说过再打压上一两次，真正的抛售就要开始了，那时市场才好看呢。他特感兴趣地听着。我说完后，他说过几个小时也许要派我做点事情。"

当交易所的成员公司们发现任何价格都不可能有行情时，我知道时机到了。我把经纪人派到各种各样的人堆里去。嘿，有时候，联合太平洋连一笔交易都没有。无论什么价格！想想看！其他股票也一样。没有资金去持有股票，没人买进。

我有庞大的账面利润，而且确信无疑，我要想进一步打压价格的话，只要把联合太平洋和其他半打有丰厚红利的股票每只抛出一万股就行，接下来股市就很容易地会成为地狱了。在我看来，即将出现的恐慌所具有的强度和力度，会使主管委员会理所当然地建议关闭股市，就像发生在1914年8月，当世界大战爆发时那样。

这情况意味着我的账面利润可以有巨幅增长，但也意味着我可能没法把这些利润兑现。而且，还有其他事情要考虑。其中之一就是，在这样的大放血之后，进一步的下跌会延缓经济的重建和我已经开始盼望的市场复苏。这样的一个恐慌从总体上对国家是很不利的。

我下定了决心，既然继续看空是不明智的，而且并不愉快，那我就没理由还做空头了。因此我转头开始买进。

我的经纪人们开始为我买进不久——顺便说一下，我的买入价是底价——那个银行家就把我那朋友招过去了。

"我招你来，"他说，"是因为我想要你立即去找你的朋友利文斯顿。对他说，我们希望他今天不要再卖出任何股票了。市场已经无法承受任何压力。目前这种情况下，要化解一场毁灭性的恐慌会是件极其困难的事情。要你的朋友发扬一下他的爱国主义。这是一个人该为其他所有人着想的时候了。他对此怎么回答，你要立刻让

我知道。"

  我朋友马上跑来告诉了我。那人真是老于世故。我猜想，他认为我既然计划要把股市弄垮，那么他的这个请求无异就是要我扔掉一个能赚1 000万美元的机会。而他知道我对有些大人物深恶痛绝，因为他们和我一样清楚地知道未来会如何，可却试图把大量的股票转嫁给大众去承担。

  事实上，那些大家伙们损失惨重，我有许多最低价的股票都是从一些著名的名字那里买进的。那时候我并不知道，不过也无关紧要。我做空的仓位事实上已经全平掉了，而且在我看来，廉价买进股票和帮助恢复价格是同一件事情——如果没人打压市场的话。

  因此，我告诉我朋友，"回去告诉那先生，我同意他们的意见。在他们派你来之前我就已经完全意识到了事态的严重性。我今天不但不会卖出任何股票，而且要尽可能地在我资金范围内买进。"我信守了自己的诺言。那天我买进了10万股股票，做多。这以后九个月内，我都没有再做空。

  这就是为什么我对朋友说，我的梦想实现了，我做过片刻的国王。那天的股市曾经确凿无疑地被捏在任何想打压它的人的手心里。我并不是在自以为了不起。事实上，对于那些说我打压股市的指责，还有华尔街那些对我操作方式的夸张诽谤，你明白我的感受会是什么样的。

  这一场我满载而归。报纸说，拉瑞·利文斯顿，那个少年赌徒，赚了几百万美元。呃，那天收盘后，我的身家是超过了100万。不过我最大的收获并不是金钱，而是些无形资产：我做出了正确的判断，做到了高瞻远瞩，而且实施了一个明确的计划。我学会了一个人要想赚大钱必须要做的事情；我永远脱离了赌博这个层次；我终于学会了机智地操作大规模交易。这是我生命中最重要的日子。

第十章　价格总是沿着阻力最小的方向发展

认清自己的错误不会比研究自己的成功更能让我们受益，而且人的天性是避免惩罚的。当你把某些错误和失败联系起来时，你就不会希望有第二次。况且，很自然地，所有股票市场上的错误都会伤害到你那两个脆弱的地方——你的钱兜和你的虚荣心。不过，我要告诉你一件古怪的事情：一个股票投机者有时候会犯错误，而且，他知道自己在犯错。犯下错误后，他会问自己为什么会这样。在惩罚的痛苦过去后很久，冷静地思考明白后，他也许能回答出他是如何，在什么时候，在操作的哪一个点上犯下这些错误的，但他不会认识到是什么原因导致的。他只会简单地骂自己一顿，然后就那么算了。

当然，如果一个人既明智又走运，他就不会两次犯同样的错误，可他总会碰到这个错误其中的一个。"错误"这个家族如此庞大，以致你想看看自己能做出什么蠢事时，你总能发现身边正有一个。

要告诉你我第一个"百万美元"错误，就得回到我第一次成为百万富翁的时候。那是1907年10月，暴跌刚刚结束时。就我的交易来说，有了100万仅仅意味着有了更多的储备金。钱并不能使一个操盘手感到舒服，因为无论是富有还是贫穷，都可能犯错，而犯错从来都不会让人感到舒服。当一个百万富翁判断正确的时候，他的钱仅仅是他的几个仆人之一。赔钱给我带来的不痛快微乎其微。亏损一旦发生后，就再也不会困扰我，我一晚上就忘掉了。可是犯了错误并不是承担亏损，就这一点，既会伤害到钱包，也会伤害到心灵。你还记得狄更森·沃兹的故事吧？说一个人紧张得要死，弄得朋友问他是什么事情。

"我睡不着觉,"那个紧张的家伙说。

"为什么睡不着?"朋友问。

"我手上有那么多的棉花期货,没法不去想它们。这事都快要把我拖垮了。我怎么办呢?"

"卖掉,卖到你能睡个安稳觉为止,"朋友答道。

通常,一个人适应环境太过快速的话,会失去洞察力。他没有感受到什么差别,也就是说,他记不清不是百万富翁的时候是什么样了。他只记得,那时候做不了的事情现在可以做了。对于一个相当年轻的普通人来说,由俭入奢很容易,由奢入俭则难得多。我想这是因为金钱带来了欲望,或者使欲望膨胀。我要说的是,一个人在股票市场上赚了钱以后,他能很快就把勤俭节约的习惯给忘了;可他在赔了钱以后,却要花很久才能丢掉花钱的习惯。

1907年10月,我平掉做空的仓位开始做多后,决定放松一段时间。我买了一艘游艇,计划去南部海域漫游。我对钓鱼很痴迷,是时候该享受一番了。我期待着,并且指望着随时出发。可我没有成行,市场不让。

我在做股票的同时也一直在做期货,从少年时在投机行就开始了。我研究这些市场很多年,尽管也许不如像对待股票市场那么刻苦。其实,事实上我更愿意做期货而不是股票。就期货来说,它毫无疑问要比股票合理得多。比起股票交易,它商业冒险的成分更多些。处理期货中碰到的问题可以和处理任何商业问题一样。在一个期货市场中,用虚构出来的理由追捧或者打压某种市场动向,这也许可行,但带来的成功只会是暂时的,因为最终事实会战胜一切。就像做普通的生意那样,一个交易者的研究和观察最终会得到回报。他可以对整体情况进行观察和评估,了解到的情况和任何人都一样多,不必提防内部炒作。在棉花或者小麦或者玉米市场,红利不会突如其来,也不会在一夜之间增长。从长远看,期货市场只由一条规律主导,那就是供需之间的经济规律。期货交易者的主要任务很简单,就是获取关于需求和供应的事实真相,现在的和未来

第十章 价格总是沿着阻力最小的趋势发展

的。他不需要像股票交易者那样，陷在对许多事情的猜测里。交易期货对我总是很有吸引力。

当然，所有的投机市场都发生同样的事情。大盘传递出的信息是一样的。对于任何愿意花工夫思考的人来说，它都非常明了。一个人如果向自己提出问题，并且进行综合考虑的话，他就会发现答案其实很直接。只是人们从来不愿意花工夫提问题，更别说寻求答案了。一般的美国人任何时候都不轻易相信人，可在经纪商的营业厅内看盘时则恰恰相反，无论他看的是股票还是期货。他抛弃了平时极其高明的预备和警戒手段而投身其中的这个游戏，刚好就是所有的游戏中唯一真正需要人在动手之前研究一番的那个。他用自己一半的财产在股票市场冒险时，还不如买一辆中等价位的汽车时花的心思多。

看盘这件事并不像它看起来的那样复杂。当然，需要经验。可更重要的是要把某些基本因素牢记在心。分析大盘并不是算命。大盘并不能告诉你下个星期四下午1点35分你的身家肯定会价值多少。看盘的目的在于确认，一、如何交易；二、何时交易；也就是说，是否买进比卖出更明智。这一点对于无论是什么股票，是棉花还是小麦，是玉米还是燕麦来说，都一模一样。

你观察市场，也就是说，观察行情价格时，要带着一个目的：确定方向，也就是价格的走向。我们知道，价格会顺着它们所遭遇的阻力波动，不是上就是下。为了便于理解，我们这样说吧，价格像其他任何东西一样，哪里阻力小，就往哪里移动。它们怎样容易怎样来。因此，如果上涨的阻力比下跌的阻力小，它们就会涨，反之亦然。

用事实去附会自己的理论，这对一个投机者来说永远都是不明智的。平稳开市后，任何人都不应该被"是牛市还是熊市"这样的问题困扰。对于一个思想开放，眼神还算好的人来说，趋势是很明显的。这样的人会看出，或者应该看出那是个牛市还是熊市，而如果知道了这一点，他也就知道该买还是该卖。因此，在走势刚开始的时候，一个人就得弄明白该买还是该卖。

比方说，市场像平时一样，在两段行情之间盘整，波动范围在10个点内，上涨阻力位是130，下跌的支撑是120。它在跌下来后也许看上去很疲软；而上升时，在8个或者10个点的涨幅后，看上去也许还很强劲。一个人在交易的时候，不该被表面现象牵着走，应该一直等到行情告诉他时机已经成熟。现实中，许多人赔了成千上万的钱，就因为他们在股价看上去廉价时就买进，看上去很高时就卖出。投机者不是投资者，他的目标并不是在一个很好的利率基础上，为自己的资金谋求一份安全的回报；而是从他投机目标的价格涨跌中获取利润。因此，他需要确定的是在交易时阻力最小的投机方向，并且应该等待方向明确的那一刻，因为这个时刻就是该他忙碌起来的标志。

看盘只能够使他看出，在130的价位，卖方比买方更为强劲，价格随后会有一次合理的调整。而对看盘一知半解的人们或许看不出卖方压倒买方，认为价格会冲到150，于是就买进了。结果随之而来的回落出现时，他们就观望，或者斩仓出局，或者转而做空，又开始看淡后市。可回落在120的价位出现了强力支撑，买方压过了卖方，价格又出现了反弹，于是那些做空的就又认亏平仓了。公众常常被这样两头宰割，却毫不吸取教训，他们在这方面表现出的毅力真让人啧啧称奇。

上涨或者下跌的力量最终会在某种情况下得以增强，一举突破阻力位或者支撑点——也就是说，在130的价位买方会首次压倒卖方；或者在120的价位卖方压倒了买方。价格突破了原有的波动区间，继续上涨或者下跌。一般来说，总有那么一群人会因为120看上去如此疲软而做空，或者因为130看上去如此强劲而做多。但是，当市场和他们反向而行时，过段时间以后，他们就会被迫平仓或者改变主意换方向。无论哪种情况下，他们的行动都有助于使阻力最低的那个价格走势更为清晰。因此，机智的交易者在耐心等待这个走势明确起来时，不但要利用基本交易环境的援助，还要利用

第十章 价格总是沿着阻力最小的趋势发展

那些猜错后，现在必须改正错误的交易力量。这种对错误的纠正常常会把价格往阻力最小的方向推动。

现在我想说——我这么说并不把它当作精确的定理或者投机格言——以我的经验而论，无论何时，只要我顺应阻力最小的走势，那些意料之外的突发事件就总是有利于我的操作。你还记得我告诉过你的发生在萨拉托加的联合太平洋铁路股票一事吧？我那时做多，就因为我发现阻力最小的走势是上涨。我不应该去听从经纪人关于内部集团在抛售的话而停止做多的。我不可能知道董事们心里是怎么想的，而且那不会造成什么区别。我能够并且确实知道的，是大盘在说："正在上涨！"而且接下来就是出乎意料的分红比率提高，股票涨了 30 个点。到了 164 时，价格看上去很高了，可正如我前面对你说过的，股价永远不会高到无法买进，或者低到不能卖出。价格本身，与我确立阻力最小的走势并无关系。

如果你照我说的交易，那么你就会在实践中发现，上次收盘到下次开盘之间发布的任何重要消息通常都和阻力最小的走势一致。趋势在消息公布前就已经确立，在牛市里，利空的消息被忽视，利好的消息被夸大其词，反之亦然。大战爆发前，股市非常疲软，结果又出了德国潜水艇政策的公告。我之所以早已有 15 万股的空头仓位，并不是因为我预先知道会有这个新闻，而是因为我顺应了阻力最小的走势。就我的操作来说，这个公告完全是天外飞来。当然了，我利用了这个情况，而且在那天把我的做空仓位平了。

你要做的就是观察行情，确立你的支撑点，准备着在一旦能确定阻力最小的走势时，就顺势交易。这些话说起来很容易，可在实践中，一个人必须提防许多事情，其中最要提防的就是他自己——也就是说，和人的天性作战。这就是我为什么说一个做得正确的人总有两个帮手的缘故。一个是基本大势，另一个就是那群错误的人。在牛市中，利空消息被忽略，这是人的天性。然而，人类却总是对之表示惊讶。人们会告诉你，说小麦的收成完蛋了，因为有一两个地区气候恶劣，有些农场被毁了。可是等收获了全部庄稼，所有的小麦农场主们开始运输时，其收成受损之轻微，令多头们惊奇不已。他们发现，自己到头来不过是帮了空头的忙。

当一个人在期货市场里搏击时，他一定不能允许自己有固定的想法。他必须头脑开放，灵活应变。对于农作物的状况或者可能存在的市场需求，无论他有什么看法，忽视大盘行情所传递出的讯息总是不明智的。我还记得，自己就是因为试图提前预知启动的信号，而错过了一次大的操作机会。我确信自己对基本市场的判断，认为没必要再去等待阻力最小的走势清晰凸现了。我甚至认为自己也许能帮助它明确起来，因为它看上去似乎就需要那么一点点推动。

那时我非常看好棉花期货。它在12美分左右盘整，上下浮动的区间不大。我可以看出，它正处在过渡阶段，蓄势待发。我知道自己应该等待，可却脑筋一动，认为我如果稍微那么推它一下，它就会冲破上升阻力点了。

我买进了5万包，果不其然，它涨了；我一停止买进，它果然也停止了上涨。接着，它开始回落到我刚买进时的价位。我平仓出了局，它就停止了下跌。我觉得自己现在离行情发动的时机越发近了，立刻就想到，自己可以再去推动一下。于是我就动手了。但同样的事情再次发生。我抬高了价格，可是发现我一停手，它就跌。这么来来去去干了四五次，最后我终于厌烦地放弃了。这件事花了我20万美元。我彻底收了手。没过多久，它就开始上涨了，而且一路不停，涨到的那个价格完全可以让我赚大钱——如果我当初不是那么快就动手的话。

太多的交易者经历过太多次这种事情了，因此我可以总结出这样一条规则：在一个起伏不大的市场中，当价格只在一个小范围内波动，其动向微不足道时，想去预测下一波大行情的涨跌是毫无意义的。你需要做的就是：观察市场，分析大盘以确定那些价格盘整的浮动区间，坚定不介入的决心，除非价格向任一个方向突破了限制。一名投机者必须把心思放在赚钱上，而不是坚持要大盘和他一致。永远不要与大盘争论，或者向大盘要理由，要说明。要来了在

第十章 价格总是沿着阻力最小的趋势发展

股市上也不会得到报酬。

不久前,我和一群朋友在一起。他们谈到了小麦市场。有的人看好,有的人看空。最后,他们问我是怎么看的。这个嘛,我对这个市场已经研究了一段时间,而且我知道他们并不想要什么统计数据或者对基本面的分析,因此我说:"如果你们想从小麦上赚钱的话,我倒可以说说应该怎么做。"

他们都说想。我告诉他们:"如果你确定自己想从小麦市场赚钱,那看着点就行了。等着。等它一旦突破1.20美元,你就买进。很快你就能漂亮地赚它一笔!"

"现在是1.14美元,为什么不现在就买进?"其中有人问。

"因为我还不知道它到底会不会涨。"

"那为什么要在1.20美元买进呢?那价格看上去相当高了。"

"你是愿意抱着赚大钱的想法盲目地赌一下呢,还是愿意为了一笔数量虽然少些,但是风险要小很多的钱明智地操作?"

他们都说他们想要数量少些,但是稳妥的钱。因此我说:"那么就照我说的去做。如果它冲破了1.20美元,就买进。"

我对你说过,我观察这个市场已经很久了。好几个月来,它一直在1.10和1.20之间盘整,没有任何特别的进展。可有一天,它的收盘价超过了1.19。于是我整装待发。果不其然,第二天它开盘1.20。 我买进了。它继续涨到了1.21、1.22、1.23,一直涨到1.25,我就一路加码跟着。

现在我不可能告诉你当时的情况是怎么回事。在它窄幅调整期间,我对它的价格行为做不出任何解释。我说不出它是会上冲突破1.20还是下跌击穿1.10。不过我猜的是它会上冲,因为世界上小麦还没多到会使其价格大跌的程度。

事实上,欧洲似乎一直在不声不响地购买小麦,许多交易者都在1.19左右放空了。由于欧洲人的购买和一些其他原因,市场上少了许多小麦。因此,一轮大的行情终于启动了。价格突破了1.20这个阻力位。这是我唯一的判断标准,我等的就是这个。我知道，当它冲破1.20时，它就会涨，因为当积蓄起来的上涨力量终于推动它冲破了阻力时，一定会有事情发生。换句话说，突破1.20阻力位，小麦价格阻力最小的走势就确立了。那就是另外的一个故事了。

我记得有一天是美国的节假日，这里所有的市场都关闭。不过，在加拿大的温尼伯，小麦开盘时每蒲式尔（美国农作物期货常用单位。1蒲式尔小麦=60磅——译者注）高出了6分钱。第二天我们这儿开市时，它也同样高开6分钱。价格就是顺着阻力最小的方向走。

我告诉你的这些，是我以研究大盘为基础的操作精髓。我只研究价格最有可能移动的路线。我用附加的一些测试来检查自己的交易，以确定最适当的时机。做到这些，我凭借的是观察价格在我动手后的反应。

做多时，我喜欢在最高点买进；做空时，则一定要低卖，否则干脆不卖。当我这么告诉人的时候，有那么多经验丰富的交易者都露出了怀疑的样子，这真让我惊讶。交易者如果总是坚持他的投机之道，那么赚钱就并不困难。这意思就是说，要等待阻力最小的走势明确起来，只在大盘说"涨！"的时候才买进；只在它说"跌！"的时候才卖出。上涨时，他应该逐步建仓，先买总量的五分之一。如果这部分没有带来利润的话，就一定不要再加仓了。因为很明显，他起步错误。他暂时错了，可错误在任何时候都带不来利润。大盘数据说"涨！"的时候，并不一定是在撒谎，只不过它可能也在说，"还不到时候"。

在棉花期货市场，长期以来我的操作非常成功。我对此有一套自己的理论，而且绝对身体力行。假设我决定这次的持仓量是4~5万包，那么我就会像告诉你的那样，研究大盘，观察买进或者卖出的机会。假如说，阻力最小的走势表明这是一次多头行情，那么我就会买进1万包。买进后，如果市场在我最初的买入价上又涨了10个点，我就会再买1万包。同样，如果我有了20个点的利润，或者说每包1美元的利润，我就再多买2万包。这样，我的量就满

第十章 价格总是沿着阻力最小的趋势发展

了——这个量就是我这次交易的基础。但是，如果在买进第一个1万或者2万包后，我只看见了亏损，那我就平仓出局。那说明我错了。也许我的错误只是暂时的，可正如我前面所说，错误在任何时候都不会付你钱。

通过坚守自己的投机之道，我做到了每次大行情中总能有我的一份。在逐步建仓的过程中，我那些试探性的操作也许会让自己损失掉五六万美元。这些测试看上去很昂贵，其实并不。真正的行情开始后，这些为了确保动手的正确时机而亏损的5万美元，需要我花多长时间才能赚回来呢？一点儿时间都不需要！一个人在正确的时间做正确的事情总是有回报的。

我想我前面也说过了，这就是我对自己称之为"我的投注系统"的描述。大注只出现在你赢的时候；而当你输时，只输掉一个试探性的小注——这是一个简单的算术就能证明的明智之举。如果一个人完全按照我所描述的方式交易，他就会一直处在能够赚大钱的有利位置。

专业炒手在自己经验的基础上也总有自己的一套操作系统或者方法，由他们对待投机的态度或者欲望主导着。我记得在棕榈滩碰到过一位上了年纪的先生。他的名字我没记住，或者一下对不上了。我知道他在华尔街待过很多年，可以追溯到内战时期。有人告诉我他是一个非常有智慧的怪人。他经历了如此多的繁荣和恐慌，以致总在说，太阳底下无新事，尤其在股市里。

这老人问了我很多问题。当我把自己在交易中的实践统统告诉他后，他点着头说："好！好！你是对的。你建仓的方式，思维的方式，使这些成为你的一套很好的系统。你实践起自己的想法很容易，那是因为你对下注的钱毫不在意。我想起了帕特·赫恩。听说过他吗？嗯，他是个很有名的赌客，在我们那儿有个账户。机灵的家伙，有点神经质。他在股票上赚了钱，所以总有人向他讨教。可他什么建议都不给。如果人家问到他脸上了，他就用自己特别喜爱的一条赛马格言来回答：'不赌就不知道。'他在我们营业厅交易。

他起手的时候会买进100股某只活跃的股票，然后，如果这股票涨了1%的话，他就再买进100股；又涨1%时，就再买100股；依此类推。他常说，他玩这游戏可不是给别人送钱的，因此总是把止损点定在低于最后那次买入价一个点的部位。价格不断上涨的话，他就把止损点也随之抬高。只要价格回落了1%，他就平仓不做了。他声称，亏损只要超过1%，那么无论亏的是原始保证金还是浮动利润，再做下去都没有任何意义了。"

"你知道，一个专业赌徒寻找的并不是长期投资的机会，而是肯定能到手的钱。当然，有长期投资的机会也很好。在股市里，帕特追逐的不是内幕消息或者一个星期20个点的涨幅，他要的是数量足以让他过上舒服日子的稳妥的钱。我在华尔街遇见过成千上万的外行人，只有帕特•赫恩单纯地把股票投机看做是像轮盘赌或者法罗牌那样的概率游戏，而且，尽管如此，他却头脑清醒，能够坚守一套相对比较完善的投注方法。"

"帕特死后，我们有一个客户，他过去一直和帕特一起交易，用帕特的那套办法在拉卡瓦纳赚了10万多美元。后来他换了种方式，因为他认为自己赚到的本钱足够多了，不必再守着帕特那一套。有一次股价回落时，他没有及时止损，而是任由其发展——倒好像有利可图似的。自然，所有的钱都亏了。最后他终于放弃时，欠了我们好几千美元。"

"他又坚持了两三年。在把钱赔光后很久，都热度不散。不过只要他行为规矩，我们也不拒绝他。我记得他过去直言不讳地承认过，说他没有坚守帕特那套办法真是愚蠢万分。呃，后来有一天，他特别兴奋地来找我，要我允许他在我们营业厅放空某只股票。他是个不错的人，以前有钱的时候是个好客户。我告诉他，我以个人名义为他担保100股。"

"他做空了100股湖岸公司。那是1875年，比尔•屈伏斯正在打压股市。我这位叫做罗伯茨的朋友抓住了好时机。他随着跌势继续一路做空，就像在以前成功的日子里习惯做的那样。那时候，他

第十章 价格总是沿着阻力最小的趋势发展

还没有放弃帕特的方式，被愿望主导呢。"

"嗯，先生，通过四天的成功累积，罗伯茨的账上就显示他赚了1.5万美元。我注意到他没有设止损点，就去提醒他。他告诉我，大跌几乎还没开始呢，他可不打算被1个点的回落就洗出去。那时是8月份。9月中旬前，他问我借10块钱去买一辆婴儿车——给他第四个孩子。他没有坚守自己已经被证明有效的系统，这就是大多数人的问题所在。"老伙计冲着我，摇了摇头。

他是对的。有时候我会想，投机一定是一种违背天性的事情。因为我发现，一般的投机者都需要和自己的天性作战。每个人自身就有的那些弱点对于成功的投机来说是致命的。这些弱点通常正是使他受到伙伴们欢迎的特点，也是他本人在做其他事情时特别加以防范的地方，只是这些事情远不如股票和期货交易这样危险。

投机者最主要的敌人总是来自自己的内心。希望和恐惧在人性中不可分割。投机时，市场要是在和你对着干，那你就会希望每天都是最后一天，觉得坚持就是胜利——正是这种希望，强有力地促成了开疆拓土有大抱负者的成功，也使你在该放弃的时候不放弃，多亏不少钱。而当市场和你一致时，你又会充满了恐惧，担心所得利润第二天就会丢掉。因此平仓出局——太早了，恐惧使你没有赚到你应该赚的那么多钱。成功的交易者必须克服这两个根深蒂固的本能，必须颠覆那些你也许会称之为的"天性的冲动"。在滋生希望的时候，他必须代之以恐惧；在恐惧时代之以希望。他要害怕亏损会变得更大；他要希望利润会变得更多。在股票中赌博时，像个普通人那样行事绝对是错误的。

我从14岁起就开始玩这个投机游戏。这是我做的唯一一件事。我想我知道自己说的是什么。在连续交易了近30年后，在经历过少至几美元，多则几百万美元的状况后，我推出了一个结论：一个人在某个时期也许能战胜某只股票或者某个集团，但是没有一个大活人能够战胜股票市场！一个人也许能从棉花或者谷物的单桩交易中赚钱，但是没有人能够击败棉花市场或者谷物市场。这就像赛马，一个人也许可以在赛马中赢钱,但是他不可能赢赛马这个游戏。

如果我知道怎么才能使这个结论显得更有力或者更具强调性,我一定会去那么做。其他任何人不管有什么相反的意见,都不会起作用。这个结论没有可争论的余地。而我知道,我这样说是对的。

第十一章　要把操作到位变成一项本能

现在，我要再回到 1907 年 10 月。我那时买了一艘游艇，做了各种各样的准备工作，要离开纽约去南部海域畅游。我对钓鱼真的非常着迷，这次我要在自己的游艇上尽情地钓，我可以随时想去哪儿就去哪儿。万事都已具备，我从股票中大赚了一笔。可就在这最后一刻，我被玉米拉了回来。

我得解释一下，在那次让我赚到第一个百万美元的金融恐慌前，我一直在芝加哥做谷类期货的交易。我分别做空了 1 000 万蒲尔式的小麦和玉米。我研究谷类期货市场很久了，对玉米和小麦就像曾经对股票那样看空。

呃，这两个开始的时候都在跌，可当小麦在继续下跌时，芝加哥最大的炒手——我就叫他斯特拉顿吧——却生出一个念头，要囤积玉米。在我把股票清了仓，准备乘着自己的游艇去南部海域时，我发现，小麦为我赚了漂亮的一笔，可由于斯特拉顿抬高了价格，玉米让我亏损了不少。

我知道这价格和国内的玉米储量不符。供求原则一如既往地在发挥作用，可需求主要来自斯特拉顿，供应却因为玉米运输过程中的一次严重堵塞完全跟不上来。我记得我常常祈祷着，能有一次寒潮把那些无法通行的道路冻结，好使农场主们把他们的玉米运到市场上。可是我没这个运气。

这就是我当时的情形：就要踏上那快快活活计划好的一次钓鱼旅行，却被玉米的亏损绊住了脚。我不能在这种市场情况下离开。斯特拉顿自然密切关注着做空的力量，他知道吃住了我。这一点我跟他一样清楚地知道。但是，正如我所说，我寄希望于天气，希望它能被我说服，起来帮我的忙。在认识到无论是天气还是任何其他的奇迹创造者，都对我的需求置若罔闻后，我就开始研究怎样才能通过自己的努力走出困境。

我把小麦平了仓，赚了不少。可玉米的问题却极其困难。如果这1000万蒲尔式玉米全都能以当时的市价平掉的话，尽管亏损会很大，我还是会很高兴地立即去做。可问题在于，我一旦开始平仓买进玉米，斯特拉顿自然就会带头逼空。追高自己抬起来的价格，这和自己拿刀抹脖子相比，并不会让我更喜欢些。

虽然玉米的行情很强硬，可我要钓鱼的愿望却更强硬。因此我得立刻想一个办法出来。我必须策划一次战略性撤退，必须买入自己做空的那1000万蒲尔式，而且尽可能地减少亏损。

正好，斯特拉顿那时也在做燕麦，而且差不多完全控制了燕麦市场。我通过农作物新闻和小道消息一直在留意所有的谷物市场。我听说，势力很大的阿穆尔集团，就市场而言，对斯特拉顿不太友好。我自然知道，除非按照他自己开的价格，否则斯特拉顿是不会让我得到我需要的玉米的。不过我在听到阿穆尔集团和斯特拉顿对着干的那一刻，突然想到，也许我可以向芝加哥的交易者们求助。他们只有一条路可能帮上我，就是把斯特拉顿不愿意卖给我的那些玉米卖给我。余下的就好办了。

我先下了委托指令，每跌八分之一美分就买入50万蒲尔式的玉米。这些单子递进去后，我往四个营业厅又各发了一个委托，要他们向市场同时卖出5万蒲尔式的燕麦。据我估计，这一锤子应该在燕麦市场引起一次急跌。按照炒家们的思维方式，他们一定会立即认为这是阿穆尔在向斯特拉顿发动攻击。看见燕麦市场上拉开了战火，他们就会顺理成章地认为，下一个大跌要发生在玉米市场，于是就会卖出玉米。如果玉米的垄断被击溃了，那钱就赚大了。

我对芝加哥交易者们的心理揣摩得一点儿不差。他们看见燕麦被分散的卖单打压下去后，立即就跳进了玉米市场，开始万分积极地抛售。我在接下来的10分钟内就买到了600万蒲尔式的玉米。在发现他们停止了抛售那一刻，我毫不犹豫地以市价又买入了400

第十一章 要把操作到位变成一项本能

万蒲尔式。这自然又抬高了价格，但是我操纵的结果是，我那做空的1 000万蒲尔式全都平了，而且平仓的价格与那些交易者开始纷纷抛售的市场价差距不超过0.5美分。而用来激发交易者们抛售玉米而卖空的20万蒲尔式燕麦，平仓后才让我亏了3000美元。这个做空诱饵真是相当便宜。我在小麦上赚的钱能把玉米的亏损抵消掉一大部分，所以这次谷物期货交易中，我的整体亏损最后只有2.5万美元。后来，玉米每蒲尔式涨了25美分。斯特拉顿那时毫无疑问把我捏在手心里了，如果我没有去费心考虑价格问题，而是认命地买入那1 000万蒲尔式的玉米的话，那我最后亏多少可就说不准了。

跟普通的初学者不同，一个人不可能在花很多年从事一件事情之后，面对这件事情还没有形成一种惯常的姿态。这一点是专业炒手和业余炒手之间的区别。在投机市场中，使一个人赚钱或者亏钱的，是他看待事情的方式。公众对自己操作的见解是业余的。他们自我意识过分介入，因此思考起来既不深刻，也不彻底。专业炒手对正确操作的考虑要多过赚钱，因为他们知道，如果其他事情都到位的话，利润自然会来。一个交易者要像台球专家那样玩这个游戏——也就是说，他要向前看，而不是只考虑眼前的那个球。要把操作到位变成一项本能。

我记得听过一个关于艾第森·卡玛克的故事。这故事对于我想说明的意思是一个非常好的注解。就所听到的而言，我觉得卡玛克是华尔街所见到过的最能干的股票交易者。他并不像很多人以为的那样是个坚定的空头，他只是觉得调动希望和恐惧这两大人性上的特点做空对他的吸引力更大。他有一句警言："不要在市场元气充沛的时候卖出股票！"而且，老前辈们也告诉我，他赚钱最多的几次都是在做多。所以很清楚，他操作交易时并不带偏见，而是看情形定夺。总之，他是个手腕很高超的交易者。似乎有一次——这要退回到很久前一段快要结束的牛市了——卡玛克看空。然而，在多头们和报纸上乐观报道的刺激下，市场不但很强劲，而且还在上涨。亚瑟·乔瑟夫，一个爱讲闲事的财经作者，知道卡玛克看空。

他深知像卡玛克这样的交易者利用利空消息的本事，于是有一天急急忙忙进了卡玛克的营业厅，带来了好消息。

"卡玛克先生，我有个非常要好的朋友在圣保罗公司经办过户手续，他刚刚跟我说了件事，我觉得应该让你知道。"

"什么事？"卡玛克没精打采地问。

"你转向了，对吧？你现在在做空吧？"乔瑟夫想先确定一下。如果卡玛克没兴趣的话，他就不打算浪费宝贵的情报了。

"是的。那个精彩的消息是什么？"

"我一个星期内总有两三次要四处走动收集资料，今天去了圣保罗公司。我那儿的朋友对我说：'老家伙在卖股票。'他指的是威廉姆·洛克菲勒。'吉米，他真在卖吗？'我问他。他回答，'是的，每涨 0.375 个点，他就卖掉 15 万股。这两三天里我一直都在给这些股票过户。'我一点时间都没耽搁，直接就跑来告诉你了。"

卡玛克可不大容易激动。其实，疯狂冲进他办公室里的各种举止的人，还有他们带来的各种新闻、传言、闲话、小道消息和谎言，他都见得太多了，所以变得全都不怎么相信。他这会儿只是说："你肯定自己没听错么，乔瑟夫？"

"我肯定吗？我当然肯定！你觉得我是聋子么？"乔瑟夫说。

"你那个朋友可信吗？""绝对可信！"乔瑟夫声称。"我认识他很多年了。他从来没对我撒过谎。他不会的！这不成问题！我知道他绝对可靠。我会用生命赌他跟我说的话。他是这世界上我最了解的人——比起这么多年你对我的了解来，似乎要深得多。"

"确信他可靠，呃？"卡玛克再次看着乔瑟夫，然后说道："好吧，你该知道。"他给自己的经纪人威勒拨电话。乔瑟夫指望着会听到他下令卖出至少 5 万股圣保罗公司的股票。洛克菲勒正在利用市场目前的强势把手中的圣保罗股票脱手，这些股票是用来投资的还是投机的，并没什么关系。重要的事实是，标准石油集团最优秀的股票操盘手要从圣保罗里出来。从一个可靠的来源接到这么个消息，一般人这时会怎么做呢？这都不屑问。

第十一章　要把操作到位变成一项本能

可是卡玛克，那个时期最能干的空头操盘手，那时也正看空，对他的经纪人说："比利，圣保罗每涨 0.375 个点，就给我买进 5 万股。"这只股票那时 90 多美元。

"你是想说卖吧？" 乔瑟夫急忙插嘴道。他并不是华尔街上的新手，只是他看市场是从一个记者的角度出发，顺带着也是大众的角度。出了内部抛售的消息，价格肯定应该下跌。而没有什么内部抛售能比得上洛可菲勒先生的抛售。标准石油在脱手，而卡玛克在买进！这不可能！

"不，"卡玛克说，"我是要买进！"

"难道你不相信我？"

"相信！"

"难道你不相信我的消息？"

"相信。"

"你看空吗？"

"是的。"

"好吧，那么？"

"那正是我为什么在买进的原因。现在听我的：你要和你那位可靠的朋友保持联系。那边成比例的抛售一旦停止，就要让我知道。要立即来告诉我！明白吗？"

"好的"， 乔瑟夫说，然后走开了。他对卡玛克买进洛克菲勒的股票的动机有点儿摸不着头脑。他之所以觉得卡码克这么操作难以解释，是因为他知道卡玛克对整个市场看空。不管怎么说，乔瑟夫去见了那个办过户手续的朋友，要他等老家伙一卖完就给自己送消息。他很有规律地给这位朋友每天打两次电话询问。

一天，这位朋友告诉他："老家伙那儿的股票停了。" 乔瑟夫谢了他，带着这消息跑到了卡玛克那儿。

卡玛克很注意地听着，转向威勒问道，"比利，我们一共有多少圣保罗？"威勒查了一下，报告说他们陆续买进了大约 6 万股。

卡玛克看空，甚至在买进圣保罗前，他就一直在放空各种各样的股票。目前他做空的仓位很重。这会儿，他立即命令威勒不但把买进的这6万股圣保罗卖出，另外又放空了些。他把这些买进的圣保罗股票当做了打压股市的筹码，使自己在其引起的下跌中获利。

圣保罗并没有砸过就算，而是一路跌了下来，直跌到44美元，卡玛克狠赚了一笔。他所获得的利润和他高明的操作手段正相符。我搬出这件事来的要点在于他对待交易的惯性反应。他不需要思考。在那只股票中，他立即就看出了对自己来说远比利润更为重要的东西。他看出了那是天赐良机，使他不但能在恰当的时机开始大规模的做空，而且还为他提供了最初那恰到好处的一推。听到关于圣保罗的内部消息后，他没有卖出反而买进，是因为他立刻看出这个机会能为自己的空头战役提供大批最好的子弹。

回头说我自己。我把小麦和玉米的交易清掉后，就驾着游艇去了南部。我在佛罗里达海域漫游，享受了一段极其美妙的时光。鱼钓得棒极了。件件事情都称心如意。我无忧无虑，什么也不去想。

一天，我在棕榈滩上了岸。遇见了很多华尔街的朋友和一些其他人。他们都在谈论当时最引人瞩目的那个棉花投机商。纽约传来的一个消息说，这个叫做坡赛·托马斯的人亏得一分不剩了。所谓一分不剩，是指这个世上著名的操盘手，在棉花市场上遭遇了第二次滑铁卢，倒不是指他商业性的破产。

对这个人我向来都非常佩服。我第一次知道他是通过一份报纸，那会儿托马斯和他的合伙人西尔顿的公司打了个败仗。因为他想垄断棉花期货，但是西尔顿却没有他的远见或者说勇气，在即将成功的时候打了退堂鼓。至少那时的报纸是这么说的。不管怎么样，反正他们不但没赚到大钱，而且承受了几年来最耸人听闻的亏损。我忘了是几百万了。公司受到了重创，托马斯离开单干了。他全身心地投入到棉花市场上，没多久就重新站住了脚。他把所有的债都连本带息还了个干净——包括一些本不该由他负责的部分——自己还剩下了100万美元。他的重返棉花市场可以媲美迪肯·怀特在股票市场上一年内还清100万的著名之举。我对托马斯的勇气和

第十一章 要把操作到位变成一项本能

头脑佩服得五体投地。

棕榈滩上所有的人都在谈论托马斯在三月棉花期货交易上的溃败。添油加醋，夸大其词，充满了错误信息——你知道那些谈论是怎么进行和壮大的。嘿，这种事我自己就亲身经历过。曾经有一个关于我的传言，被不断添加新的娓娓动听的细节，结果在回到发起者那儿时，那人自己都认不出了。整个流程还不到 24 个小时。

托马斯最近的这次厄运使我把心思从钓鱼转到了棉花市场上。我弄来了一堆贸易报告，从中去了解一些基本面的情况。回到纽约后，就专心地研究起市场。所有的人都在看空，都在卖出 7 月棉花期货。你知道大众是怎么回事。我猜想这是一个传染病例，看见周围的人这么做，于是他就也跟着做。也有可能这是群居动物某种程度上的一个本能。不管怎么说吧，在数百交易者的观念中，做空 7 月棉花期货是明智之举——而且还很安全！对大众的这种卖空你都不能用"鲁莽"来形容，这词儿给他们用都嫌保守。这些交易者只看得见市场的一个面，还有大把的利润。他们肯定还指着价格崩盘呢。

这些我自然都看在眼里，而且想到了这些做空的家伙们不会有多少可以回补平仓的时间。我对市场状况研究得越深，对这情形就看得越清楚，最后我终于决定买进 7 月棉花期货。我开始工作，很快就买进了 10 万包。卖出的人很多，所以我没碰到什么困难。在我看来，目前的情况似乎是这样的：即使我悬赏 100 万美元捉拿一个没有卖出 7 月棉花期货的交易者，无论是死是活，都不会有人来领赏。

我应该说明一下，这时是 5 月的下旬。我继续买进，他们继续卖给我。最后我把所有流动的合约都捡到了手，总共买到了 12 万包。我结束买进的两天后，它开始涨了。行情一旦起来，市场就很友好，表现得实在是很不错，也就是说，它一天内就涨了 40 到 50 点。

在一个星期六，那大约是我开始动手买进的 10 天后，价格的涨势慢了下来。我不知道还有没有人抛售 7 月棉花期货，这一点只有我亲自去弄明白。于是我等到最后的 10 分钟——我知道，那是

117

那些人平时做空的时间。而且那种时候，市场只要以涨势收盘，他们就会被套牢了。我下了 4 张不同的委托单，每张都在同一时间以市价买进 5000 包，使价格一下涨了 30 个点。空头们竭尽全力地挣扎脱身，而市场收在了最高价。记住，我的全部所做所为，就是买进了最后那 2 万包棉花。

第二天是星期天。可到了星期一时，利物浦那儿配合纽约市场的涨势，本来高开 20 个点就够了，但却高开了 50 个点。这意味着利物浦的涨势超过了我们 100 个百分点。那边的这个涨势虽然与我无关，但它向我显示了，我的推论是正确的，我正沿着阻力最小的走势交易。与此同时，我也没有忽略一个事实，那就是我有非常大的一批棉花要脱手。一个在暴涨或者逐渐上涨中的市场，并不一定会有吸收大笔卖单的能力。

利物浦的情况自然让我们这儿的市场发了狂。不过我注意到，价格走得越高，市场上的 7 月棉花似乎就越少了。我一点儿都没打算把自己的脱手。总的说来，那个星期一对于空头们来说，是非常刺激但却并不那么振奋人心的一天。可尽管如此，我还是察觉不到被逼空的恐慌，也没看到空头们盲目冲动的回补平仓。这对我很不利，我必须为自己手里的 14 万包棉花找到一个市场。

星期二早上，我正要去自己的办公室，在大楼的进口处碰上了一个朋友。

"今早《世界报》的那个消息可够惊人的，"他微笑着说。

"什么消息？"我问。

"什么？你的意思是你还没看见？"

"我从来不看《世界报》，"我说。"什么消息？"

"嘿，都是关于你的。说你垄断了棉花市场。"

"我没看见，"我告诉他，然后离开了。我不知道他相不相信我的话。他很可能觉得我太不近人情了，竟然不告诉他这消息是真是假。

到了办公室后，我派人拿来了一份这报纸。果不其然，头版上赫然一个大标题：

第十一章 要把操作到位变成一项本能

"拉瑞·利文斯顿垄断 7 月棉花。"

当然了，我立即意识到这篇文章会在市场上掀起轩然大波。即使我精心研究脱手那 14 万包的最有利途径，也不会找到比这更好的办法了。况且我也不大可能找到什么办法。在这紧要关头出来的这篇文章，全国人民都读到了，不是在《世界报》上，就是在其他引用了这篇文章的报纸上。它也早就被传到了欧洲，这从利物浦的价格上就可以看出。那边那个市场简直疯了，有这么个消息，倒也难怪。

我自然知道纽约对此会有什么反应，我也知道自己该怎么做。这里 10 点开市，10 点过 10 分，我手上的棉花就一点儿不剩了。我让他们把我那 14 万包统统接了去。事后证明，我的成交价大部分都是当天的最高价。而我真正做的，只不过就是抓住一个天赐良机，把棉花脱了手。这个机会我没法子不抓，不然我还有什么别的可做的呢？

就这样，本来需要我花费大量心血去思考解决的一个问题，被一件意外轻易地摆平了。如果《世界报》没有发表那篇报道的话，我永远不可能做到在浮动利润丝毫无损的情况下把手里的那批棉花脱手。卖出 14 万包 7 月棉花而不压低市价，这个技巧超出了我的能力范围。《世界报》这事帮我漂亮地扭转了局面。

《世界报》干嘛发表这么个消息，我也说不出。我一直都不知道。我猜想那个作者从棉花市场的朋友那儿得了些小道消息，以为是个独家新闻。我没见过他，或者任何《世界报》的人。那天早上 9 点后，我才知道有这么个消息。而且，要不是我那朋友提醒我注意，那时我还不会知道呢。

没有这件事的话，就不会有一个大得足以让我出货的市场，这是大规模交易麻烦的一面。你不能像做小笔交易那样悄悄溜掉；也不能总是在认为应该或者愿意脱手时脱手。你必须在市场有能力消化时，在能够出来的时候出来。抓不住脱手机会的话，你也许就会损失几百万。你不能犹豫，如果犹豫，你就输了。你也别想着用竞价买入的方式拉高价格逼空，因为这样你也许会减弱市场的消化能力。而且我想告诉你，发现机会并不像听起来那么容易。一个人在留意的时候一定得非常警觉，才能在机会探头时，一把把它抓住。

自然不是每个人都知道我这次幸运是偶然的。在华尔街上——就这种事情来说，其他地方也一样——人们都会带着疑心看待一桩让人赚了大钱的意外事件。这意外要是没让人赚到钱的话，它永远不会被认为是一桩意外，而会被认为是你贪婪或者昏了头的合理下场；可一旦让人赚了钱，他们就会说那是抢劫，说这世道好人没好报，恶人最吃香。

居心叵测的空头们因为鲁莽而受到了惩罚，心里阵阵刺痛。指责我精心策划了这一场突变的不仅仅是他们，其他人也同样这么认为。

这事过后一两天，全球棉花市场上最重要的大人物之一见到我，他说："那绝对是你操作最高明的一桩交易，利文斯顿。我本来还在想呢，就你那个仓位，不晓得要赔掉多少。你知道，这个市场不够大，如果不低价甩卖的话，最多只能消化五六万包。我正开始好奇你怎么才能又保存点儿利润，又能把剩下的那部分处理掉呢。我没想到你的这个方案。绝对高明！"

"这不是我策划的，"我向他保证，能有多诚恳就有多诚恳。可他只是重复着："太高明了，小伙子。太高明了！别那么谦虚！"

这次交易之后，有些报纸就把我叫做"棉花大王"了。可是，正如我说的，我真的没资格戴这项王冠。这名声给我实在太冤枉！不说你也知道，在美国没人能够用钱买下纽约《世界报》的栏目，也没人有足够的能量保证这样一篇文章的发表。

我跟你说这些，并不是要替那些名不副实的交易者辩护，或者强调无论机会何时或者如何来临时，抓住它的重要性。我只是想解释一下，在这次7月棉花期货交易后，我之所以会在大量的报纸上声名狼藉的缘故。不过，如果不是这些报纸，我永远也不会遇到那个卓越非凡的人，坡赛·托马斯。

第十二章　心态决定了一切

我在 7 月棉花交易上获得了出乎意料的成功。之后不久，我收到一封信，要求和我面谈，信的署名是坡赛·托马斯。我当然立即回答，说很高兴在我的办公室见他，随他什么时候来。第二天，他来了。

我长久以来一直很佩服他。对于种棉花或者买棉花或者卖棉花的人来说，他的名字家喻户晓。在欧洲，还有国内各地，人们都在向我引用他的话。记得有一次在瑞士的一个度假胜地，我和开罗的一个银行家聊天。他和后来去世的卡塞尔爵士有合作关系，对埃及的棉花种植有兴趣，在听说我来自纽约后，立刻向我打听坡赛·托马斯。他定期收阅此人的市场报告，一份不落。

托马斯这个人，我常想，对待自己做的事情有一种科学的态度。他是个真正的投机者，一个有着梦想家的视野和斗士的勇气的思想者——他异乎寻常地见多识广，对棉花交易的理论和实践了如指掌。他喜欢倾听和谈论想法、理论和抽象的概念，可同时对于棉花市场的实务和交易者的心理也无所不知。因为他已经交易多年，赚过很多，也赔过很多。

在他和西尔顿原来的那个股票交易公司失败后，托马斯就开始单干了。短短两年内他就卷土重来，简直令人瞩目。我记得在《太阳报》上读到，他在财务上站住脚后的第一件事情，就是把债全额还清；第二件事是雇了一个专家，为他研究和决定怎样能最好地投资 100 万美元。这个专家验明财产性质，分析了几个公司的报告后，建议他买进特拉华&哈德森公司的股票。

呃，在亏了几百万，又赚回来更多的几百万后，托马斯在三月棉花期货上又被扫荡一空。他见到我后，没有浪费多少时间，就提议我们成立交易联盟。无论得到了什么消息，他都会立即在给公众前先转给我。我的任务是实际操作交易，他说我在这上面有特别的天赋，而他没有。

出于若干原因，这个提议对我并没有吸引力。我坦率地告诉他，我觉得自己没法和人合作，而且也不是很想学着这么做。可他坚持说这会是一个理想的组合，最后我只好直截了当地说，我不想在交易的时候有任何羁绊。

"如果我受了自己的愚弄，"我告诉他，"那我就独自承担，立即付账，不会有什么拖欠和意外的烦恼。我单干是出于选择，同时也因为它是最明智最便宜的交易方式。我在以自己的智力和其他人的智力的较量中，得到很多乐趣。那些人我从未见过，从未说过话，从未给过他们买卖的建议，也从未希望和他们会晤或者认识。我赚钱所验证的是自己的观点。我既不出卖我的观点，也不会把它变为资本。如果我用其他的任何方式赚了钱，我都会当做自己没有赚。我对你的提议不感兴趣，是因为我只对用自己的方式为自己而玩的游戏感兴趣。"

他说很遗憾我会有这样的感觉，试图劝说我相信拒绝他的计划是错误的。但是我坚持自己的看法。除了这些外，其余的谈话都令人愉快。我告诉他，我知道他会"卷土重来"，如果他能允许我为他提供一点儿财务上的帮助的话，我会觉得很荣幸。可他说不能从我这儿借钱。后来他问起我那笔7月份的交易，我和盘托出，告诉他自己是如何介入的，总仓量有多少，价位是什么，还有其他的细节。我们又聊了会儿，后来他就走了。

前面我曾说过，一个投机者有许许多多的敌人，其中很多都来自自己的内心。我这么说的时候，心里想着的是自己所犯下的那许多错误。这些错误让我体会到，一个人在拥有自己的头脑和终生独立思考这一习惯的同时，也还是可能被一个强有力的人煽动。投机中一些常见的毛病我控制得相当好，比如说贪婪、恐惧、还有希望；但是，作为一个普通的人，我发现自己非常容易出错。

第十二章 心态决定了一切

在这个特别的时候，我应该更加警惕。因为不久前，我曾有过一次经验，它证明了一个人是多么容易被说服去做一件违背自己的判断甚至是意愿的事情。这事发生在哈丁营业部。我在那儿有一个可以算是私人办公室的房间，里面就我一人。交易时间内，没有我的同意，任何人都不得进入。我不想被人打扰，而且由于我的交易规模非常大，账户的利润相当高，他们把我保护得很严密。

有一天刚收盘，我就听见有人说："下午好，利文斯顿先生。"

我转过身来，看见一个从来没见过的陌生人，一个大约30或者35岁的家伙。我不明白他是怎么进来的，但他确实就在面前。我推断他之所以被放进来是因为他有要事和我谈。不过我没说话，只是看着他。他很快就开口了，"我来见您是因为司各特，英国著名作家，著有《撒克逊劫后英雄传》、《艾凡赫》、《十字军英雄记》等作品——译者注)的作品，"然后开始滔滔不绝。

他是一个书籍代理商。我得说，他的举止和说话的技巧都不怎么样，长相也很一般，可他的确有一种个人魅力。他说着，我想我也在听，可我确实不知道他在说什么。我想我永远都不知道，那时候更不知道。他结束独白后，他先把自己的钢笔递给我，然后又递过来一份空白表格，我签了字。那是一份花500美元买一套司各特作品的合同。

我刚签完字就醒过来了，可他已经把合同安全地放在口袋里了。我不想要那些书，也没地方放它们，它们对我一点儿用都没有，我也没什么人可以送，然而我却同意了花500美元买下它们。

我太习惯赔钱了，以至于最先思考的从来都不是犯错的那个阶段。我想的总是整件事情，是原因。我首先想了解自身的局限和想法上的惯性。还有就是，我不想再犯同样的错误。一个人只有在能使未来从错误中得益时，才能原谅自己的错误。

呃，一个500美元的错误已经犯下了，但毕竟后面的麻烦还没有具体兑现——我做的第一步就是看着那家伙，估量一番。我发誓，如果他不是在冲我笑的话，我就被吊死！一个会心的微笑！他似乎看透了我的心思。也不知怎么，我知道自己不必向他做任何解释，我不说他也知道。因此，我跳过了解释和一些过渡性的话，直接问他："500美元里你能拿多少？"

他立刻摇了摇头，说，"我不能那么干！对不住！"

"你能拿多少？"我坚持问道。

"三分之一。不过我可不能干！"他说。

"500美元的三分之一就是166.66美元。如果你把那份签了字的合同还给我，我给你200美元现金。"为了证明自己的话，我从口袋里掏出了钱。

"我说过我不能这么干，"他说。

"你所有的客户都向你这么提议过吗？"我问。

"没有，"他回答。

"那你为什么那么肯定我会有这个提议？"

"这是您这种类型的人会干的事。您是个第一流的输家，这使您成为一个第一流的生意人。我对您非常感谢，但是我不能做这事。"

"那告诉我你为什么不想赚的比佣金多点儿吧？"

"不完全是那么回事，"他说。"我工作不仅仅是为了佣金。"

"那你工作是为什么？"

"佣金，还有记录，"他回答道。

"什么记录？"

"我自己的记录。"

"你想说的是什么意思？"

"您工作只是为了钱吗？"他问我。

"是的，"我说。

"不对。"他摇了摇头。"不对，您不是的，那样的话您得不到足够的乐趣。您工作肯定不仅仅是为了往您的银行账号上再多加一些钱，您在华尔街也不是因为您喜欢来得容易的钱。您的乐趣在其他方面。我嘛，也是如此。"

我没有争辩，但是问他："你从什么地方找乐趣？"

第十二章　心态决定了一切

"呃,"他承认,"我们都有弱点。"

"你的弱点是什么?"

"虚荣心,"他说。

"那么,"我告诉他,"你成功地让我签了字。现在我想撤销,你10分钟的工作就能让我付200美元。这还不够你自豪的吗?"

"不够,"他说。"您看,我们有一帮人在华尔街已经工作了几个月了,可入不敷出。他们说是货品和区域的关系,因此公司把我找来,要向他们证明,是他们自己销售能力的问题,而不是书籍或者地方的问题。他们的佣金是25%。我在克利夫兰工作,在那儿我两个星期就卖出了82套。我来这儿不但要把书卖给那些没有从其他推销员那儿买书的人,还要卖给那些其他人见都见不着的人。这就是为什么我的佣金是三分之一的缘故。"

"我有点儿弄不明白你是怎么让我买下那套书的。"

"别在意,"他安慰道,"我也卖了一套给J.P.摩根呢。"

"不会吧,你才没呢,"我说。

他没生气,只是说:"真的,我卖给他了!"

"卖了一套司各特给J.P.摩根?一个不但有一些精美的版本,而且没准连一些手稿都有的人?"

"瞧,他的亲笔签名。"他即刻拿出一份J.P.摩根自己签名的合同在我面前闪了闪。那也许根本就不是摩根先生的签名,可我那时候想都没想到去质疑。他不是拿到我的了么?我那时只觉得好奇。因此我问他:"你怎么过图书馆员那一关的?"

"我没见到什么图书馆员。我见到的是老摩根本人。在他的办公室。"

"那太不可能了!"我说。所有的人都知道,两手空空地进入摩根的私人办公室比带着一个定时炸弹的包裹进白宫还要难得多。

但他宣称道:"事实如此。"

"你怎么进到他办公室的?"

"我怎么进入您的办公室的?"他反问道。

"我不知道。这要你来说，"我说。

"呃，我进到摩根办公室的方法和进到您办公室的方法是一样的。我只是同门口负责不让我进来的人谈了谈。我使摩根签字的办法和使您签字的办法也一样。您不是在为了一套书签合同，您只是接过了我给您的钢笔，做了我要您用它来做的事情。他没什么区别，和您一样。"

"那个真的是摩根的签名吗？"大约三分钟后，我怀疑地问他。

"当然！他还是小孩的时候就学会怎么写名字了。"

"全部过程就是这样？"

"就是这样，"他答道。"我清清楚楚地知道自己在做什么，这就是我成功的秘密。我非常感谢您。再见，利文斯顿先生。"他开始往外走。

"等等，"我说。"我一定得要你从我这儿赚个整数200美元。"我递给他35美元。

他摇了摇头。接着，"不，"他说。"我不能那么做。但是我能这么做！"然后他从口袋里取出那份合同，一撕两半，递给了我。

我数了200美元，把钱递到他面前，可他又摇了摇头。

"难道你为的不是这个？"我说。

"不是。"

"那你干嘛把合同撕了？"

"因为您没有埋怨，而是接受了事实。如果我在您的位置，也会这么做的。"

"可给你200美元是我自己愿意的，"我说。

"我知道，但钱不是一切。"

他的声音里有某种东西，它促使着我说道："你是对的，钱不是一切。那好吧，你真正想要我做的是什么？"

"您反应很快，对吧？"他说。"您真的想为我做点儿什么吗？"

"是的，"我告诉他，"我真的想。不过我做不做就要看你脑子里到底在想什么了。"

第十二章 心态决定了一切

"把我带到哈丁先生的办公室去,告诉他,请他允许我跟他谈三分钟。然后就把我和他单独留在那儿。"

我摇了摇头,说,"他是我的一个好朋友。"

"他50岁了,还是一个股票经纪人,"这位推销员说道。

这是大实话。因此,我把他带到了哈丁的办公室。此后我再也没有听到一丁点儿关于这个书籍推销员的消息。不过几个星期后的一个夜晚,我进城时,在第六街的L车上碰见了他。他很有礼貌地抬了抬帽子,我点点头回礼。他过来问我:"您好吗,利文斯顿先生?哈丁先生还好吧?"

"他挺好。你问这干嘛?"我觉得这背后有故事。

"您带我进去见他那天,我卖了2000美元的书给他。"

"这事他一个字都没跟我说过,"我说。

"不会说的。那种人不会谈论这样的事。"

"哪种人不谈?"

"那种从来不认错所以从来不出错的人;那种老是知道自己要什么,谁的意见也不管用的人。就是这种人在为我的孩子出教育费,在使我的妻子保持心情愉快。你帮了我的忙,利文斯顿先生。您那么急切地把200美元放在我面前,我放弃的时候就在指望这个结果了。"

"如果哈丁先生没有从你这儿定购呢?"

"啊,可我知道他会的。他是什么样的一个人我早就调查清楚了。拿下他很容易。"

"是的。可如果他没从你这儿买书呢?"我坚持问道。

"我就会回到您那儿,再卖给您点儿什么。再见,利文斯顿先生。我要去见市长了。"他站了起来,车正好停在了公园站。

"我希望你卖给他10套,"我说。市长大人是民主党派人士。

"我也是共和党,"他说道,然后走了出去。他走起来一点儿也不匆忙,悠闲自在,好像确定车会为他等着。实际上也的确如此。

我这么详细地向你讲述这个故事,是因为它涉及到一个出色的人，这人使我买下了我不想买的东西。他是第一个能让我那么做的人。根本不应该有第二个，可第二个却出现了。你永远也不能指望世上只有那一个出色的推销员，也不能指望彻底不受个人魅力的影响。

坡赛·托马斯离开我的办公室时，在客气但是坚决地拒绝和他组成工作联盟后，我本来很肯定我们各自所做的事情永远都不会有交集了。我甚至都不能肯定会再见到他。可第二天他就发来了一封信，对我提出帮助表示感谢，并且邀请我去看他。我回答说我会的。他又写了一封。我拜访了他。

我渐渐经常和他见面。我很喜欢听他谈话。他知道的东西太多了，谈吐非常风趣。我认为他是我见过的最有吸引力的人。

我们谈论的话题很广。他博览群书，对许多领域有惊人的理解力，而且具有一种天赋，能够把那些知识进行有趣地归纳。他言语间的智慧令人印象深刻；至于能言善辩，没人是他的对手。我听过许多人对坡赛的指责，其中包括不真诚。不过我有时候会想，他那惊人的善辩能力也许是因为他先彻底地说服了自己，这使他在说服别人时增加了很多感染力。

我们当然详细讨论了许多市场上的事情。我在棉花上不是多头，可他是。我根本看不到什么好的情况，可他能。他摆出了那么多的事实和数据，我应该被说服的，可我没有。我不能说它们不对，因为我无法否认它们的真实性，可它们还是不能动摇我自己的分析结果。但是他继续不断地摆事实讲道理，结果我对自己从报纸和贸易报告上收集来的信息不再那么肯定了。这意味着我不能用自己的眼睛观察市场了。一个人不能被说服去违背自己的信念，但是却能被游说进入一种犹豫不决，优柔寡断的状态。这种状态甚至更为糟糕，因为这意味着他在交易时失去了自信和从容。

我也不能说自己被弄昏了头，不完全是，不过我失去了自己的沉着冷静，或者更应该说，我停止了自己的思考。我没法儿向你仔细描述，自己是如何一步一步走到那种后来被证明代价昂贵的心理状态的。我想这大概是因为他对自己那些数据的精确性毫不怀疑，那些数据唯他独有；还因为我自己那些数据的不可靠性，那并不是我独有的，是公众财产。他反复强调，说自己在南部各地的那1万个联络员绝对可靠，是经过时间再三证明了的。最后，我开始从他的角度研读起大势来，因为我们俩看的是同一本书的同一页。这书由他拿着，举在我的眼前。他的头脑很清晰。我一旦接受了他的事实，很容易就得出了和他一致的结论。

他刚开始向我谈论棉花市场时，我不但看空，而且放空了不少。在逐渐开始接受他的事实和数据的同时，我也开始担心自己先前的立场来自于错误的信息。我当然不可能在有了这种感觉后还不去回补平仓。我平仓是因为托马斯使我认为自己错了，所以一旦平完之后，我就一定会做多。这是我的思维方式。你知道，我一生中除了交易股票和期货，其他什么都没干过。我很自然地认为，如果看空是错误的，那么看多就一定是正确的。而如果看多是正确的，那就有必要买进。就像我在棕榈滩的那位老朋友说帕特·赫恩常常说的那样，"你不赌就不知道！"我必须证明自己对市场的看法是对还是错，而证据只能是我的经纪商月底的结算报告。

我开始买进棉花，一眨眼的工夫就买够了通常的数量，大约6万包。这是我的操作生涯中最愚蠢的一次操作。我不是在自己观察和推断的基础上成功或者失败，我仅仅是在玩别人的游戏。蠢到了这种地步，后面收不住了那也是理所当然。我不但在并不看多的情况下买进了，而且没有按照经验去逐步加码买进。我的交易方式不对。因为听信他人，我自己乱了阵脚。

市场没有如我所愿。我在十分肯定自己的立场时，从未害怕或者不耐烦。可如果托马斯正确的话，那么市场就不该表现出这样的走势。在走错了第一步，又走错第二和第三步后，我自然完全被弄乱了。我不但容许别人说服自己不去承担亏损，而且还帮着托市。这种交易风格对我的本性来说完全是陌生的，而且违背我的交易原则和理论。即使还是投机行里的那个小男孩那会儿，我也要比现在头脑清楚。我已经不是自己了。我是另一个人，一个托马斯人。

我不但做多棉花，而且还有大量的小麦。小麦做得好极了，利润相当可观。我支撑棉花所付出的愚蠢的努力，使我的持仓量增加到了 15 万包。我可以告诉你，到了这时候，我的感觉已经不太好了。我这么说不是在为自己的大错准备借口，只是在中肯地陈述一个事实。我记得自己去海滨休息了一阵。

在那儿逗留期间，我思考了一下这次的交易。我觉得自己的投机规模过大。我平时并不胆小，但是这次我却觉得紧张，这使我决定减仓。要想这么做，我就得在棉花和小麦中选一个清掉。

让人似乎难以置信的是，像我这么了解这个游戏，又有 12 年还是 14 年的投机股票和期货经验的人，却做出了一个正好错误的决定。棉花正亏着，但我把它留下了；小麦正获利，我却把它清仓了。这是一次愚蠢至极的操作，我唯一能辩解的是，这其实不是我的交易，是托马斯的。在所有错误的投机操作中，很少有比想靠摊平来减少亏损的操作更愚蠢。我的棉花交易不久后就完全证明了这一点。卖掉亏损的，留着获利的，这是多么显然的一个明智的做法，而我对这种做法一向又是多么地熟悉，以致我现在都无法相信当时我怎么就做反了！

我就这么把小麦卖了，砍掉了自己的利润。脱手后，它的价格一口气涨了 20 美分。如果还留着它的话，我大概能获利 800 万美元。可是在决定把亏损的那个保留下来后，我又买进了更多的棉花！

我清清楚楚地记得自己是怎么天天买进更多棉花的。你知道我为什么要买进它吗？为了不让价格下来！如果这还算不上超级大傻的操作，还有什么能算？我根本是在往里面不停地砸钱，而这钱最终是要赔掉的。我的经纪商和亲近的朋友们都不能理解这一举动，到现在都不能。当然啦，如果这宗交易就此竟然有了转机的话，那我就真的会成为一个奇迹了。我接到过不止一个警告，要我不要太过依赖托马斯那出色的分析。可我没把它们放在心上，而是为了托盘继续买进棉花。我甚至还在利物浦的市场上买。在意识到自己的行为之前，我已经积累了 44 万包了。反应过来后，为时已晚。因

第十二章 心态决定了一切

此,我全部清仓。

我把所有在其他股票和期货上赚来的钱几乎全赔光了。虽然没有到一文不名的地步,可比起碰到我那聪明的朋友托马斯之前的几百万,我现在只剩下了几十万。像我这样的人,竟然违背了所有自己从经验中观察得来的成功法则,这岂是愚蠢足以形容的!

懂得了一个人能够毫无理由地做出愚蠢的事情,这是很有价值的一课。我花了几百万美元得知,对一名交易者来说,他的另一个危险的敌人就是,面对一个才智超群具有个性魅力的人的鼓动,失去了自我。不管怎么说,我总有种感觉,觉得只花 100 万的话,我也能把这一课学得很好。可命运女神不会总是让你来规定学费。她以当头棒喝对你完成教育之后,自己定下账单交给你。她知道不管多少钱,你都得付。在明白了自己能有多蠢之后,我结束了这次特别的意外交往。坡赛·托马斯在我的生活里消失了。

这就是我现在的情形,超过 9/10 的资金化为乌有,完蛋了。我百万富翁当了还不到一年。我赚这几百万的时候,是以头脑为主,运气为辅;亏掉的时候情况则正相反。我把自己那两艘游艇卖了,决定以后生活不要再那么奢侈。

但是,打击还不止于此,我倒了霉运,我先是生病,然后又急需 20 万现金。两三个月前这笔钱还根本不成问题,可现在就意味着几乎是我那飞速消失的财富仅剩下来的全部。我必须提供这笔钱,问题是:我从哪儿能得到它?我不想从自己在经纪商那儿的账户里取,因为如果这么做的话,我交易起来就没有多少保证金了;而我要尽快赢回那几百万的话,现在比任何时候都更需要交易资本。我只能看见一个选择,那就是从股票市场上取钱!

想想看吧!如果对普通证券公司里的一般股民了解够多的话,你就会同意我的看法,那就是,希望从股市上赚钱付账单,是导致华尔街上那些失败的最重要原因之一。如果你坚持这么做的话,那么你所有的钱就会一点一点消失。

事实就是如此。在哈丁的营业部里,有个冬天,一小群野心勃勃的人为了一件大衣花了三四万美元，可他们中没有一个能在活着时穿上它。事情是这样的。一个著名的场内交易员——此人是拿象征性年薪1美元的人之一，自那时起闻名世界——穿着一件海獭毛皮大衣来到交易所。那时毛皮的价格还没有高得上了天，那件皮大衣的价值只有1万美元。呃，哈丁营业部里一个叫鲍伯的人，决定去弄一件俄罗斯黑貂皮的。他在市里找到了一件，价格差不多一样，1万美元。

"见鬼，太贵了，"有个家伙表示反对。

"啊，不贵！不贵！"鲍伯喜气洋洋地说。"大约一个星期的薪水——除非你们这些家伙答应向本营业部最好的人致敬，把它当做一件微不足道但是真心诚意的礼物送给我。有人在发表赠礼演讲吗？没有？很好。我要让股市买给我！"

"你干嘛想要一件黑貂皮大衣？"哈丁问道。

"我这样的身高穿起来会特别好看，"鲍伯回答，挺直了身板。

"你刚才说你准备用什么来付账？"最爱追逐小道消息的墨菲问道。

"一次短期的高明投资，墨菲，用那个来付，"鲍伯答道，他知道墨菲只是想拿消息。

自然而然地，墨菲又问："你打算买进哪只股票？"

"你又错了，朋友。现在什么都不能买。我准备卖出5000股钢铁公司。它至少应该跌10个点。我只拿2.5个点就行了。够保守的，是吧？"

"你听到它的什么消息了？"墨菲急切地问道。他长得又高又瘦，一头黑发，脸上是一副饥饿的神情。这是因为他生怕错过行情，从来不出去吃午饭。

"我听说在我计划要得到的东西中，这件大衣是头一号。"他转向哈丁，说："哈丁，向市场上卖出5000股钢铁公司的普通股。就在今天，亲爱的！"

他是个赌徒，就是鲍伯，而且喜欢夸张幽默的谈吐，这是他用来让全世界知道他的意志不可动摇的方式。他卖出了5000股钢铁公司，而这股票立刻就涨了上去。他实际上比谈话中表现出来的自负愚蠢起码要聪明上一半，立刻就在亏了1.5个点的时候止损了。他向营业部的人承认，说纽约气候温和，不适宜穿皮大衣；再说，皮大衣既不利于健康，看着也嫌俗气。其他人听了不免冷嘲热讽起来。可不久其中一人就买进了一些联合太平洋铁路的股票，指望能把那件衣服买过来。结果此人赔了1.8万美元，还说黑貂皮挺适合让女人用来镶在披肩上的，但是镶在内里让一个低调睿智的男人穿，就不大合适了。

这之后，其他的人就接二连三想试着让股市帮他们买下这件大衣。有一天，我说为了不让这间营业部破产，我准备去把它买下来。可他们都说那样不够刺激，说如果我自己想要那件大衣，我就应该让股市给我买。可哈丁极力支持我的想法，于是当天下午我就去了那个毛皮商那儿。我得知，一个从芝加哥来的人在一周前已经把它买走了。

这只是一个例子。在华尔街上，想让股市为他们的汽车，或者手镯，或者摩托艇，或者油画付账的人，没有一个不赔钱的。吝啬的股市拒绝为之付款的这些生日礼物，足够我建起一座大医院了。事实上，华尔街所有的衰神里面，我认为，想诱使股市成为一名慈善仙女的决心，是其中最忙碌也最常出现的一个。

像所有被证实了的衰神一样，这一个的存在也是有理由的。一个人在打算让市场为他突如其来的需要付账时，会做什么？是的，他只能希望。如果是明智的投机，那么他会相应地去冷静研究市场的基本条件，并在此基础上形成理性的想法或者立场。可他是在赌博，因此他的风险要大得多。首先，他在追逐一笔快速利润。他等不起。就算万一市场对他不错，好处也必须立竿见影。他自以为是，认为自己下的不过是一个等额赌注(利润等于本金的一种赌注。例如，用100块钱下赌，赢之后连本金是200块——译者注)而已，并不多要，因为他准备很快就跑，比方说，他只希望赚两个点的利润，那么他就会在亏两个点时止损。他抱着一种谬论，认为自己只有一半的风险。我知道这种交易使很多人赔了数千美元，尤其是那些在牛市的高位刚刚买入，就面对回落的情况。交易肯定不是这样的。

呃，我在操盘手的生涯中所犯的这个最登峰造极的错误成了我的最后一根稻草。它把我打垮了。那笔棉花交易后所剩无几的钱也被我赔掉了。它对我的危害还不止于此，因为我继续不停地交易和亏损，我固执地认为，股市到头来必然会让我赚到钱。可我只看到我的资金到头了。我开始借债，不但从我主要的经纪商那儿，还从那些并不要求我有足够的保证金的其他经纪商那儿。我不但借债了，而且从此债务缠身。

第十三章　要用自己的钱交易

好了，我再次一文不名，这很糟糕；而我的交易错得不能再错，这一点更为糟糕。我恶心，紧张，沮丧，没法儿冷静思考；也就是说，我陷入了一种任何投机者在交易时都不该具有的精神状态中。我的每件事情都做错了。实际上，我都开始认为自己无法恢复均衡的思维了。在习惯了大规模的操作——比如说，股票超过10万股后，我害怕自己在小笔交易中不能做出清醒的判断了。当你交易的股票只有100股时，操作得对不对似乎没什么要紧的了。在养成以大规模的交易获取大笔利润的嗜好之后，我不能肯定自己还懂不懂如何从小笔交易中获利。这种手无寸铁的感觉，我都没法儿向你形容。

山穷水尽，而没有采取猛烈攻势的能力；负债累累，而错误连连！在那么多年的成功之后，在从为更大的成功铺就道路的错误中锻炼出来之后，我现在的情形比当初在投机行起步时还要糟。在股票投机上我有丰富的知识，可对于人性弱点，我的知识还很不够。没有什么头脑像机器那样，能让你指望它在任何时候都以同样的高效率运作。我现在知道了，我不能指望自己任何时候都不会受到人和厄运的一点儿影响。

资金上的亏损对我向来从无困扰。可其他的问题会，而且正困扰着我。我仔仔细细地研究这场灾难，那些愚蠢之处自然就不难看到。具体的时间和位置我都瞧得清清楚楚。在投机市场上，如果一个人想做好交易，就必须要对自己有彻底的了解。而要知道自己在出错时能做些什么，这对我来说要经过一段长时间的教育。有时候我会认为，投机者为了学会如何不致昏头所付的学费，怎样高都不算贵。许许多才智卓越的人的破产，就可以追溯到那颗昏了的脑袋——任何人在任何地方都可能患的一种昂贵的疾病,但以华尔街上的投机者为最。

我在这种感觉下,待在纽约很不愉快。我不想交易,因为我还不适合交易。我决定离开,去其他地方找笔资金。换个地方能帮助我再次找回自己,我想。因此,我再度离开了纽约,被投机这个游戏打得垂头丧气。而我在各个经纪商那儿的债务超过了10万美元,因此情况比破产其实还糟。

我去了芝加哥,在那儿弄了笔钱。数目并不太大,可那仅仅说明了我只需再多一点儿时间,就能赢回自己的财富了。我以前做过交易的一家经纪商对我作为一名操盘手的能力毫不怀疑,他们愿意证明这一点,因此容许我在他们的营业部里小规模地交易。

我开始得非常保守。我不知道如果一直留在那儿,我能有多少进展。我在芝加哥的逗留,被我的职业生涯中最非凡的经验之一打断了。那是一个让人几乎难以置信的故事。

有一天我接到一份卢修斯·塔克发来的电报。我认识他的时候,他还是一家股票交易公司办公室经理,我有时会给那家公司一些业务,不过后来就和他失去了联系。电报上说:

即来纽约。

卢·塔克上

我知道他从我们共同的朋友那儿了解到了我的经历,因此他肯定有什么锦囊妙计。可这时候我没有闲钱可以挥霍在一次不必要的纽约之行上,因此我没有照他说的那么做,而是给他挂了一个长途电话。

"我接到你的电报了,"我说。"那是什么意思啊?"

"意思是纽约有个大银行家想要见你,"他回答说。

"是谁?"我问。我想不出会是谁。

"你来纽约了我再告诉你。否则没必要。"

"你说他想见我?"

"是的。"

第十三章　要用自己的钱交易

"关于什么事情？"

"如果你给他机会，他会亲自告诉你，"卢修斯说道。

"你就不能写信告诉我？"

"不能。"

"那就简单说些，"我说。

"我不愿意。"

"听着，卢修斯，"我说，"就告诉我这个：不会白跑吧？"

"当然不会。你来是对你有好处。"

"你就不能给我透点儿风吗？"

"不能，"他说。"不然对他不公平。再说，我也不知道他到底有多想帮你。不过听我一句：来吧，要快。"

"你肯定他想见的是我？"

"只有你行。我告诉你，你最好来。电报给我你的车次，我在车站接你。"

"很好，"我说着，挂断了电话。

这么神神秘秘的，我不怎么喜欢。不过我知道卢修斯是好意，这么做必然有他的理由。我在芝加哥的进展还没有好到离开它会心碎的地步，以现在的速度，我要想攒够资金，恢复到以前那样的大规模操作，且得有一阵子呢。

我回到了纽约，不知道等待我的会是什么。其实，在途中我不止一次地担心这会是一场空，会白白浪费了我的车钱和时间。我不可能猜到，迎接我的是我整个生命中最古怪的一次经历。

卢修斯在车站和我见了面，二话没说就告诉我，他叫我来，是出于丹尼尔·威廉穆森先生的紧急要求，这位先生所在的公司就是那家著名的威廉穆森－布朗股票交易公司。他要卢修斯告诉我，他有一个对我很有好处的提议，相信我一定会接受。卢修斯发誓说他不知道提议的内容。不过，这个公司的性质决定了他不会对我提出不合理的要求。

丹尼尔·威廉穆森是这个公司的资深合伙人。这家公司创始人是艾格伯特·威廉穆森，成立于20世纪70年代。公司里没有布朗这个人，好多年内都没有这么一个人。在丹尼尔父亲主持的时候，这家公司赫赫有名；丹尼尔继承了相当可观的一笔财产，不怎么接外面的业务。他们有一个客户，那人一个可以抵得过上百个普通客户，此人就是丹尼尔的妻舅阿尔文·马奎德，他此外还是十几家银行和信托公司的董事，是庞大的切萨皮克大西洋铁路系统的总裁。他在铁路王国中是继詹姆斯·希尔之后最醒目的人物，也是人称道森帮的那个实力强大的银行圈的发言人和主要成员。他的身家在5 000万至5亿美元之间，就看说话的人怎么估算了。他死后，人们发现他有2.5亿美元的财产，全是从华尔街上赚来的。这就你明白了，他是怎样一个客户！

卢修斯告诉我，他刚从威廉穆森-布朗公司那儿接受了一份工作，非常适合他。他的工作似乎是促进常规业务的流通和发展。公司在开发普通的经纪业务，卢修斯劝说威廉穆森先生设立了两个分部，一个在大酒店集中的城中心，另一个在芝加哥。我据此猜想他们大概会在后者给我一个职位，很可能是营业部经理，这种工作我是不会接受的。我没有责备卢修斯，觉得最好等他们提出来后再拒绝。

卢修斯把我带进了威廉穆森先生的私人办公室，把我介绍给了他的上司，然后急匆匆地离开了房间，像是要避免在一个他认识双方的场合中做见证人似的。我准备倾听，然后说不。

威廉穆森先生令人非常愉快。他是一位十足的绅士，风度优雅，笑容可掬。我看得出，他很容易和人交上朋友，并且维持友谊。为什么不呢？他很健康，因此脾气很好；他有许许多多的钱，因此人家不会怀疑他有卑鄙的动机。这些因素，再加上他所获的教育和社会背景，使他很容易表现得不但礼貌，而且友好。不但友好，而且乐于助人。

我没有开口。没什么可说的，再说，我一向都是在开口前先让对方把话说完。有人告诉我，过世的国家城市银行总裁詹姆斯·斯第尔曼——顺便提一下，他是威廉穆森的亲密朋友——面对任何向

第十三章　要用自己的钱交易

他呈现商业计划的人,都习惯性地在倾听时面无表情,一言不发。那人说完后,斯第尔曼先生会继续看着他,仿佛还在等他说。结果那人就会觉得很有必要再多说些,就又说了。仅仅是倾听和看着对方,斯第尔曼就经常能使那人给出对银行有利的条件,这些条件甚至比他自己打算在开口时所要求的还要好。

我保持缄默并不只是在诱使人家开出更好的条件,而是因为我想了解一件事情的方方面面。让人把话全都说完,你就可以马上做出决定。这是一种极好的节约时间的方式,它避免了无谓的辩论和长时间的讨论。几乎所有放在我面前,涉及到我是否加入的商业提议,我都能用一个"同意"或者"不同意"来做结论。可除非我对摆在面前的提议有彻底的了解,否则我就没法说"同意"还是"不同意"。

威廉穆森说,我听。他告诉我,他听说过许多我在股票市场上的操作,为我抛弃了自己的特长,在棉花上栽了跟头感到非常遗憾。然而,正是因为我的霉运,他才有幸能和我见面。他认为,我的专长是股票,我天生就是做股票的,不应该离开它。

"这就是原因,利文斯顿先生,"他愉快地做了结论,"我们希望和你做生意的原因。"

"怎么做生意?"我问他。

"做你的经纪商,"他说。"我的公司想要你的股票业务。"

"我也想把它给你,"我说。"可是我不能。"

"为什么不能?"他问。

"我没资金,"我回答。

"这个没问题,"他友好地笑着说。"我来提供。"他取出一本支票,开了一张2.5万美元的支票,抬头写我的名字,然后递给我。

"这是干嘛?"我问。

"给你拿去存在自己的银行户头里,你就可以自己取用了。我想要你在我们的营业部里做交易。我不在乎你是输还是赢。这些钱如果用完了,我会再给你开一张个人支票。所以,对这张你不必太过在意。明白吗？"

我清楚这家公司发达兴旺，极其有钱，根本不会需要任何人的业务，更不至于要为人提供保证金。而且他提供的方式又是那么友好！他不是以公司的名义给我一笔信用贷款，而是实实在在给了我一笔现金，这样就只有他一个人知道这钱是哪儿来的了，而所有的条件却只不过是要我通过他的公司做交易而已。更何况他还保证，说如果这笔钱没了，还会再给！没说的，其中必有原因。

"为什么要这么做？"我问他。

"原因很简单。我们想为这间营业部找一个客户，一个以交易活跃著称的大操盘手。所有的人都知道你做空的规模很大，这也正是你身上我最喜欢的地方。你以赌徒著称。"

"我还是不明白，"我说。

"我要坦率地告诉你，利文斯顿先生。我们有两三个非常有钱的客户，他们买卖股票的规模很大。我不想让华尔街在每次我们这儿卖出一两万不管什么股票时，都疑心他们在抛出多头股票。华尔街知道你在我们这儿交易后，就判断不出到底是你在做空，还是其他人在抛出多头股票了。"

我立刻明白了。他想利用我做空的名声为他妻舅的操作打掩护！我碰巧在一年半前，以做空赚到了有生以来最大的一笔钱。当然啦，这使华尔街上说闲话的人和那些愚蠢的造谣者养成了一种习惯，每逢股价下跌，就必然埋怨到我的头上。时至今日，在股市疲软的时候，他们还会说，是我在打压。

我没必要考虑就一眼看出，威廉穆森正在向我提供一个东山再起，并且是迅速东山再起的机会。我接过支票，存入银行，在他们公司里开了个账户，开始交易。股市很活跃，整体情况都不错，有足够的选择可以让人不必只盯着一两只特别的股票。正如我前面说过的，我原来已经开始害怕，怕自己丧失了准确击中的能力。可似乎我并没有。三个星期内，我就用威廉穆森借给我的2.5万美元赚了12万。

第十三章　要用自己的钱交易

我找到他，说："我来还给你那 2.5 万美元。"

"不，不！"他说着，挥着手要我走开，就好像我端给他的是一杯掺了蓖麻油的鸡尾酒。"不，不，我的孩子。等你账上的钱到了一定数目再说吧。先别想着这个，你现在只挣了一些零钱而已。"

在此我犯了一个错误，它给我带来的悔恨超过了我在华尔街生涯中所犯的其他任何错误，使我在好多年内都痛苦不已，意志消沉。我应该坚持让他把钱拿回去的。摆在我前方的财富比我损失掉的那笔还要多，而我正以相当快的速度向它接近。三个星期来，我每星期的平均利润回报率多达 150%，自此，我将会在规模稳定增长的基础上交易。可我没有把自己从所有的义务中解脱出来，而是由着他，没有强迫他接受那 2.5 万美元。既然他没有抽回那 2.5 万美元，那么我当然也就不觉得自己能够心安理得地取回自己的利润。我非常感激他，但是实在不想欠任何钱或者人情。钱我可以用钱来偿还，可是人情和善意我则必须以同等回报——你很容易就能发现，这些道德义务的价格有时候非常昂贵。更何况，它们没有限度。

我没去动那些钱，继续交易。我的进展相当不错，判断力正在恢复，我确信不用多长时间我就能赶上自己在 1907 年时的步伐。一旦达到了那个水平，我所要求的就只是希望股市能再多坚持一会儿，那我就不会是仅仅挽回损失而已了。不过我对赚没赚到钱想得并不怎么多，使我高兴的是，我不再习惯于犯错和失去自我了。这两点几个月来一直蹂躏着我，但是我吸取教训了。

就在这时，我转向看空，开始卖空几只铁路股票。其中就有切萨皮克大西洋铁路。我想这只股票我卖空了大约有 8000 股。

一天早晨，我到营业部后，威廉穆森在股市开盘前把我叫进了他的私人办公室，说："拉瑞，现在千万别碰切萨皮克大西洋铁路。卖出那 8000 股是你的一步臭棋，今天早上我在伦敦帮你平掉了，又做了多。"

我确信切萨皮克大西洋铁路要下跌。大盘明明白白地这么对我说。另外，我对整个市场看空，虽然没有到强烈或者疯狂的地步，但是看空的程度足以使我放心地卖空一笔适量的股票。我对威廉穆森说："你干嘛这么做？我看空整个市场，它们全都得跌。"

可他摇了摇头，说："我这么做，是因为我正好知道一些关于它的事，而那些是你不知道的。我建议你不要卖空那只股票，直到我告诉没危险时再那么做。"

我该怎么办呢？这并不是一个愚蠢的小道消息，它是这只股票董事会主席的妻舅给出的建议。威廉穆森不仅仅是马奎德最好的朋友，而且对我一直都非常慷慨友善。他对我表现出了极大的信任，对我的话也深信不疑。我对此无以为谢。就这样，我的情感再次压倒了理智，我做出了让步。使自己的判断屈服于他的愿望，这导致了我的失败。一个有品行的人不可能没有感激之心，但却应该避免被此完全束缚。我知道的第一件事情就是，我不但赔光了所有的利润，而且还另外欠公司15万美元。我对此感觉很糟，但是威廉穆森叫我不用担心。

"我会把你从这个坑里拉出来的，"他保证道。"我知道我会的，不过必须要有你的配合。你得停止独立操作。我不可能一边为你干活，一边让你把我干完的活全部返工。你就休息一段时间，给我一个为你赚钱的机会。行么，拉瑞？"

我又得问你了：我该怎么办呢？我想到他的好心，就做不出任何可能被认为是不识好歹的事情。我渐渐地喜欢上他了。他令人愉快，也非常友好。我记得自己从他那儿得到的全是鼓励。他不停地向我保证一切都会没问题的。有一天，可能是6个月后，他乐滋滋地来找我，递给我几张信用单。

"我告诉过你我会把从那个坑里拉出来的，"他说，"这不出来了。"然后我发现，他不仅把我的债务全抹掉了，另外还留了一小笔资金。

我觉得自己不费什么力气就能让这笔钱增长起来，因为股市现在情况不错。可他对我说："我帮你买进了1万股南大西洋铁路的股票。"这是他的妻舅马奎德控制的另一条铁路，此人决定着

第十三章 要用自己的钱交易

这只股票在股市中的命运。

当一个人帮你帮到了威廉穆森这个地步，你除了"谢谢"，也就无话可说了——无论你自己对市场持何种看法。你也许确信自己是正确的，可就像帕特·赫恩常说的，"你不赌就不知道！"而威廉穆森已经为我下了赌——用他的钱。

呃，南大西洋跌了，而且一直维持在低价位，我亏了。威廉穆森为我清仓后，那1万股让我亏了多少，我忘了。我欠他的比以往任何时候都要多。可你一辈子也不会见到一个比他更好或者更不缠人的债主。从未听他有一句怨言，反而总是鼓励的话语，劝告你不要把它放在心上。到最后，这些亏损被他以同样慷慨而神秘的方式为我抹平了。

细节如何他从来不提。都是账上的往来。威廉穆森只是简单地对我说："我们用另外一宗交易的利润把你南大西洋的亏损补平了，"然后他就会告诉我，他是如何卖出另外某只股票的7500股，如何赚到了一笔不错的利润。我可以老实告诉你，在他们通知我说债务已经被抹掉之前，对自己的那些交易，我一无所知。

这样的事情发生过几次后，我开始思考，我得从另外一个不同的角度来审视自己的情况。我终于恍然大悟。很简单，我被威廉穆森利用了。一想到这个我就非常生气，但是让我更加生气的是自己没有更快地明白过来。我在心里把整件事情过了一遍后，立刻就去找威廉穆森了。我告诉他，我和这公司之间的一切都结束了，我退出威廉穆森-布朗公司。我没有对他和他的合伙人进行任何指责。那对我有什么好处呢？不过我要承认我很恼火，对自己，同样也对这家公司。

钱上面的亏损没有困扰我。每当我在股市上亏钱时，都会认为学到了一些东西。如果亏钱能让我得到一些经验的话，那么所亏的钱其实只是交了学费。一个人必须得有经验，也必须为此付费。可是我在丹尼尔·威廉穆森的公司所得来的经验中，有某种东西极大地伤害了我，那就是大好时机的丧失。失去钱对一个人来说没什么，他可以再赚回来，但是我当时拥有的那些机会却不是每天都有的。

股市，你看，一直都情况良好。我是正确的，我的意思是，我分析它分析得很准。赚数百万美元的机会就在那儿，可我放任自己的感激之心去干涉自己的操作，把自己的手给捆起来了。我不得不去做威廉穆森出于善意希望我去做的事。总体而言，这比和一名亲戚做事还要令人不满。坏事一桩！

这还不算最糟糕的。最糟糕的是，实际上我在这之后就没有赚大钱的机会了。股市清淡了起来。事情在恶化。我不仅把自己的所有全部赔光，而且再次背上了债务——比任何时候都多。那是漫长而贫瘠的年代，1911年、1912年、1913年和1914年。无钱可赚。根本就没有机会。因而我陷入了从未有过的窘境。

失败没有什么可难过的，只要它不会让你想到本来应有的动人前景。但这正是我无法控制自己不去想的，当然就会使我更加心神不宁了。我懂得了，一个投机者易犯的弱点几乎数不胜数。我在威廉穆森营业部里的所做所为，作为一个人来说，是无可挑剔的；但是作为一名投机者，不管在是什么想法的影响下违背自己的判断去操作，都是不适当和不明智的。义不容辞——但不能表现在股票市场上，因为大盘并没有绅士风度，更不会以忠心报答你。我意识到自己当时也不可能有另外的做法。我不可能因为想做股票，就去改变自己的为人。可生意就是生意，作为一名投机者，我得坚持自己的判断。

这是一次很奇怪的经验。我来告诉你我认为发生了些什么。丹尼尔·威廉穆森在第一次见到我时，对我说的话绝对是真心诚意的。他的公司每次不管做了点儿什么股票，华尔街都会下结论，说是马奎德在买进或者卖出。此人是这公司的大客户，这一点毫无疑问，他所有的交易都给了这家公司。而且他还是华尔街有史以来最好也是最大的操盘手之一。呃，我被用来当烟幕弹，尤其是在马奎德抛出股票的时候。

我进公司后不久，马奎德就染病在床。他的病很早就被诊断为

第十三章　要用自己的钱交易

不治之症，这一点威廉穆森自然比马奎德本人要知道得早得多，这就是他之所以把我的切萨皮克大西洋股票平仓的原因。他开始着手清理妻舅投机持有的那只股票，还有其他的一些股票。

当然，马奎德死后，他的投机和半投机的财产都必须进行清理兑现，那个时候，我们正好碰上了一个熊市。威廉穆森通过那种方式把我的手脚束缚住，帮了他们一个大忙。我说自己是个交易量非常大的操盘手，并且对市场的判断绝对正确时，并不是要吹嘘自己。我知道威廉穆森对我在1907年熊市中的成功操作记忆犹新，我逍遥在外对他是个极大的风险，他冒不起这个险。没说的，如果我当时坚持按照自己的判断，赚到的钱就太多了，到他想清理兑现马奎德的那部分资产时，我的交易规模就会已经达到几十万股。作为一名活跃的空头，我会使马奎德的继承人遭受数百万美元的损失，而他只留下了的两亿多一点儿的美元。

对他们来说，与其让我在其他什么营业部里活跃地做空，不如让我背上债务。即使替我还债，也要便宜得多。而如果不是因为感情因素，放空正是我原本决定要做的事情。我无法在道义上对威廉穆森有所亏欠。

我一直都把这件事情看做是自己的股票交易生涯中最有趣也是最不幸的一次经历。作为一个教训，它使我为之付出的价钱高得不成比例。它把我东山再起的时间拖后了好几年。我还年轻，有足够的时间和耐心等待那消失的数百万再回身边。但是对一个窘境中的人来说，5年是一段漫长的岁月。无论对于年轻人还是老人，贫穷都不会是什么津津有味的事情。没有游艇比没有市场让我卷土重来要容易忍受得多。一生中最大的一次机会拿着我丢失的那个钱包站在我的面前，而我无法伸出手去够它。好厉害的家伙，那个丹尼尔·威廉穆森，非常精明，很有远见，而且伶俐大胆。他是个思想者，而且有想象力，能够洞察出任何人性中的脆弱之处，并且还能无情地计划予以利用。他做了自己的作业，很快就谋划出对付我的招数，使我在股市中的负作用完全消失。他这么设计我并不是为了钱。相反,在钱上面他显然极其大方。他只是爱他的姐姐,马奎德夫人,而且在觉得责无旁贷时,尽到了自己的职责。

第十四章　要注意警告讯号，
大势不会突然转变

我一直耿耿于怀的是，在离开威廉穆森－布朗公司后，自己就陷入了一段漫长的无钱可挣的日子。那是收成极为贫瘠的四年，一分钱都赚不到。就像比利·亨瑞奎兹说的那样："这种股市，即使黄鼠狼的屁也弄不出味儿来。"

看上去我好像遭到了命运的责难。这也许是上帝意欲给我的一个教训。不过说真的，我还没自负到认领这个挫折的地步。作为一名交易者，我既没有犯下任何必须对债务人有所补偿的罪过，也没有像个典型的傻瓜那样操作。我所做的，或者不如说，我所没有做的事情，在华尔街以外的地方都会为我赢来赞扬，而不是埋怨。可在华尔街，这些行为就是荒谬的，要为此付出昂贵的代价。这事最最糟糕的地方在于，它使人不由觉得，在这个领域内，最好去掉点儿人情味。

我离开了威廉穆森的公司后，试了试其他的经纪公司，每个地方我都赔钱。这是我活该，因为我在强迫股市给我它没必要给的东西，即赚钱的机会。我在信用贷款上没有遇到任何麻烦，因为认识我的人对我都有信心。我告诉你一件事，你就能看出他们的信心强到什么程度了：我最终停止贷款交易时，所欠款项已经远超过100万。

这里的问题并不在于我失去了抓住机会的能力，而是在那不幸的4年里，赚钱的机会根本就不存在。可是我就是不放弃，仍然想努力赚些资本，最终却只是增长了债务。我不想再继续亏欠朋友们更多的钱了，就停止了自己的交易。这之后，我以帮别人操盘来谋生。这些人信任我对这市场的了解，认为即使在熊市我也能赚到钱。我的酬劳是从所得利润中抽成——如果真有利润的话。这就是我怎么生活的，呃，应该说，是怎么维持生计的。

当然，我并不是总在亏钱，可我也从来没有赚到可以使自己的债务有所减少的地步。终于，随着事态的进一步恶化，我有生以来第一次开始感觉到气馁。

我似乎事事不顺。可从身价百万拥有豪华游艇，沦落到债务缠身生活俭朴，这种落差并没有使我悲叹。我不喜欢这种情形，但也没有满怀自怜。我不打算耐心坐等时间和上帝来结束我的困境，因此开始研究自己所面临的问题。事态很明显，摆脱麻烦的唯一途径是赚钱。要赚到钱，我所需的仅仅是成功的交易。我以前这样交易过，现在必须再来一次。我曾在过去不止一次地把小钱变成了大钱。市场迟早会再一次向我提供机会的。

我说服自己，千错万错都是我的错，与市场无关。那么，目前自己身上存在的问题是什么呢？我以自己研究交易问题的各个阶段时一贯持有的态度提出了这个问题。我冷静地思考，最后得出了结论：我的主要问题是过于担心自己所欠下的债务了。这种心理上的不安我一刻也没有摆脱过。我必须跟你解释一下，这不仅仅是负债带来的良心问题。任何商人在正常运作业务时都会负债。我的大部分债务实际上算不得什么，不过是些条件不利时背上的普通商业债务，比起一个生意人在罕有的一段长期不景气中遭受到的损失，我的情况并不会更糟。

当然了，时间在流逝，我却一分钱也还不出，对债务我就开始没那么看得开了。让我说明一下：我的欠款超过了100万美元——记住，全是赔在股市的。我的大部分债主都很友好，并没有为难我，不过有两个人却让我很不舒服。我走哪儿，他们常常就跟到哪儿。每次我赚了钱的时候，他们总是适时出现，想知道具体数目，并且坚持立刻要把自己的那份拿走。其中之一，我欠了他800美元，他还威胁要起诉我，要封了我的家具，等等。我一直想不通他为什么会认为我在隐瞒财产，除非是因为我看上去实在太不像个快

第十四章　要注意警告讯号，大势不会突然转变

要死于贫困的无业游民。

研究这个问题时，我看了出来，其中的关键并不在于把握行情，而是把握自己。我相当冷静地得出了结论：只要我担着心，那么就无法取得任何有用的成就；而同样明显的是，只要我还欠着钱，就势必会忧心忡忡。我的意思是，在我积累到一笔像样的本金前，只要债主有坚持要我还债的权利，就势必会困扰或者干涉我的东山再起。这个事实如此明显，我对自己说："我一定得申请破产。"除此之外，还有什么能解除我精神上的包袱呢？

这听上去既容易又理性，不是吗？可这岂止是令人不愉快而已，我可以告诉你，我痛恨这么干。我痛恨把自己放在一个被人误解或者误会的位置。我自己对钱向来不在意。我从来没有把它看重到认为值得为它撒一阵子谎的地步。可我知道，别人不是那么认为的。当然，我也知道，如果我重新站了起来，我会偿还每一个人，会履行所有未完成的义务。可如果我不能够用老办法交易，我就永远无法付清那百万债务。

我鼓起勇气，去见自己的债主们。对我来说，这是一件极其困难的事情，因为说到底，他们中的大部分人都是私人朋友和老熟人。

我向他们相当坦率地解释了目前的状况。我说："我要走这一步的原因并不是不想还你们的钱了，而是因为，为了同时对你们还有我自己公平起见，我必须处于一个能够赚钱的位置上。这个解决办法我断断续续地思考了两年多，却根本没有勇气如此坦率地告诉你们。如果我早这么做的话，对我们所有人绝对会更好。千言万语就是这句话：在这些债务的骚扰和打击下，我根本没法保持原来的那个自己。我现在决定要做的其实一年前就应该做了。除了刚才给出的那个理由，我没有其他的任何理由了。"

第一个人说的话表达出了所有人的心声。他代表他的公司表态。"利文斯顿，"他说，"我们理解。我们完全能明白你的状态。我告诉你我们会怎么办：我们放你走。让你的律师照你的意思准备好文件吧，我们会签名的。"

这基本上就是我所有的大债主的意思。这是华尔街向你展露的另一面。它不仅仅是慷慨大度的美好天性或者一种公平的精神，还是一个极为明智的决定。因为很清楚，这是一桩好生意。对于其中的美德和商业智慧，我都很感激。

这些债权人免除了我超过 100 万美元的债务。不过有两个小额债主不愿意签名。其中一个就是我前面提过的那个 800 美元。我还欠了一个经纪公司 6 万美元。这公司破了产，那些债权人不了解我的底细，从早到晚地盯着我。即使他们有意跟随我那些最大的债权人做下的榜样，我认为法院也不会让他们签名。总之，我的破产一案中所涉债务只有大约 10 万美元，尽管，正如我前面说的，我所欠远超过 100 万美元。

报纸上的新闻让人看了极其不快。我以前的债务总是全额付清，这种新经验令我极为羞愧。我知道自己只要活着，就终会偿还所有的人，可读那篇文章的人并不知道这一点。我看了报纸上的报道后，惭愧地出不了门。不过这些感觉很快就消失了，在知道自己不再会受到那些人的骚扰后，我简直说不出那种如释重负的感觉是多么强烈！那些人不理解，一个人如果想要在股票投机市场上获得成功的话，是多么需要全心全意地投入。

现在我身心自由，从事交易时也可以怀有成功的希望了。没有了债务的困扰，我的下一步，就是获取一笔本金。1914 年，纽约股票交易所从 7 月 31 日到 12 月中旬期间关闭，整个华尔街一派萧瑟。很长时间内，没有任何可做的事情。我已经对所有的朋友有所亏欠了，可不能因为他们一直对我这么和气友好而去再次要求他们的帮助。况且我知道，也没人有多少能力帮助别人。

而要弄到一笔过得去的本钱是件极为困难的任务。因为交易所关闭，没有经纪商能帮得上我。我试了几个地方。没用。

终于，我去见了威廉穆森。那是 1915 年的 2 月。我告诉他，我摆脱了债务带来的精神上的负担，已经恢复到了以前的状态准备交易。你还记得，以前他曾在我没有要求时，主动塞给我 2.5 万美

第十四章　要注意警告讯号，大势不会突然转变

元用的事吧？

现在我需要他时，他说："如果你看见什么好的了，想买个 500 股，那就尽管买下，没问题。"

我谢完他，就走了。他曾经破了我赚大钱的机会，而且他的公司从我身上捞了不少佣金。我承认，在想到威廉穆森公司并没有给自己一笔像样的本钱时，我心里很恼火。我打算一开始的时候先保守交易。如果我的持仓量能比 500 股多一点的话，那我的财力就能恢复得更快些，更容易些。可是，不管怎么样吧，我意识到，尽管情况如此，那也是我东山再起的机会。

我离开了威廉穆森的办公室，对形势做了一个大体上的研究，重点分析了自己的问题。现在是牛市。这一点很明显，不只我，其他数以千计的交易者也都能看出来。可我的本钱只能做一个 500 股的单子。就是说，我没什么活动余地，完全被限制住了。开始时的任何挫折都是我承受不起的。我必须用第一笔交易来筹集自己的资金。这第一笔 500 股的单子只能赢不能亏。我必须赚到像样的钱。我明白，除非自己有足够的交易资金，不然我的判断就无法明智。交易时的冷静和理智，来自于能够承受轻微亏损的能力，比如我以前在做大笔交易前，在测试市场时常常会有少许亏损。在没有充足的保证金的情况下，要保持这种冷静和理智是不可能的。

我现在回想一下，发现那时自己正处在我的投机生涯中最危机的一刻。如果我这次失败了，那就说不准何时何地，如果还有这个可能的话，我才能再得到一笔钱再试一次了。事态很清楚，我必须等待最佳心理时机。

我没有走近过威廉穆森的公司。我的意思是，在 6 个漫长的星期内，我故意远离他们，踏踏实实地分析行情。我害怕自己在明知可以买进 500 股的情况下，去了那里会经受不住诱惑，结果在错误的时机交易，或者交易了错误的股票。一个交易者，除了要研究基本形势，牢记市场先例，时刻观察外界公众心理，以及把自己的经纪商的限制铭记于心外，还必须认识自己，提防控制自己的弱点。

没必要为自己是人类而感到愤怒。我已经体会到，知道如何分析自己，和知道如何分析行情一样必要。自己在心血来潮或者不可避免的诱惑前会做出的举动，对我来说就像农作物情况或者一份收益报告，我以同样的心态去对它进行研究和评估。

就这样，一天又一天，我身无分文，怀着想重新交易的焦急心情，坐在另一家经纪商营业厅里的一块行情板前。在那儿，我连1股都没法买进或者卖出。我研究着股市，不放过行情中的任何一次交易，密切注意着吹响全速前进号角的最佳时机。

出于全世界都知道的原因，在1915年初那段关键的日子里，我最看好的那只股票是伯利恒钢铁公司。尽管我心里肯定它会涨，可为了确保第一次出手就赢，我还是决定等待它突破面值100。

我记得告诉过你，我的经验是，无论是100或者200还是300，一只股票一旦突破了这一关，就几乎总会继续上涨30到50个点——破300大关的要比破200或者100大关的涨得快。我的首批大动作之一是安纳康达公司，是在它过200时买进的，一天后以260卖出。在股价刚突破面值后买进，我的这一手法可以追溯回我早期的投机行时代。这是一条很老的交易规则。

你可以想象，我多么强烈地想恢复到以前的交易规模。我满心渴望着开始交易，其他什么都不想。不过我控制着自己。我看见伯利恒在往上爬，每天都爬得更高了点，和我预计的一点儿不差。然而，我极力控制着自己跑到威廉穆森公司，买下500股的冲动。我知道，我必须使自己第一次行动在最大限度上确定无疑地赢。

每涨一点就意味着500美元从我的眼前飘过。起先上涨的10点本来能够使我逐步加码，如果那样做了的话，也许现在就不只是500股，而是能够有1000股了。那样，每一点就能为我赚来1000美元！可我坐得稳稳当当的，不去听自己那大声疾呼的希望和吵吵嚷嚷的信心，只留心细听着经验那沉稳的声音和常识的告诫。一旦聚集起一笔像样的资金后，我就能承受冒险了。可在没有资金的情况下，冒风险，即使是最小的风险，对我来说也绝对是奢侈的，是

第十四章 要注意警告讯号，大势不会突然转变

在我能力之外的。6个星期的耐心等候，最终，常识战胜了贪婪和希望！

这股票涨到90时，我真的要开始吐血擦汗了。我这么看却没买进，想想吧，有多少钱我没去赚！呃，到了98时，我对自己说："伯利恒要突破100了，突破时，屋顶一定都会被掀掉！"行情记录也再明白不过地表明了同样的观点。实际上，它简直在用麦克风喊。我告诉你，在行情播报器还只是在打下"98"时，我的眼中看到的已经是"100"了。我知道，这不是我的希望或者愿望在报价，而是我的看盘直觉发出的断言。因此我对自己说："我不能再等到它突破100了。我必须现在就买进。这和突破大关没什么两样。"

我跑到威廉穆森的营业厅，下单买进了500股伯利恒钢铁公司。那时的市场价是98。我的成交价在98到99之间。这之后，它迅速上冲，那天晚上收在了114还是115。我又买进了500股。

第二天，伯利恒到了145，我有资金了，这是我应得的。那等待适当时机的6个星期，是我最费力气、最疲惫的6个星期。但是我得到了回报，现在我有足够的资金进行相当规模的交易了。仅凭500股的交易量，我永远也不会取得任何成就。

无论什么事情，起手正确非常重要。在伯利恒交易之后，我干得很好——实际上太好了，以至于令人难以置信这还是同一个人在交易。而事实上，我并不再是那个我了，因为那个曾经困扰我，让我犯错的人，现在的我能从容正确地把握。在我思考或者聆听经验的忠告时，没有了债主的骚扰和资金短缺的干涉，因此我一路顺风。

突然间，就在我正走向一笔唾手可得的财富时，半路杀出了"卢斯塔尼亚号"被击沉的消息。一个人每隔一阵子就会被这么打击一下，就像捅在胃上。这也许是在提醒他一个令人悲哀的事实，告诉他人类无法控制不利突发事件的发生，无人能对市场做出永远正确的判断。我听人说，卢斯塔尼亚号这个破坏性的消息不应该对职业炒手造成太大的打击，他们还说，早在华尔街知道这个消息前很久，他们就知道了。我不够机灵，没有预先得到消息而跑掉。对

此我只能说，因为卢斯塔尼亚号被击沉这件事情，加上另外一两次我不够聪明而没有预见到的反复，后来在1915年底时，我发现自己在经纪商那儿的账上大约只有14万美元。这就是我实际上赚到的所有的钱，尽管在这年大势还不错的时候，我一直都判断正确。

接下来的一年我干得就好多了，我非常幸运。我肆无忌惮地看多，所逢也正是一个疯狂的牛市。事事如我所愿，除了赚钱，我没别的事可干。这使我想起了标准石油公司已故的罗杰斯说的一句话，大致意思是，有时候一个人想不赚钱都不行，这就像暴雨天里没带伞，没法不湿。这是一个我们所经历过的最明确的一个牛市。协约国从这儿购买所有的物资供应，使美国成了世界上最繁荣的国家。这对每个人来说都是再明白不过的事实。我们的市场上有别人都没有的东西，我们正在聚积全世界的现金。我是指，全世界范围内的黄金都向着这个国家滚滚涌入。通货膨胀在所难免，当然了，这也意味着所有的物价都在上涨。

所有的这一切从开始时就如此明显，以至于只需要很少，或者完全用不着任何人力去推动股价的上涨。这使得它比起其他牛市来，所需的准备工作要少得多。其时，"战争新娘"比所有的其他事情都更热乎，这不仅仅是应运而生的一个浪潮，它也证明了大众的获利前所未有。那就是说，在1915年的股市上获利的人，多过了华尔街历史上的任何时期。公众要么没有把自己所有纸面上的利润兑现成实实在在的现金，要么就是没有好好保存兑换走的那些利润，而这些也不过是历史的重复而已。没什么地方的历史能像华尔街的那样，如此频繁，或者说如此一成不变地沉醉于重复自己。当你阅读当代股市繁荣和恐慌的历史时，最让人震惊的一件事情就是，无论股票投机市场还是股票投机者，过去的和现在的之间竟然差别如此之小！游戏没有改变，人性也没有。

1916年的涨势里我也顺势而为。我和其他人一样看多，不过当然是睁着眼睛。和所有人一样，我知道涨势终有尽头，所以密切注视着警告讯号的出现。对于消息会打哪儿来，我不是特别感兴

第十四章 要注意警告讯号，大势不会突然转变

趣，因此并没有死盯着一个地方。我不觉得，向来都没有觉得，自己和市场的这一边或者那一边有始终不渝的缘分。一个牛市增长了我的银行户头，或者一个熊市对我分外慷慨；这些在我接到了"快跑"的信号后，都不足以成为我坚守牛市或者熊市的理由。无论多方还是空方，都不是一个人发誓永远效忠的对象，他所关心的，应该是正确的事实。

另外还有一件要记住的事情，那就是，大势的告终既不会是一次胜利的辉煌，也不会是一场突如其来的下跌。股市可能，而且常常是，在股价普遍下跌前很久，就已经不再是牛市了。我长久期待的警告讯号出现了。我注意到，一只又一只的股票从顶部回落，这在许多个月中是第一次，而且没有反弹。那些股票曾经都是股市中的领头羊，它们显然开始比赛着溜了。很清楚，改变我的交易策略势在必行。

这情形再简单不过了。在牛市中，股价的趋势自然毫无疑问肯定是向上的。因此，当一只股票的价格背离总体趋势时，你完全有理由认为这只股票出了问题。对于一名经验丰富的炒手来说，这一点足以使他觉察出不妙了。在大盘开始详细解说前他就必须行动。他的任务只是聆听一开始的"出局！"二字，而不是等它递上一份理由陈述以求批准。

正如我前面所说，我注意到，曾经有过惊人涨势的那些领头股票已经停止了上涨。他们跌下来了六七个点，然后就地盘整。与此同时，其他股票在新出现的领头羊的带领下，继续上涨。既然这些公司本身并没有出现任何问题，那么就一定有其他的理由。那些股票已经跟着大趋势走了好几个月了。当它们停下不走时，尽管股市里的多方仍然坚挺，可对于这几只股票来说，牛市已经结束了。就其余的股票而言，大趋势毫无疑问仍然向上。

没必要觉得进退两难而就此裹足不前，因为相反的趋势并没有真正出现。我并没有在那个时候就转为空方，因为大盘还没这么说。牛市的结局还没有来到，只闻其声而已。在它到来前，做多还

是有钱可赚的。这种情形下，我仅仅在那些已经停止的股票上放空，而对于其余那些有上涨力量支撑的股票，我还是做多。我同时一边卖出，一边买进。

我卖出那些曾经领涨但已经停止了的股票，每只都放空了5000股；然后做多那些新出现的领涨股。我放空的那些股票没有出现多大的效益，但是我做多的股票在持续上涨。当这些股票也最终停止上涨时，我就把它们抛掉平仓，然后反手放空——也是每只5000股。至此，我卖空已经多过买入了。因为显而易见，下一笔大钱会来自跌势。在牛市真正结束前，我就很肯定地感觉到熊市已经开始了，但是我知道，要成为一名坚定的空头，时机还没到。没必要皇帝不急太监急，特别是要急也太早了一点。大盘只是在说，空方主力部队的巡逻兵已经过去了，是该准备的时候了。

我继续一边买入，一边放空。这样交易了一个月后，总体放空了6万股：一打不同的股票，每只5000股。这些股票在年初时都是股市中受公众追捧的热门股，因为它们领涨着一个大牛市。6万股并不算很多，不过别忘了，市场还没有绝对看空。

后来有一天，整个股市变得相当疲软，所有的股票价格都开始下跌。我放空的那12只股票，每只都有了至少4个点的利润。我知道自己判断对了。大盘在告诉我，现在是做空的安全时机了，因此我立即把放空的仓量翻了一倍。

我有了自己的仓位。股市现在显而易见是个熊市，而我手中尽是放空的股票。我没有任何必要去推动它，走势注定会如我所料，而知道这一点后，我完全可以从容等待。我翻倍放空后，很长时间都没有再交易了。在我满仓大约7个星期后，出现了著名的"泄露"事件，股市狂跌。据说有人从华盛顿预先得到消息，说威尔森总统将要发表一个声明，这个声明会立即为欧洲带来和平。"战争新娘"浪潮之所以掀起和持续，其原因就是世界大战，和平自然是个利空因素。场内最机敏的交易者之一遭到了指责，说他利用预先得到的消息获利。他只是说，他放空不是因为任何消息，而是认为

第十四章　要注意警告讯号，大势不会突然转变

牛市火过了头。我自己是在 7 个星期前就翻倍放空了的。

消息使股市暴跌，很自然地，我平了仓。这是唯一可能的操作。在你计划之外的好事发生时，理应利用好心的命运向你提供的这个良机。别的不说，这样的一次暴跌给了你一个大容量的市场，使你能够在其中翻来倒去，这正是把纸面利润变为现金的时候。即使在一个熊市，要想在自己不抬高股价的情况下平仓回补 12 万股，机会也是很少的。他必须等待市场为他提供时机，允许他在自己的账面利润不受损的情况下，买进那么多股票。

有一点我想指出，我并没有因为这个特定的原因在那个特定时间里指望这样一次暴跌。可是，正如我以前说过的，以我做了 30 年炒手的经验，这种意外事件通常都对阻力最低的走势有利，我建仓就是基于这种走势。另一点要记住的是，永远别指望以最高价放空。这是不明智的。如果没有反弹的话，在回跌的时候放空。

1916 年，我先顺着牛市做多，然后在熊市开始时做空，净赚大约 300 万美元。就像我前面说的，一个人没必要只结缘一个趋势，还始终不渝。

那年冬天我去了南方，来到棕榈滩。度起假来我总是这老一套，因为太喜欢海上钓鱼了。我手中有放空的股票和小麦，两样看来都利润不菲。我没有任何烦心事，专心享受着美妙时光。当然，除非我到欧洲去，否则我就不可能真的没有股票或者商品期货的消息。比方说，在纽约州的埃迪伦达克，我家和我的经纪商之间就有一条直线。

我的经纪商在棕榈滩有分部，我常常按时去那儿。我注意到，和自己没什么关系的棉花市场走势强劲，正在上涨。差不多就在那段时间，也就是 1917 年，我听到了大量关于威尔森总统致力于和平的消息。这些消息来自华盛顿，有的是新闻快报，有的是棕榈滩的朋友从那里接到的私人消息。这使我在有一天有了一种感觉，觉得这许多不同市场的情形都反映出，它们对威尔森先生的成功很有信心。如果和平触手可得，那么股票和小麦就会下跌，棉花就会上

涨。我在股票和小麦上已经准备就绪，然而却有相当一段时间没有染指棉花了。

那天下午2点20分的时候我还一包棉花都没有，可到了2点25分时，出于对和平即将到来的信念，我买进了1.5万包作为起步。我打算照自己原来的那套交易系统行事，也就是说，逐步满仓，这套系统我已经描述过。

就在那天下午收市后，我们接到了德国的"无限制战争"声明。除了等待第二天开盘，没有任何办法可想。我记得，那天晚上在葛瑞里俱乐部，一个国内的工业巨头提出，愿以低于那天下午收盘价5个点的价格卖出任何数量的美国钢铁公司。当时几个匹兹堡富豪们都在场，可没人从这位老大手里买进。他们知道，开盘注定会暴跌。

果不其然，第二天早晨，股票和商品期货市场一片骚动，对此你可以想象。有些股票比起前一天的收盘价低开了8个点。对我来说，这是天赐我一个获利买进平仓的大好时机。正如我前面所说，在一个熊市中，如果士气突然遭受到一次彻底的打击，那么回补平仓总是明智的。如果你的交易有相当规模的话，要想把大笔的纸面利润在分毫不减的情况下迅速兑换成现金，这是唯一的办法。比方说，单就美国钢铁公司而言，我就放空了5万股。而我自然还有其他股票在放空。当看见这样的市场时机出现时，我就回补平仓了，获利大约150万美元。这是一次不容忽视的机会。

棉花，这个我在前一天下午最后那半个小时内买进的1.5万包，低开了500个点！跌得可真像样！这意味着我一夜之间亏损了37.5万美元。我明确地知道对股票和小麦唯一明智的操作是买进平仓，可却不太清楚该拿棉花怎么办。要考虑的因素很多，尽管我一旦承认错误就会认亏，可那天早晨我却不愿意这么干。后来我想，我到南方是来享受钓鱼的，不是来把自己困在棉花市场上的，而且，我还已经在股票和小麦上赚了那么多的钱呢。我决定在棉花上认亏。我会把利润算成100万多一点儿，而不是超过150万。就

第十四章　要注意警告讯号，大势不会突然转变

像促销员在你问太多问题时会回答的那样，无非是如何做账而已。

如果我在前一天收盘时没有买进那些棉花，就会省下40万美元。它向你显示出，一次小规模的交易也能多么迅速地让人赔掉大笔的钱！我的主要操作方向绝对正确，而且因为一次意外事件而获利。这个事件的性质与我卖空股票和小麦时的判断截然相反。请注意，最小阻力的投机方向再次向一名炒手显示出了它的价值。虽然德国的声明造成了意外的市场因素，但价格仍然呈现出我预料的走势。如果我的推测全部实现，那么这三个仓位就会百分之百的正确。因为和平的话，股票和小麦就要下跌，而棉花就会暴涨，三笔投资我都能赚到钱。而在不考虑和平还是战争的情况下，我在股票和小麦市场上的方向也是正确的，这就是为什么意想不到的事件也能起到帮助的原因。我操作棉花时，是根据市场范围之外可能发生的事情进行判断的，也就是说，我赌威尔森先生的和平谈判会成功。是德国的军队领袖使我输了棉花这一注。

1917年初我一回到纽约，就偿还了全部所欠资金，累积超过100万。还债让我感受到了莫大的喜悦。本来我可以在几个月前就付清的，没有这么做的原因很简单。我当时的交易非常活跃而且成功，需要投入全部资金。最充分地利用1915年和1916年这两年极好的市场情况，是我对自己，还有那些我认为是自己的债权人的人，应该做的事。我知道自己会赚大钱，所以并不担心让他们再多等几个月，他们中的许多人根本没想到还能拿回这笔钱。我不想零零星星地偿还债务，也不想一次只付一个人，我要一次性全部付清。因此只要市场还能让我有所作为，我就在财力许可的范围内继续以最大规模交易。

我希望能付利息，但是所有那些签署了弃权书的债权人们都拒绝接受。那个我欠了他800美元的人，是我最后付清的。此人曾使我把生活视为负担，骚扰我直至我再也无法交易。我让他等着，眼睁睁地看着别人都先拿到了钱，然后才把他的钱给他。我要给他一个教训，让他下次在别人欠几百块钱时，能体贴一点儿。

这就是我如何东山再起的。

在全面清偿债务之后，我还拿出相当大的一笔钱做年金。我决心再也不能让自己陷入困境，生活拮据，资金匮乏了。当然，我结婚后，还拨了一笔信托资金给妻子。儿子出世后，我也为他设立了一笔。

我这么做的原因不只是担心股市会把钱从我这儿拿走，还因为我知道只要钱在我这儿，我就会花掉。这么做之后，我的妻子和孩子就不会受我所累。

我认识的人中，这么做的人不止一个。可是他们在需要钱时，往往就去哄骗妻子签字弃权，最后把钱赔掉。所以我痛下杀手，使得无论我本人想干什么，或者妻子想干什么，都由信托方按最初的合同办事。我们任何一方的企图都绝对无法动摇它；我的市场需要不行，甚至一位贤妻的爱，也不行。我绝不冒险！

第十五章　风险永无止境，意外之外还有意外

在所有的投机风险中，意外事件——或许我更该说，不可能预料到的事件——所占的比率很高。即使最谨慎小心的人，也理应冒些风险，那是些只要他不想做个商业上的软骨头，就必须冒的风险。正常的商业风险并不比出门上街或者乘火车旅行的风险更大。我因为无人可预见的事情而亏钱时，感觉并不会比遭遇了一场不合时宜的暴风雨更糟糕。从摇篮到坟墓，生命本身就是一场赌博。对于因为没有未卜先知的能力而无法回避的事情，我向来坦然受之。然而，在我的投机生涯中，有几次尽管我既判断正确也操作无误，可还是被不公平的对手以卑劣的手段骗去了收益。

在与无赖、懦夫以及群体的不端行为抗衡中，一个思维敏捷而且目光远大的实干家是能够保护自己的。我从来没有和彻头彻尾的欺诈对抗过，除了以前在投机行里偶尔有过的一两次。因为即使在那种地方，诚实也是最明智的作法。赚大钱靠的是公平，而不是耍赖。如果在一个地方交易的时候，你为了免受欺骗而必须得对经纪商有所防备，那么无论什么地方什么条件，我永远都不会认为这会是桩好事情。但是，碰到哭哭啼啼的赖账者，一个正直的人就会无能为力。公平交易是公平交易，而由于相信誓言的神圣和君子协定不可违背而吃到的苦头，我本人可以给你举出一打来。不过我不会这么做，因为这样做没有任何意义。

小说作者、宗教人士还有女人，都喜欢把股票交易所影射为行贿受贿的战场，暗示华尔街的日常生活是一场战争。这听起来相当刺激，可完全是一种误导。我并不认为自己的工作是冲突和

竞争。我从来没有挑战过个人，也没有和投机集团争斗过。我仅仅是观点，也就是对基本市场条件的分析和其他人时有不同。戏剧家所谓的商战，不是人与人之间的战争，它们仅仅是商业信念的较量。我努力坚持事实，也仅限于事实，并在此基础上采取相应的行动。这正是伯纳德·巴鲁克成功赢得财富的诀窍。有时候我会看不清，或者不能及时看清楚全部事实，每当这样的事情发生时，我就会赔钱。我出了错，而错误总是以金钱为代价的。

没有一个通情达理的人会拒绝为自己的错误付出代价。犯错不可原谅，不存在优先债权人，也不存在例外或者赦免。可是当我正确时，我反对赔钱。我指的不是那些因为某个特别的交易制度突然改变而亏损的交易，而是投机中的某些危险。这些危险时时提醒着我，利润在被兑换成现金存入银行之前，是称不上安全的。

大战在欧洲爆发后，商品期货的价格开始上涨，这是意料之中的事情。这和战争会带来通货膨胀一样容易预测。当然了，物价随着战争的持续普遍上涨。你还记得吧，1915年我正忙着"东山再起"。那时股票市场一片大好，利用它是我义不容辞的责任。我最稳妥、最轻松和最迅速的一次大规模操作就是在股市里，正如你所知，我交了好运。

到了1917年7月时，我不但能够付清自己全部的债务，而且还颇有盈余。这意味着我在交易股票时，现在有空有钱也有心情考虑一下商品期货了。我多年来一直都有研究所有市场的习惯。商品期货的价格比起战前的水平上涨了百分之一百到四百。只有一个例外，那就是咖啡。这其中自然有原因。战争爆发意味着欧洲的市场关闭了，作为唯一的大市场，大批货物运往美国。一段时间后，导致了这里的咖啡原料出现了巨大过剩，这种情形反过来又保持了咖啡价格的低廉。事实上，我最初开始考虑投机咖啡的可能性时，它正在市场上以甚至低于战前的价格抛售。如果说造成这种异常情况的原因显而易见的话，那么一个更加容易预见的事实就是，德国和奥地利的潜水艇日益频繁的出击一定会使运行中的商业船只大大减

第十五章 风险永无止境，意外之外还有意外

少。而这最终一定会削弱咖啡的进口。那时的情况将会是需求没有变化，供应却减少了，以前过剩的那部分一定会被消化。而这一切都发生时，咖啡的价格就一定也会走上其他所有商品期货的那条道，也就是一路上涨。

这种情形用不着非得是福尔摩斯才能分析出来。那为什么没人买咖啡期货，我也说不出个所以然来。我决定买它时，并没有抱着投机的想法，这更像是一次投资。我知道要过一段时间才能见到好处，可我也知道，它注定会带来一笔漂亮的利润。这个性质使得它成了一次保守的投资操作。与其说这是一次赌徒的下注，倒不如说是一次银行家的行动。

我从1917年冬天开始买进，购进了相当多的咖啡。至于它的市场方面，则乏善可陈。它继续死气沉沉，而价格也没有如我期望的那样开始上涨。结果我持仓过了漫长的九个月，可一无所获。那时我的合约到期了，因此我平仓全部卖出。这笔交易让我亏了天大的一笔，然而我坚信自己的看法没有问题。事情很清楚，我错在了时机上。咖啡一定会像其他所有商品期货那样上涨，对此我充满了信心，因此一旦抛出后立即就又开始买进。在那令人失望的九个月间，我毫无成效。这次我买进的是那次的三倍。我买进的当然是延期合约，在许可的范围内，我要能延多久就延多久。

这次我错得没那么厉害了。在我刚三倍买进后，市场就开始上涨。似乎突然间，每个地方的人都意识到咖啡市场一定有事要发生了。看上去，我的投资好像要开始回报给我一个很不错的利润了。

我持有的合约上，卖方都是些烘烤商，大部分都是德国名字以及与其有关联的公司。这些人在巴西信心十足地买进咖啡，指望把它们运到美国来，但是找不到运货的船只。他们不久就发现，自己的处境让人很不痛快：巴西那里有着无休止的咖啡供应，而我这边的咖啡却严重短缺。

请您牢记，起先我开始对咖啡看多的时候，它事实上还处于战前的价格。而且也别忘了，我买进后，持有了将近一年，然后又赔

了一大笔钱。犯错误的惩罚是赔钱，做对了的奖励就是赚钱。这次我清清楚楚地做对了，而且所持有的量很大，所以期待大赚一笔是完全可以理解的。要想有使我满意的利润，并不需要多大的涨幅，因为我有几十万手的咖啡。我不喜欢在谈论操作时涉及到数字，因为有时候这些数字听上去很可怕，也许会让人认为我在吹牛。其实我交易起来总是量力而行，总是会给自己留下充足的保证金。而在这次的交易中，我做得够保守了。我如此毫无顾忌地买进合约，是因为看不出自己有什么亏损的可能。整个市场情况都站在我这边。我已经被迫等待了一年，而现在，我的等待和我的正确判断都将双双得到回报。我都能看见，利润正迅速而来。这用不着多机敏，我只是眼睛不瞎而已。

　　来得又稳又快，数百万的利润！——可它们从来没到我的手上。不，它们并不是被形势的突然变化打了岔。市场没有经历突然的转向。咖啡并没有大量涌入国内。发生了什么呢？发生了不可预料的事情！一件从来没有人碰上过的事情，一件我因此也没有理由去防范的事情。在自己必须时刻防范的投机风险名单上，我又加上了新的一条。事情很简单，那些卖给我咖啡的家伙，那些空头们，知道等待着他们的是什么，就想方设法要摆脱自己设下的困境，发明了一种新的赖账方式——他们冲到华盛顿去请求帮助，也如愿以偿了。

　　你也许还记得，为了防止更进一步的利用必需品牟取暴利，政府曾经制定出了各种各样的政策。如你所知，大多数都奏了效。呃，那些博爱的咖啡空头们跑到战时工业委员会的物价部门面前——我想这是官方指定的——发出了一项爱国请求，呼吁要保护美国人民的早餐。他们声称，有一个职业投机家，一个叫利文斯顿的人，垄断了，或者说将要垄断咖啡。如果不摧毁他的这些投机计划，他就会利用战争造成的机遇赚钱，而美国人民将会被迫以异常高的价格来购买自己天天喝的咖啡。一亿美国人，或多或少地都要向没心肝的投机者进贡，这对于爱国的人，也就是那

第十五章 风险永无止境，意外之外还有意外

些卖给我大批咖啡可找不到船运的人来说，是不可想象的！他们代表的是咖啡贸易，而不是咖啡赌徒们。他们愿意帮助政府一起来抑制正在进行或者将要出现的牟取暴利行为。

我现在极其厌恶那些喜欢哭诉抱怨的人。我不是在暗示物价委员会没有真正在尽心竭力地抑制暴利和浪费，不过，我还是要说出自己的想法，那就是，他们没能很深入地对待咖啡市场上的这一问题。他们为咖啡原料限定了最高价，也为现存的所有合约规定了兑现期。这项决定当然就意味着咖啡交易不久将会关闭。我所能做的事情只有一件，因此我照做了，那就是卖出自己的所有合约。我曾经确信无疑会像往常那样到手的数百万利润彻底未能实现。我和任何人一样激烈反对从生活必需品中牟取暴利，可是物价委员会在针对咖啡制定这些政策时，咖啡原料的价格实际上正低于它在战争爆发前几年的平均水平，而其他的商品期货价格已经是战前价格的250%～400%了。我看不出咖啡在谁手里会有什么真正的区别。价格注定要上涨，这并不是因为那些没心肝的投机者的操作，而是因为以前的剩余在逐渐减少。对此该负责的是日益缩小的进口量，话说回来，那也完全是德国潜水艇对海上船只骇人听闻的摧毁带来的影响。物价委员会没等咖啡起步，就把刹车给踩了。

作为一项政策和权宜之计，迫使咖啡交易刚好在那种时候关闭是一个错误。如果委员会不插手的话，咖啡价格毫无疑问会上涨。上涨的原因我前面已经说过，与任何所谓的垄断者无关。而高昂的价格，也不必特别高，会是一种激励，会把供应商吸引到这个市场中来。我听巴鲁克先生说过，战时工业委员会在限定价格时对确保供应这个因素有所考虑，因此对某些商品限价太高的抱怨没有理会。后来，当咖啡交易又重新开始时，它的价格卖到了23美分。美国人民之所以付这个价格，是因为供应少；供应少，是因为价格在那些爱国空头们建议下被定得太低，低的不可能支付昂贵的海运费，因此也就不能确保持续进口。

我一直认为，在自己所有的期货交易中，我的咖啡交易是最合

理的。在我看来，它是一项投资，而不是投机。我涉身其中超过一年。如果说有人赌博的话，那也是那些爱国的、有着德国名字和德国祖宗的烘烤商们。他们在巴西买到咖啡，然后卖给在纽约的我。物价委员会给唯一一项没有涨价的商品限定了价格。它的出发点是为了保护大众，但抵制的是还未出现的暴利，而不是后来出现的不可避免的高价。不仅如此，当生咖啡的价格甚至还在每磅9美分左右打转时，烘烤咖啡就涨的和其他商品一样了。从中获益的只有那些烘烤商。如果生咖啡每磅能涨上二三分钱的话，那我就能有几百万利润，而公众也不至于会像在后来的涨幅中付得那样多了。

在这次投机中，事后分析是浪费时间，这么做不会有任何成效。不过，这次交易很特别，具有一定的教育意义。它的漂亮程度不逊于我操作的其他任何交易。涨幅是如此的肯定和合理，以至于我认为那几百万我不想赚都不行。可我还是没赚到。

我在其他两次交易中也吃过交易管理部门的苦头，他们在没有任何警告的情况下制定政策改变了交易规则。不过那两件事情中，尽管在技术上我是正确的，但是就交易本身而言，并不像这次咖啡交易那样如此具有商业上的合理性。在投机操作中，没有任何事情是绝对确实的。我刚刚告诉你的这个体会使我在自己的风险名单上加上了一条：不可预料的意外情况。

咖啡事件过后，在其他的期货市场和卖空股票方面，我都极其成功，以致开始忍受一些愚蠢的流言蜚语。华尔街的专家们和报纸记者养成了埋怨我的习惯，即使价格在不可避免的下跌，也声称是因为我的打压。同时，我卖空的行为被指责为不爱国——也不管我是否真的在卖空。我猜想，他们对我操作的影响力和重要性进行夸大，是因为他们必须满足公众那贪得无厌的要求，为每一次的每一个价格波动找到理由。

我说过上千次了，没有什么人因为炒作能打压下股价并且使其保持跌势。其中并无秘密可言，原因简单得很，只要愿意花半分钟动动脑筋，所有的人都能明白。假设一个炒手打压一只股票，也就

第十五章 风险永无止境,意外之外还有意外

是说,把价格压得低于它的实际价值,那么不可避免的后果是什么?不用说,打压者立即就会面对最有力的知情者收购。当一只股票廉价售出时,知道它价值的人总是会买进的;如果知情者无法买进,那只会是因为基本面的情形和他们自由使用自己资金的意愿是相抵触的,而基本面的这种情形对应的不会是一个牛市。人们在说到打压时,言下之意那是不合理的,几乎就是犯罪。可是,把一只股票抛售到一个远低于它价值的价格,其实是非常危险的一件事情。有件事最好牢记在心,那就是,一只被打压下来的股票没有反弹,是因为没有多少知情者买进;真的有打压,即不合理的卖空时,通常会出现知情者买入的情形,而这种情形一旦出现,价格是不会继续下跌的。我应该说,所谓的打压,100次中有99次其实是合理的下跌,无论一个职业炒手的操作规模有多大,他的行为有时候能加速这种下跌,但是绝对不会是这种跌势的起因。

有一种理论认为,大多数突然的或者特别急剧的跌势都是某些炒手炒作的结果。这样的理论大概是为了方便给一些投机分子提供一些解释而发明出来的。这些人什么都算不上,不过是些盲目的赌徒而已,他们宁愿相信别人说的任何话,也不愿意自己动点儿脑筋。那些不幸的投机者们亏了钱,而他们如此频繁地从经纪商和金融大嘴巴那儿接到的理由,都是受到了打压。这理由其实是个反面消息,它和利空消息的区别在于:利空消息是明确的,对此的积极建议就是卖空;而一个反面消息,即一个没有做到解释的解释,只能使你远离明智的卖空。当一只股票大幅下跌时,卖掉它是自然的倾向。这样的下跌自有原因,尽管原因不明,但是必定合理,因此要赶紧出局。可是如果说这种下跌是出自一位炒手的操作,那么出局就是不明智的,因为他罢手的那一刻,股价必定重新上涨。这就是反面消息啊!

第十六章　不要轻信消息

消息！人们多么想要消息啊！他们不仅渴望得到消息，还渴望送出消息。其中既有贪婪，也有虚荣心。看着那些很聪明的人探听消息，有时候真的非常有趣。散布消息的人没必要去为消息的质量而有所顾虑，因为打听消息的人并不是真的在追踪准确的消息，他们追踪的是任何消息。如果消息正确，很好！如果消息不准，那就下次好运吧。这么说时，出现在我脑海里的是那些普通证券公司里的普通客户们，有一种类似推销商或者造势者的人，他们彻头彻尾地始终信任消息的作用。在他们看来，一个消息的广泛传播无疑是一次理想的广告宣传，是世上最好的商业手段，因为，既然消息的散布者和接受者其实都是消息的传递者，那么传播消息就会是一种永无休止的连锁广告。情报推销贩有一个错觉，以为只要散布得当，没有一个大活人能够拒绝小道消息。他们很巧妙地钻研着散布消息的艺术。

我每天从各种各样的人那儿得到的内幕消息有数百条。我要跟你讲一个关于婆罗洲锡业公司的故事。你还记得这只股票上市的时间吗？是在那轮涨势的高峰期。它的发行团听从了一个非常机智的银行家的建议，决定不找承销商一步一步慢慢来，而是把这个新的上市公司立即拿到公开市场上去发行。这个建议很好，只是发行团的成员们经验不足，犯了一个错误。他们不知道股市会疯狂到什么地步，想法虽然大胆但却愚昧。他们想为新股造势，一致认为必须标高价格，但是所定的上市价格却高得不可能让交易者和投机先锋们放心地买进。

照理说，这些发行商就该被卡死在这种价格上了。可在那个疯狂的牛市里，他们的这种贪婪竟然还算是保守的。任何股票，只要

第十六章 不要轻信消息

有足够的消息，公众都在买进。他们要的是能轻松赚到的钱，是确定能赢的赌博。那时，因为战争物资的巨大购买量，黄金纷纷涌入了美国。有人告诉我，这个发行团在计划把婆罗洲股票推上市时，在向公众发布第一笔正式交易前，把开盘价格抬高过三次。

我曾经被邀请加入这个发行团，但是在调查之后，没有接受这个提议。因为如果要操纵市场的话，那我更喜欢自己一个人干。我根据自己的信息交易，追随自己的系统。婆罗洲锡业公司上市时，因为知道这个发行团的资源是什么，也知道他们有什么计划，而且对公众的能量也了然于胸，所以我在第一天的头一个小时买进了1万股。它的上市至少在这一阶段是成功的。事实上，发行商发现需求如此旺盛，就决定不能那么快就放掉那么多股票，认为那会是一个错误。他们在发现我买进了这1万股的同时，也发现，如果上市价格再高那么25或者30个点的话，他们的所有股票可能也会全部脱手。他们由此得出了一个结论，认为我这1万股的利润会占掉那数百万利润的很大一块，而他们早把这些利润视为己有了。因此，他们竟然停止了自己的多头操作，企图把我震荡出局。可我就是稳坐不动。为了不让情况脱离自己的控制，他们自认倒霉，放弃了。随后他们就开始拉高价格，尽可能地不再丢失任何股份。

他们眼见其他股票那疯狂的涨幅，就开始梦想几十亿的利润。呃，婆罗洲锡业公司到了120元时，我就把自己那1万股给了他们。这手卖单对涨势有所压制，造势的人暂停了他们的拉高行动。在大市再次反弹时，他们又努力活跃市场，脱手了不少，但是后来证明，造势所费着实不菲。终于，他们把价格拉高到了150元。可牛市的热潮已经完全消退，因此他们不得不用一些谬论来推销股票，好让那些喜欢跟在大幅回跌后面买进的人接手。这个谬论就是，对一只曾经到过150元的股票来说，130元这个价位肯定是廉价的，而120元的话就更加是个大便宜了。另外，他们把消息先放给场内的交易者们，这些人常常能够掀起一波短暂的走势，在此之后，再把消息传给证券经纪公司。发行商们能弄一点，就是一点，用尽了自己知道的所有手段。麻烦事是，追买股票的时机已经过去了，傻瓜们已经吞过别人的诱饵了。婆罗洲的操纵者没有，或者说不愿意看见这一点。

那时我和妻子正在棕榈滩。有一天我在葛瑞里俱乐部赢了些小钱，回到家后，拿出了其中的 500 块给她。真是非常巧，就在那天晚上，她吃饭时碰到了婆罗洲锡业公司的总裁，一位名叫威森斯坦的先生，他是那个发行团的头儿。后来过了一段时间我们才知道，这个威森斯坦为了能在吃饭时和我妻子坐一起，特意做了安排。

他表现得对她特别友好，言谈风趣至极。晚宴结束时，他很神秘地对她说："利文斯顿太太，我打算做一件以前从来没有做过的事情。你是个明理的人，所以我很高兴这么做。"说完他停了下来，焦急地看着我妻子，要确认她不但聪明，而且还很谨慎。这个意思清清楚楚地写在他脸上，她一眼就能看出，但是却只是说道："哦。"

"真的，利文斯顿太太。认识你和你的先生是一件非常荣幸的事情。我要证实自己这么说是真心诚意的，因为我希望能够经常见到你们二位。我敢保证，不用我说，你也知道我下面要说的话是绝对机密的！"接着他耳语道："你如果买进一些婆罗洲锡业的股票的话，就会赚大钱了。"

"此话当真？"她问。

就在离开酒店前，他说："我接到了一些电报发来的消息。这些消息至少要在几天后公众才可能知道。这只股票我打算能收进多少就买进多少。如果你明天开盘买进的话，那就会和我是同时同价。我向你保证婆罗洲锡业肯定要涨。你是知道这消息的唯一一个人。绝对是唯一的一个！"

她谢过他后说，自己对投机股票一无所知。不过他要她放心，说她并不需要知道什么，有他的话就足够了。为了确保她没听错，他又把自己的建议重复了一遍：

"你唯一要做的就是尽可能多地买进婆罗洲锡业。我可以向你保证，如果你这么做了，一分钱也不会亏。就这种事情来说，我

第十六章 不要轻信消息

这辈子还从来没有建议一个女人，或者男人，去买进什么呢。可是我对它至少要涨到200这一点太肯定了，所以希望你也能赚到点钱。你知道，我自己一个人是买不起所有的股票的。除我之外，必定还有人能从这轮涨势中获利。我宁愿那人是你，而不是什么陌生的人。宁愿是你！我私下把这消息告诉你，是因为我知道你不会对别人说。听我的没错，利文斯顿太太，买进婆罗洲锡业！"

他说的非常诚恳，而且取得了成效。我妻子很动心，想到了那天下午我给她的500美元，开始觉得自己给这笔钱找到了一条绝好的用途。这笔钱是她白得的，不算在她的日常开销里。换句话说，如果她运气不好的话，这钱丢了也没什么。况且他说了，她保准会赚。独自赚笔钱，事后再向我全盘托出——那会是件很美的事情。

先生啊，第二天一大早，她在开盘前走进了哈丁公司的营业部，对经理说：

"海利先生，我要买一些股票。不过我不想用自己的常用账户，因为在赚到钱前，我不希望让丈夫知道。你能为我办到吗？"

那个叫海利的经理说："噢，可以。我们可以设一个特别账户。你想买哪只股票？买多少？"

她交给他500美元，告诉他："请听着。我不想让亏损超过这笔数。如果赔钱了，我可不想欠你任何钱。还有，记住，这件事情我不想让利文斯顿先生听到一点风声。在这笔钱允许的范围内，帮我以开盘价买进婆罗洲锡业，能买多少买多少。"

海利接过钱，告诉她绝不对人吐露半个字，然后以开盘价为她买进了100股。我想她的买入价是108。那天这股票非常活跃，收盘时涨了3个点。利文斯顿太太对自己的成就感到非常喜悦，费了好大的劲儿才忍住没把这消息告诉我。

凑巧这时我对大势已经越来越看空了，婆罗洲锡业的反常表现引起了我的注意。我认为这种时候任何股票都不该上涨，像这样的一只股票就更不该了。我决定就在那天开始动手做空，起手卖出了1万股婆罗洲锡业。如果没卖空这一笔的话，我觉得它收盘时涨的就不只是 3 个点了，会是 5 个或者 6 个点。

接下来那天我开盘卖了 2000 股，收盘前又卖了 2000 股，这只股票价格跌到了 102。

第三天早晨，哈丁公司棕榈滩营业部的经理海利等着利文斯顿太太现身。如果我在那儿的话，她一般会在 11 点左右来看看情况。

海利走到她身边，说："利文斯顿太太，如果你还想要我持有那 100 股婆罗洲锡业的话，就得追加保证金了。"

"我可没钱追加，"她告诉他。

"我可以把它们转到你的常用账户去，"他说。

"不行，"她反对道，"那样的话拉瑞就会知道了。"

"但是这账上显示亏损已达……"他开口道。

"可我明明白白地告诉过你，我不想让亏损超过那 500 美元。甚至 500 我都不想亏呢，"她说。

"我明白，利文斯顿太太，可是我不想在征求你的意见前擅自抛掉它。现在，除非你授权给我继续持有，不然我就得把它抛了。"

"可是我买进的那天它涨得多好啊，"她说，"我不信它这么快就会成这个样了。你觉得呢？"

"嗯，"海利回答："我也不信。"做经纪商这一行你得有点儿外交手腕。

"它出什么问题了，海利先生？"

海利知道答案。可是要告诉她的话，就得出卖我。客户的业务是宝贵的。因此他说："我没听见它有什么特别的消息，什么都没听到。啊，跌了！得动手了！"他指着行情板。

利文斯顿太太凝视着那只下跌的股票，喊了起来："天啊，海利先生！我不想把自己那 500 块钱亏掉！我该怎么办啊？"

"我不知道，利文斯顿太太。不过我要是你，就会去问问利文斯顿先生。"

"天啊，不行！他不想让我独立炒股。他这么跟我说过。如果我有要求的话，他会替我买卖。我以前从来没有背着他交易过，

第十六章　不要轻信消息

我可不敢告诉他。"

"没事的，"海利安慰她。"他是一个了不起的交易者，他会知道该怎么办的。"看见她拼命地摇着头，他就故意说道："要不你再放进去一两千块钱，支撑一下你这只婆罗洲股票。"

这句话使她当场下定了决心。她逗留在营业部，眼见走势越来越疲软，就到我看行情的地方来，说要和我谈谈。我们进了私人办公室，她向我把整件事和盘托出。我就对她说："你这个傻女孩儿，别再管这件交易了。"

她发誓说不会了，我就又拿出500美元还给了她。她高高兴兴地走了。这只股票那时的价格正是票面价格，100美元。

我看出了其中的蹊跷。威森斯坦是个精明的人。他认为我妻子会把他的话告诉我，我也会就此留心这只股票。他知道活跃的股票总会引起我的注意，而我的操作规模之大是有名的。我猜想，他以为我会买进1万或者2万股呢。

这是我听到过的策划最聪明，推销最巧妙的消息之一。可它发生了故障。这是必然的。首先，我妻子正好在那天得到了一笔不劳而获的500美元，因此胆子比平时要大得多。她希望自己能完全独立地赚点儿钱。这个想法在她女人家的头脑里被戏剧化后，具有了不可抗拒的吸引力。她知道我对门外汉投机股票的看法，所以不敢在我面前提及此事。威森斯坦没料到她的这一心理。

此外，他对我是个什么类型的交易者也判断失误。我从来不听内幕消息，而且对整个大势正看空呢。他认为能够诱使我买进婆罗洲的那些动作，也就是活跃的交易和3个点的涨幅，正是在我决定全面卖空时，挑选婆罗洲作为起步的原因。

我听完妻子的故事后，比以往任何时候都更加想卖空婆罗洲了。每天上午开盘时和下午收盘前，我都抛给他一点儿，一直到有机会获厚利时再平仓。

我一直都认为根据内幕消息交易是最愚蠢的事情。我猜自己生来就不是个能听从消息的人。有时候我觉得那些听从消息的人就像酒鬼。有些人根本无法控制自己的酒瘾，总是指望能喝上几大口，觉得只有这样才能快乐。要想把耳根放软，去听从那些消息，这实在非常容易。有人详细清楚地告诉你怎样做就能得到快乐，而且做起来不费吹灰之力，这本身就是件非常快乐的事情。它是满足你内心愿望的第一步，也是很大的一步。而这种情形，与其说是被渴望蒙住了眼睛的贪婪，不如说是因为懒于思考而存有的希望。

而且，对消息上瘾的人并不只存在于外行的公众中，纽约股票交易所的场内专业交易人士差不多也一样糟糕。我明确地注意到，他们中无数人都对我有很深的误解，因为我从来不向任何人提供消息。如果我对一个家伙说"卖空5 000股钢铁公司吧"，他立即就会这么做。可如果我告诉他，我对大势看空，并且详细解释为什么时，他就很难听下去。不但如此，我说完后，他还会怒视我，怪我浪费了这么多时间谈论大势，却不干干脆脆地给他一个详细的消息，一点儿也不像一个真正有博爱精神的人——这种人在华尔街上多得很，热衷于把几百万往朋友、熟人，还有看上去完全陌生的人的口袋里塞。

所有的人都珍视奇迹。过分沉醉于希望时，才会相信奇迹能够出现。有的人周期性地沉溺在希望中。我们都知道，一个长期沉溺在希望中的人，会被当做一个乐观主义者的楷模而竖立在我们面前。听从小道消息的人其实就是这种人。

我有一个熟人。他是纽约股票交易所的成员，和那些人一样，也认为我是一只自私而又冷血的猪，就因为我从来不提供消息或者不给朋友找事。有一天——那是好几年前了——他和一个报社的人聊天，那人言谈中偶尔提及，有可靠人士称G.O.H.要涨。我那位经纪商朋友立刻买进了1000股，可眼见着它就跌了下来，跌得那么快，以致他在止损前就赔掉了3.5万块钱。一两天后，他见到了那个报社的人，气得不得了。

"你给的那个消息可真够意思啊，"他埋怨道。

"什么消息？"那个记者问，丈二和尚摸不着头脑。

第十六章 不要轻信消息

"关于 G.O.H. 的那个消息。你说是个可靠人士说的。"

"我是说了。是公司一位董事告诉我的,他也是财政委员会的成员。"

"是哪一个?"那个经纪商恨恨地问。

"如果你一定要知道的话,"记者回答说,"他就是你自己的岳父大人,威司莱克先生。"

"见鬼啊,你为什么不告诉我你指的是他!"经纪商嚷嚷了起来。"你害我丢了 3.5 万块钱!"他不信家里人的消息。离消息的源头越远,消息就越纯粹。

威司莱克老头是个富有而成功的银行家和发行商。有一天他碰见了约翰·盖茨。盖茨问他有什么消息。"如果你听了会采取行动,我就告诉你。如果你不动,那我就省了这口气,"威司莱克老头挺粗暴地回答道。

"我当然要采取行动的,"盖茨愉快地下保证。

"卖掉瑞汀公司!肯定有 25 个点的利润,也许更多。不过 25 个点是绝对保证的。" 威司莱克这话掷地有声。

"太感谢你了,"动不动就喜欢和人赌 100 万的盖茨热情地和他握了握手,朝着自己的营业部走去。

威司莱克专门研究瑞汀公司。他对这个公司了如指掌,和公司内部的人一伙,因此,这只股票的情况对他来说毫无秘密可言。这一点人人都知道。而现在,他建议那个西部大赌徒卖空这只股票。

呃,瑞汀一路上涨,从来没停止过。两三个星期内它就涨了差不多 100 个点。有一天,老威司莱克在街上迎面碰上了盖茨,可他装作没看见,继续走路。盖茨追上他,面带笑容地伸出了手。老威司莱克和他握了握手,满脸不屑。

"我想谢谢你给了我那个瑞汀的消息,"盖茨说。

"我没给过你任何消息," 威司莱克皱着眉头说。

"你当然给了。而且是个很棒的消息。我赚了 6 万块钱。"

"赚了 6 万块?"

"是啊！你不记得了吗？你让我卖空瑞汀，所以我就买进了！把你的消息反着用总能让我赚钱，威司莱克，"盖茨高高兴兴地说。"总是能！"

老威司莱克看着这位西部糙哥儿，立即佩服地发了句评语："盖茨，如果我有你那脑子，可该多富呀！"

有天我碰到了罗杰斯先生。他是位著名的漫画家，经纪人都对他的华尔街人物漫画佩服得不得了。他在纽约《先锋报》上的每日漫画多年来为大批人带来了欢乐。他给我讲了一件事情，此事就发生在我们和西班牙交战的前夕。那天晚上他在一位做经纪人的朋友家里，离开的时候，他从衣帽架上取走了自己的圆顶帽——至少他认为那是他的帽子，因为看上去一模一样，而且大小正好。

那段时间华尔街上想的谈的都是和西班牙开战的事情。到底会不会出现战争？如果开战的话，股市就会跌，这不只是因为我们自己会抛售，压力还来自于那些持有我们股票的欧洲人；如果不开战，那就肯定应该买进股票，因为在那些耸人听闻的小报鼓动下，股市已经跌的相当厉害了。罗杰斯先生给我讲了接下来发生的事情：

"我的朋友，就是我前一天晚上在他家的那个经纪人，第二天站在交易大厅里，焦急地在脑子里交战，盘算是该做多还是做空。他权衡了所有的消息，可是要分清哪些是谣言哪些是事实是不可能的。没有一条可以让他信赖的新闻。他前一刻还认为战争不可避免，下一刻就会劝说自己那不太可能。这种焦虑肯定把他的体温升高了，因为他取下帽子，去抹自己那滚烫的额头。他决定不了自己该买还是该卖。

"他碰巧看了看帽子里面。那儿有一个金色字母组成的'WAR'（译者注：这是罗杰斯的姓名缩写，正合了'战争'这个词）。这个暗示对他来说足够了。这难道不是上帝通过我的帽子发出的一个消息吗？因此他卖出了大量的股票。战争正式爆发了。他在暴跌中平了仓，狠赚了一笔。"然后，罗杰斯用一句话结束了这个故事："那顶帽子我一直没拿回来！"

第十六章 不要轻信消息

但是我知道的事关消息的故事中，要数和胡德有关的那个最妙。胡德是纽约股票交易所最热门的人物之一。有一天，有个场内交易者沃克告诉他，自己为南大西洋铁路公司的一位重要董事帮了一个大忙，而那位满怀感激的知情者作为回报，要他在能力范围内尽可能地买进南大西洋的股票。董事会要出台一些行动，这会把它的价格拉高至少 25 个点。所有的董事都还没有参与这件事情，但是他们大部分肯定会投赞成票。

沃克推断股息率会上调，他告诉了胡德。他们每个人都买进了 2 000 股南大西洋。这股票在他们买进前后的走势都很弱，不过胡德说这明显是以沃克那位感恩的朋友为首的内幕者故意弄出来配合吸货的。

接着的那个星期四，股市收盘后，南大西洋的董事们开会通过了股息方案。星期五早晨，这股票在刚开盘的 6 分种内就跌了 6 个点。

沃克气得要死。他给那位感恩的董事打电话，那人对此很难过，非常后悔。他说把要沃克买进这事给忘了，所以在主要董事们的计划发生变化时，一时大意，没有给沃克打电话。这位后悔莫及的董事非常想弥补一下自己的过失，因此给了沃克另外一个消息。他好心解释说，他的两位同事想低价吃进股票，采取了他不以为然的下等手段。为了取得他们的赞成票，他不得不妥协。不过现在他们的股票已经满仓，上涨没有任何阻碍了。目前买进南大西洋绝对包赚不赔、板上钉钉。

沃克不但原谅了他，而且热情地和这位高级财务人员握了握手。很自然地，他赶紧找到他的朋友和共同受害者胡德，把这大好消息告诉了他。他们要赚大钱了。这只股票上次有消息说要涨，他们买进了；可现在它的股价比那时低了 15 个点，这使再次买进显得太容易了。因此他们联合买进了 5000 股。

就好像他们拉响了开幕的铃声，这股票迅速狂跌，一看就知道是内部的人在抛售。有两位专家十分肯定地确认了这个猜测，于是胡德把他们的 5000 股抛掉了。脱手后，沃克说："那个王八蛋要不是前天去了佛罗里达,我要把他的肠子给拉出来。我一定会!你跟我来。"

"去哪儿?"胡德问。

"去电报房。我要给那个混蛋发一封他永远也忘不了的电报,走吧。"

胡德跟了上去。沃克领头到了电报房。在那儿,他气急败坏地——那5000股可让他们赔了相当一笔钱——写了一篇堪称辱骂泄愤的经典之作。他给胡德读了一遍,结束道:"这差不多能让他知道一下我对他的看法了。"

就在他把这电报递给电报员时,胡德说:"等等,沃克!"

"怎么了?"

"我不想发出去,"胡德诚恳地建议道。

"干嘛不?"沃克没好气。

"这会让他恼羞成怒的。"

"那不正是我们要的吗?对不?"沃克看着胡德,满脸惊诧。

可胡德不同意地摇了摇头,十分严肃地说:"如果你把这电报发出去了,我们就再也不会从他那儿得到消息了。"

一个职业交易者竟然都说出了这样的话!更不用去谈那些追逐消息的傻瓜了。人们追逐消息并不是因为他们愚蠢,而是因为他们沉醉于我说过的那些希望之酒。那个老罗斯切德男爵获取财富的诀窍应用在投机再合适不过了。有人问他,在证券交易所赚钱是否很难,他回答说,恰恰相反,他觉得非常容易。

"那是因为你本来很富有,"问话的人反驳说。

"根本不是。我找到了一个容易的办法,然后持之以恒。这样想不赚钱都不可能。如果你想知道,我就把秘密告诉你。那就是:我从来不在底部买进,而总是提前卖出。"

投资者是另一个物种的人类。他们中大部分人都看重库存、收益统计以及各种各样的数据,就好像那些就意味着事实和把握。通常说来,人性的因素被极端轻视了。很少有人愿意为了一个人而买进

第十六章　不要轻信消息

一只股票。在我认识的人中,最有智慧的是一个出身于宾州的德裔人。他后来进入华尔街,成了一名那种经常和拉塞尔·塞奇见面的人。

他是个了不起的研究者,吃苦耐劳,不知疲倦。此人推崇用自己的脑子想,用自己的眼睛看,别人的看法对他没什么用处。那还是几年前的时候,照情形看,他手中似乎有不少艾奇森－托皮卡－桑塔菲铁路公司的股票。很快他就开始听到令人不安的消息了,都是关于这家公司和它的管理层的。有人告诉他,公司总裁瑞哈特先生不但不是人们所说的什么商业奇才,而且实际上是个最为奢侈浪费的管理者。他的轻率鲁莽正迅速地把公司推向一团混乱,算账的早晚一天会来,那时候就要倒霉了。

对于这位宾州德裔来说,这正是那种生死攸关的消息。他急忙赶到波士顿去见瑞哈特先生,问了他几个问题,都是关于他反复听到的那些指控。他问艾奇森铁路公司的总裁,这些话是否属实。

瑞哈特先生不仅断然否认了这些指控,而且进一步表示,他要着手用数据来证明说这话的人都是些恶毒的骗子。这位宾州德裔询问了详细的情况,总裁一一说明,并且向他展示了公司目前的业务经营和财务状况,翔实到了每一分钱。

宾州德裔谢过了瑞哈特总裁,回到纽约后立即把手中的艾奇森股票全部抛掉了。差不多一个星期后,他用闲置的钱买进了大量的德拉瓦－拉克瓦那－西部铁路公司的股票。

几年后,我们在谈论幸运的交易时,他举出了自己的这件交易为例。他解释了一下促使他这么做的原因。

"你看,"他说,"我注意到,瑞哈特总裁在写数据时,从那张桃花心木拉盖书桌上的一个文件夹取出了几张信纸。那是高级重磅亚麻纸,带着精美的双色浮雕信纸抬头。它不但非常昂贵,而且更糟糕的是毫无必要的昂贵。他总是在纸上写下几个数字,向我显示公司具体部门的具体盈利,或者验证他们正如何在缩小开支,减少经营成本,接着就把那张昂贵的纸揉了,扔进垃圾筐。没过多长时间,他想给我介绍正在实行的经济措施时,就会再另取一张精美的带着双色浮雕抬头的纸。而写几个数字后，嗖！又进了垃圾筐！钱浪费起来真是毫不在意。这让我想到，总裁如果是那么一种人的话，他就不太可能会坚持雇用或者奖励勤俭节约的手下。因此我决定相信那些人的话，认为他们关于管理层奢侈浪费的说法是可信的，而总裁的看法是不可接受的。于是我抛掉了手中的艾奇森股票。"

"几天后，我碰巧有事去了德拉瓦铁路公司。那儿的总裁是山姆·斯洛。他的办公室最接近公司入口，而且门大大敞开着。他的门总是开着的。当年，每个人走进德拉瓦的总裁办公室时，总能看到总裁正坐在桌前。不管是谁，都可以进去和他立刻开谈业务，如果他有业务的话。财经记者们过去常常对我说，在老山面前，他们向来不必拐弯抹角。问题提出后，总是能从他那儿得到干脆的'是'或'不是'，而且无论其他董事的股市业务有多么急迫。

"我走进去时，看见老头正忙着。我起先以为他在拆信，走近办公桌后才看见他在干什么。我后来了解到，那是他的日常习惯。公司的信在拆出分类后，空信封不是被扔掉，而是被收集起来拿到他的办公室。他在空闲的时候，就把这些空信封一分为二，这样就有了两张纸，每张都有空白干净的一面。他把这些纸堆成一摞一摞分给别人当便条纸，比如说记一下瑞哈特在浮雕信纸上给我记的那种数据。既没浪费空信封，也没浪费总裁的空余时间，每样都充分利用了。

"这使我想到，如果德拉瓦铁路公司有这样的人做总裁，那么公司所有的部门都会是一种经济实用的管理风格。这一点总裁一定会落实！我当然还知道，公司定期发放股票红利，资产质量优秀。我尽可能多地买进了德拉瓦的股票。从那时算起，它的股本已经增长了4倍。我每年的股息已经抵得上我的投资成本了。我仍然持有德拉瓦铁路的股票，而艾奇森铁路的股票呢，则在我看到它的总裁把用来写数字向我证明，他并不奢侈的那一张张带着精美双色浮雕抬头的亚麻纸扔进垃圾筐后两三个月，被抛给了下家。"

这个故事的好，在于它是真实的。而且这位宾州德裔要是买进了任何其他股票的话，都不可能有德拉瓦股票所带来的这么好的收益。

第十七章　经验和记忆培养出的行动本能

在我最亲密的朋友中，有一个人非常喜欢提我那些他称之为第六感的故事。他老是说我有一些不可解释的能量，声称我只不过是因为盲目地服从了某种神秘的冲动，才能够及时在恰当的时机脱离股市。他在早餐桌上最爱说的一件事情，就是一只黑猫告诉我要大批卖掉手中的股票，而我在接到这只小猫的消息后，就变得脾气急躁、神经紧张，直到把自己手中持有的所有股票都抛光才算完。我的卖出价基本上是走势的最高价，这自然加强了我这位固执朋友的第六感理论。

那件事发生在我去华盛顿的时候。我想尽力说服几个议员，让他们相信不断往我们头上加税是不明智的。我并没有怎么关注股市，把手中股票抛掉的决定是突然出现在我的脑海中的，所以朋友才会喋喋不休。

我承认，在股市中，有时我的确会有一种要做某件事的无法遏制的冲动。这和我在做多还是做空无关。我就是一定要出局，出来了我才能舒服。我自己对此的解释是，我看见了许多警告的信号。这些信号中，也许没有一个能称得上足够清晰或者足够有力，可以为我做突然想做的事情提供一个肯定而明确的理由。交易老手们总说基恩及其以前的一些操盘手们曾经锻炼出了极其敏锐的"行情感应"，我可能就是这种情况。我承认，这些警告通常被证明不但很准，而且具体到了分钟。可就这个例子而言，其实没有什么预感，和那只黑猫没有任何关系。他到处对人说的什么我那天早晨起床后性情乖戾，我想是可以解释清楚的：如果我真的脾气不好了，那是因为失望。我知道自己没有说服那个议员，在华尔街的税收问题上，委员会并不像我这么看。我不是想阻碍或者逃避对股票的交易征税，而是作为一名经验丰富的股票交易者，想推荐一种我觉得既公平又明智的税收方案。我不希望山姆大叔把鹅杀了，饲养得当的话，这鹅能下好多金蛋呢。很可能劝说失败不但刺激了我，而且使我对一个处在不公平的税收政策下的事业的未来变得悲观了。不过我会告诉你到底发生了什么事。

牛市的初期，我对钢铁和铜的整个市场情形都很看好，因此对这两类的股票也看多，于是我就开始逐渐买进其中的一些。我开始买进的是犹他州铜业公司，后来停止了，因为它的表现不对劲。也就是说，它的表现没有给我那种买对了的感觉。我想那时它的价格是114。我也开始以几乎同样的价格买进美国钢铁公司。第一天我总共买进了两万股，因为它的表现不错。我买进用的手法就是以前说过的那种逐步建仓。

钢铁公司的继续表现良好，因此我继续逐步买进，直到总数达7.2万股。而我的犹他州铜业公司还是刚开始买进的那一笔，一直都没有超过那5000股。它的表现没有鼓励我去更多地买进。

每个人都知道发生了什么事。我们迎来了一轮大的牛市行情。我知道股市要涨。基本面的条件都是有利的。即使股市已经大涨了，我的浮动利润也不是个小数目了，大盘还在大声说：时机未到！时机未到！我到达华盛顿时，还听见它在那么说。当然，即使仍然看多，我在后期也没想增加自己的持仓量。同时，股市正按我预期的方向走，我没必要整天坐在行情板前，去时刻等待着出局的信号。在撤退的号角响起之前，股市总会迟疑一番或者以其他方式使我为投机转向做好准备，这当然要把绝对不可预料的天灾人祸排除在外。这就是我无忧无虑地跑去跟议员们谈事的原因。

价格与此同时在不断上涨，这意味着牛市越来越临近尾声。我并不指望能有一个确切的结束日期，那实在是超出了我的判断能力。不过，不用我说你也知道，我在留心警告信号。不管怎样，我一直都这样，它实际上已经成了我的一个交易习惯。

我虽然不敢保证，但是相当怀疑，我在清仓抛出的前一天，看

第十七章　经验和记忆培养出的行动本能

着高涨的价格，想到了自己的纸面利润和持股数量之大，接着又想到了自己劝说立法者公平明智地对待华尔街的一番努力也化为了乌有；那个思绪万千的时刻，就像是种子在我心里埋下的方式和时间。它整夜都在潜意识里活动。早上，我想到了股市，就开始猜测那天的大盘会怎样。到了营业部后，我看到的不是仍然上涨的价格和令人满意的利润，而是一个庞大的、有着惊人的消化能力的市场。在那样的市场中，我可以抛出任何数量的股票。一个人在满仓的时候，他肯定会留心能够把纸面利润落实为现金的机会，这是理所当然的。他在落袋为安时，应该尽可能地不要丢失利润。经验告诉我，一个人总是可以找到兑现利润的机会的，这个机会通常出现在一轮走势要结束的时候。这和看盘无关，也不是第六感。

很自然，当我那天早晨发现了一个可以让我全部清仓而没有任何麻烦的股市，我就照做了。在抛售的时候，卖出 50 股不会比卖出 5000 股更明智或者更勇敢。但是，你可以在一个最清淡的市场上卖出 50 股而不使价格下跌，可要卖出 5000 股某只股票时，情形就完全不同了。我有 72 000 股美国钢铁公司。这也许不算一笔太大的数目，但是你要卖出这么多时，也不会总能做到不损失一些利润。你大致估计的时候，这些利润在账上显得多好看呐，丢掉它，就像丢掉了你实际上安稳地放在银行里的钱一样痛心。

我的利润大约有 150 万美元，而在能兑现的时候我把它兑现了。可这并不是我在抛出时认为自己做对了的主要理由。股市为我证明了这一点，使我感到了一种满足。是这样的：我成功抛出了全部 72 000 股美国钢铁公司，而且平均价格比起当天、也是这波走势的最高价仅低了一个点。这证明了我是正确的，分秒不差。但是就是同一天的同一个小时内，当我卖出那 5000 股犹他铜业公司时，该股价跌了 5 个点。请回想一下，这两只股票我是同时开始买进的，后来很明智地把美国钢铁公司从 2000 股加到了 72 000 股，也同样明智地在最初买进 5000 股犹他铜业后没有继续加码。我以前之所以没有抛掉犹他铜业，是因为我对铜的交易很看好，而且股市正值牛市，我认为犹他铜业即使给我赚不了大钱，也不会使我有多少损失。至于预感，没有什么预感。

  一个股票操盘手的训练就像一次医学教育。一个医生要花很多年学习解剖学、生理学、药物学以及其他几十种附属学科。他学习了理论后，就全身心投入到实践中去。他观察各种各样的病理现象，并予以分类。他学习诊断。如果他诊断正确——这一点取决于他的观察是否精确——那么他在对未来病情的发展和结局上就应该有很好的预测。要时刻牢记在心的是，人的不可靠性和完全不可预料的因素将使他不可能有百分之百的命中率。然后，随着经验的丰富，他不但学会正确处理，并且能立即着手去做，以至于许多人认为他那么做是出自于本能。这真的不是无意识的。这是他在按照自己过去多年对同样病情的观察进行诊断，很自然地，在诊断之后，他也只可能按照经验告诉他是正确的方法进行处理。你可以传授知识，也就是那些你专门积累的可以制成卡片索引的东西，但是感觉是无法传授的。一个人如果行动不够快，那么在知道该怎么做的情况下，也许还是会赔钱。

  观察、经验、记忆，还有算术，这些是成功的交易者所必须依靠的。他不但必须观察精确，而且必须时刻牢记他所观察到的东西。无论自己对人性的不合理性有多么强烈的信念，或者对意外如此频繁地发生有多么肯定，他都不能对那些不合理或者无法预料的事情下赌注。他必须一直去赌可能性——也就是说，尽量去预测这些事情。交易中，经年累月的实践，坚持不懈的学习，以及长久的记忆，使交易者在无法预料的事情发生时，能够像对待意料之中的事情一样，立即采取行动。

  一个人即使拥有很高的数学才能和异常精确的观察能力，也仍然会在投机中失败，除非他也同时拥有经验和记忆。然后，就像医生要和医学的发展保持同步一样，智慧的交易者也永远不会去停止研究整体形势，去注意对不同市场的走势可能会产生影响的发展动态。经过多年的摸爬滚打，随时掌握情况已经成为一种习惯，他行

第十七章 经验和记忆培养出的行动本能

动起来几乎是无意识的。他培养起了非常宝贵的专业态度，这使他具有了获胜的能力。这种专业交易者和业余或者玩票的交易者之间的区别怎么强调都不过分。我发现，比如说，记忆和数学帮了我很大的忙。华尔街是在数学的基础上赚钱的。我的意思是，它赚钱靠的是数字和客观事实。

当我说一个交易者必须随时掌握情况，以一种纯粹的专业态度面对所有的市场和发展动态时，我的意思只不过是要再次强调，预感和神秘的行情感应和成功并没有多大的关系。当然，一个经验丰富的交易者行动如此迅速，以至于他没有时间预先给出所有的理由——这种事情经常发生。可不管怎么说，这些理由都是非常合理而且充分的，因为它们建立在事实上。而这些事实是他在自己多年的工作、思考和专业者的观察基础上收集来的。对这样一个人来说，发生的任何事情不会一无是处，都自有其精华。请让我来说明一下这个所谓的专业态度。

我随时掌握商品期货的动向，一直都是。这是一个多年的习惯。如你所知，政府报告表明，冬麦的收成和去年持平，而春麦的收成会超过1921年。整体状况好了很多，我们很可能比往年的收获都要早。我得到了小麦数据，对产量有了大致的估计时，也立刻想到了煤矿工人和铁路人员的罢工。这些是我不由自主想到的，因为我的脑子总是在想着所有对市场有影响的因素。我立刻想到，罢工已经对各处的货运产生了影响，也一定会对小麦的价格不利。我是这样想的：罢工引起的运输工具瘫痪，势必会在很大程度上延误冬麦上市的运输，到情况缓解时，春麦也该被运输上市了。这意味着铁路在能够大量运输小麦时，运输的是两季收成——被延误了的冬麦和提早收获的春麦。这就是说，会有庞大数量的小麦一下子涌入市场。事实摆在那儿，那么可能发生的事情就是显而易见的。那些像我一样会去了解情况并且估算的交易者们，在一段时间内不会做多小麦。除非小麦价格跌了下来，跌到适于投资的水平，否则他们不会愿意买进。市场上没有买方的话，价格就应该下跌。像这样想过之后，我就必须验证一下自己的这些判断是否正确。正如老帕过去常说的："不赌不知道。"既然看空了，就要卖空，没必要再浪费时间。

经验告诉我，市场的行为表现就是一名操盘手可遵循的极好指南。那就好比是给病人量体温、测脉搏，或者观察瞳孔的颜色和舌苔。

就目前而言，通常一个人应该可以用不超过 0.25 美分的价格买进或者卖出 100 万蒲式耳小麦。这天，为了测试市场的时机，我卖出了 25 万蒲式耳，而价格跌了 0.25 美分。这个跌幅并不能够明确回答我的疑问，因此我接着又卖出了另外 25 万蒲式耳。我注意到，这次它是被零星吃进的，也就是说，是分许多次以 1 万或者 1.5 万这样的小单吃进的，而不是像往常那样的两三笔交易就一扫而光。除了这些令人生疑的小买单外，价格在我的抛售下也跌了 1.25 美分。现在，不用我浪费时间去指出，你也能看到，市场对我的卖单的消化方式和那不成比例的跌幅都在表明，现在没有购买力。既然如此，那唯一可做的事情是什么呢？当然是更多地卖空。听从经验的指示，有时候也许会使你受到愚弄；可不听从的话，你就必定是个傻瓜。于是我卖出了 200 万蒲式耳，价格跌了更多。几天后，市场的表现简直是迫使着我又卖出了另外 200 万蒲式耳，价格进一步继续下跌。没几天，小麦开始暴跌了，每蒲式耳跌了 6 美分。跌势没有就此停止，而是持续了下去，出现的反弹也都是昙花一现。

我没有跟随预感，也没有人给我消息。面对期货市场，是我习惯性的或者说专业的心理状态为我赢得了利润，而这种状态是我在这个领域浸润多年培养出来的。我钻研，因为我从事的事情是交易。在大盘告诉我判断正确的那一刻，我的职责就是扩大持仓量。我照做了。事情就是这样。

我早就发现，在这个游戏中，真能给你发放稳定红利的是经验，真能给你最可靠消息的是观察。有时候，一只股票的动态就能给你所需要的一切。你观察它，然后经验就会让你知道，该如何用

第十七章 经验和记忆培养出的行动本能

它不同于往常的变化去获利,也就是从可能性中获利。例如,我们知道,无论在牛市还是熊市中,不是所有股票的走势都一致,但是某个板块的所有股票却是会同涨或者同跌的。这是投机中的老生常谈了,是一个人自己就可以意识到的最具常识性的一个信息。证券经纪公司很清楚这一点,而且把它传递给自己那些还没意识到的客户,我是说,他们于是建议那些客户交易那些在同一板块中滞后的股票。因而,如果美国钢铁公司上涨了,那么合理的推论就是美国坩锅材料公司,或者共和钢铁公司,或者伯利恒钢铁公司,迟早也会跟着同样上涨。就同一板块的所有股票而言,它们的交易条件和前景都应该是相似的,繁荣也应该是共享的。理论上说,市场上每只股票都会有出头之日,这是经验无数次证明了的。公众愿意买进AB钢铁公司,是因为它在CD和XY钢铁公司上涨时没涨。

如果一只股票的表现与其所处的大市不符的话,即使那是牛市,我也不会买进这只股票。我曾经在一个勿庸置疑的牛市里买进过一只股票,后来发现这个板块的其他股票都没有上涨的趋势,就把它抛掉脱手了。为什么?经验告诉我,与那种我称之为显性集体趋势反向而行是不明智的。我不能仅仅指望确定性。我必须盘算可能性,而且要对它有所预期。有个老经纪人曾经对我说:"如果我在铁轨上行走时,看见一辆火车以每小时60英里的速度向我开来,那我还继续走在轨道上吗?朋友,我当然是闪开让路。这甚至都谈不上算聪明谨慎。"

去年,在多头市场全面展开后,我注意到在某个板块中,有一只股票的走势和其他股票不一样。除了它,这个板块的走势和大市是一致的。我那时做多了相当一笔数量的黑木汽车。所有人都知道这公司的业务很大。它的价格每天上涨1~3个点,买家越来越多。这自然把公众的注意力集中到了这个板块上,各种各样的汽车股都开始上涨。可是,其中有一只却一直踌躇不前,那就是切斯特公司。它滞后于其他同类股票,因此很快就引起了人们的谈论。人们把切斯特股的低价和漠然与以黑木为首的其他汽车股的强劲和活跃相比较，顺理成章地听从了那些煽风点火自以为是的人，认为它一定很快就会和其他汽车股一样上涨，就开始买进。

可切斯特并没有因为公众的买进而上涨，事实上，它还跌了。其实，在那样的多头市场中，要拉高它的价格不费吹灰之力。就想想看吧，同一板块中的黑木汽车是大势上涨中最为热门的领头股之一，而且我们满耳朵听到的都是各种汽车的需求和产量在以惊人的速度增长。

因此很明显，一个内幕集团在大势上涨时必定会做的事情，切斯特的内幕集团一件也没做。这种情况通常也许有两个原因：一个是，内部的人可能是想在价格上涨前吃进更多的股票，所以没有拉高该股价格。但是你如果分析一下切斯特的交易量和交易特点，就发现这个理论在这儿站不住脚。另外一个原因是，他们担心把股价拉起来后，手里的股票抛不出去，所以就没有这么做。

当那些人不想要一只他们应该要的股票时，我还为什么要要它呢？我断定，无论其他汽车公司多么兴旺，都应该卖空切斯特。经验教会了我，要提防买进一只不跟随同类股走势的股票。

我很容易就树立起一个事实，那就是，内部的人不但没有买进，而且实际上在卖出。虽然它那不连贯的市场行为对我来说就足够了，可我还是看到了一些其他的征兆在发出不要买进切斯特的警告。这是大盘再次给我的事先警告，也是我之所以卖空切斯特的原因。这之后不久的一天，切斯特大幅下跌。后来我们才知道——正式地，在某种程度上——内部团伙很清楚公司的情形不好，确实在抛出这只股票。这个原因像往常一样，是在下跌后才公布的。不过警告信号在下跌前就出现了。我不知道切斯特出了什么麻烦，也没有听随第六感。我只知道，一定有什么事情不对了。

仅仅就在前两天，我们还看到报纸上称圭亚那金矿公司出现了"令人惊异的走势"。它在上市之前的场外卖出价到了50或者差不多的价位后，就到股票交易所挂牌公开上市交易了。上市的起始价格是35左右，然后一路下跌，最终跌破了20。

第十七章　经验和记忆培养出的行动本能

嗯，我从来没有把那次下跌形容为"令人惊异"，因为这完全是意料之中的事情。如果你问的话，就可以了解到那家公司的历史，这许多人都知道。我听到的是这样的：这次活动由六位极为有名的资本大亨和一家很重要的银行联手。其中一个成员是贝尔岛勘探公司的头儿，这家公司预支给圭亚那的现金超过了 1 000 万，作为交换，它拥有圭亚那金矿开采公司的债券及其 100 万股份中的 25 万股。这只股票带股息发行，宣传做得相当好。贝尔岛的人认为应该把自己那 25 万股兑现，就通知了那家银行。银行于是安排设法推销这些股票，同时还有他们自己持有的一些。他们本想委托一名专业承销商，佣金为这 25 万股利润的三分之一，卖出价要高于 36。就我所知，协议已经起草好，就等签字了，可在最后的关头，银行决定自己来担当承销工作，省下这笔佣金。他们由此组织了一个内部承销集团。贝尔岛给银行的价位要求是 36，而他们推出的价是 41。也就是说，这个内部集团起手就给了自己的银行同僚们 5 个点的利润。我不知道他们知不知道这一点。

对银行来说，操作这件事情十拿九稳，这完全是显而易见的。其时正逢牛市，而圭亚那金矿公司所属板块的股票们也都是领涨股。此公司效益极好，定期发放股息。这些，再加上赞助者们极高的声誉，使圭亚那金矿公司的股票在公众眼中几乎成为了一只蓝筹股。有人告诉我，说大约有 40 万股在边涨边抛中被卖给了公众，最高价到了 47。

黄金板块的走势很强劲，但是圭亚那却很快就疲软了。它跌了 10 个点。如果是承销商在运作，那就没事。可是华尔街很快就开始听说，情形并不尽如人意，公司本身担不起发行商们的远大期望。接下来，下跌的原因自然就变得清楚了。不过，我在原因清楚之前就警觉了，而且动手考察过圭亚那的市场反应。它和切斯特股票的表现非常相似。我卖空了圭亚那。该股价格下跌。我卖空更多。价格还是在跌。这只股票在重蹈切斯特股的覆辙，和我记得的其他十几只股票的下跌路线也相同。大盘明明白白地告诉我，有什么事情不对劲，知情者没有买进，那可是些明白自己为什么不该在牛市买进自己的股票的人。而另一方面，外面那些不知内情的人现在却正在买进，因为相比曾经到过的 45 以及更高的价位，这只股票现在的 35 以及低于 35 的价格显得很廉价。股息还是在支付，在他们看来，这股票是个大便宜。

接着传来了消息。它像那些重要的市场新闻一样，在公众知道之前，先到达了我的手中。这份报告确认了开采出来的是贫瘠的岩石，而不是丰富的金矿。不过这种确认只不过向我交代了早期知情者之所以抛售的原因。我自己卖空并不是为此。我很早之前就卖空了，凭的是这只股票的市场表现。我对它的关注并不复杂。我是一名交易者，因此寻找一个迹象：内部买进。可是没有任何这种迹象。我没必要去知道这些知情者为什么不看好自己的股票，在下跌时也不买进。他们显然不打算为抬高股价去进一步操作了，仅这一点就足以使卖空这只股票成为理所当然的事。公众已经买进了一百万股份中的几乎一半，股权产生变化的唯一可能就是一些懵懂的不知情者为了止损把该股卖给了另外一些懵懂的不知情者，后者以为买进可以赚到钱呢。

公众买进圭亚那股赔了钱，我卖空它却赚了钱。我告诉你这些，并不是用它们来说教，而是要强调研究同类股集体走势是多么重要，以及它的教训是如何被那些大大小小的准备不充分的交易者们所忽视了的，而大盘不仅只在股市上才给你警告，它在期货市场上的口哨吹得也一样响。

我在棉花期货上有过一次有趣的经历。那时我不看好股票，就适量放空了一笔，同时也卖空了 5 万包棉花。股票的交易很有利润，因此我就忽略了棉花。等再去关注时，这 5 万包棉花已经使我亏损 25 万美元了。我说过，股票的交易很吸引人，我操作得也十分不错，因此我不愿意分散注意力。不管什么时候，只要一想到棉花，我就会对自己说："等出现回落了再平仓。"它的价格倒是有过一点儿回落，可还没等我决定认亏平仓呢，就又会再次反弹上

第十七章　经验和记忆培养出的行动本能

去,甚至创出新高。于是我就会决定再等一等,然后又回到股票上去,把注意力集中在那儿。最后,我以获取一笔非常丰厚的利润结束了自己的股票交易,到热泉区休息度假去了。

那其实是我第一次闲下心来考虑这笔亏损的棉花交易。交易一直不顺,有几次看上去我险些都要成功了。我注意到,不管什么时候,只要有人大量抛出,就会出现一次幅度不小的回落。可价格几乎即刻便会反弹上去,创出一个新高。

终于,在到了热泉区几天之后,我的亏损已达 100 万,而且在涨势下,只多不少。我仔细审视了一遍所有自己做的和没做的事情,对自己说:"我一定是错了!"对我来说,感觉自己错了和决定出局实际上是一回事。因此我回补平仓,赔了大约 100 万美元。

我第二天早晨打着高尔夫,心无旁骛。我在棉花上操作了一次,判断错误;我为这错误付出了代价,付钱的收据就在口袋里装着——我对棉花市场的关注也就仅限于此,不会更多了。返回酒店吃午饭的路上,我在经纪商的营业部停下,看了看行情板。我看见棉花跌了 50 个点。这不算什么。不过我还注意到,它一反常态,没有像过去几个星期里习惯做的那样,一旦那笔大卖单的压力放松,就反弹上去。这种迹象表明了最小阻力趋势是向上,我以前对它视而不见,以致亏损了 100 万。

无论如何,既然通常那种迅速有力的反弹没有出现,那么曾经让我认大亏回补平仓的理由现在就站不住脚了。因此我卖空了 1 万包,然后静观其变。它很快就跌了 50 点。我又多等了一点儿时间,反弹没有出现。我这会儿已经很饿了,于是到饭馆去要了午餐。还没等服务员端上来呢,我就跳了起来,又回到了经纪商的营业厅。我看它并没有反弹,就又卖出了 1 万包。我等了一会儿,很高兴地看见它的价格又跌了 40 点。这说明我交易正确,因此我回到饭馆去吃完了午饭,然后再次来到经纪商那儿。那一整天棉花都没有反弹。当天晚上,我离开了热泉度假区。

打高尔夫球很痛快,但是我在以前那次棉花交易中的很多操作都犯了错误，因此一心想着回到能让自己交易起来得心应手的地方再做一次。市场消化我第一个1万包的情形使我卖出了第二个1万包，而它消化我这第二个1万包的情形则使我确信，转向在即。其中的关键是市场行为不同。

嗯，我到了华盛顿，来到经纪商的营业部，在那儿管事的是我的老朋友塔克。我在那里时，棉花的价格又跌了些。现在我更加确信自己判断正确了，这种信心更甚于以前确认自己错了的时候。于是我卖出了4万包，而它的价格下跌了75点。这表明市场中没有支撑。那天晚上它收盘还收得更低。以前的购买力显然不复存在了。这股力量在什么时候会卷土重来，谁也说不准，不过我对自己操作的明智充满了信心。第二天早晨，我离开华盛顿，开车去纽约。没必要赶时间了。

当我们到了费城时，我去了一家经纪商的营业部。我看见棉花期货市场捅了娄子，价格暴跌，出现了小范围的恐慌。我没有等到了纽约再说，而是当场给我的经纪商拨了长途电话，回补卖空的仓位，平仓了。一接到成交报告，我就发现，前次的亏损已经几乎完全弥补回来了。我开车继续回纽约，一路上再也没停下来看行情。

有些和我一起在热泉的朋友至今喜欢谈论我从午餐桌前跳起来，跑去卖空第二个1万包的事情。可我要再说一次，很清楚那并不是一个灵感。那是从信念中产生的一次冲动，这个信念就是，无论我以前犯的那个错误有多大，我都认为卖空棉花的时机这时已经来到。我必须利用这个时机，这是我的机会。我的潜意识很可能一直没有停止工作，是它为我得出了结论。在华盛顿所下的卖空决定，也是我观察的结果。我多年的交易经验告诉我，最小阻力趋势已经从向上改为向下了。

我并不因为棉花市场让我赔了100万而埋怨它，我也不因为犯了那种错误而憎恨自己，就像我也不觉得在费城平仓弥补回了损失有什么可骄傲的一样。我的交易头脑里只想着交易问题，而我认为自己有资格断言，是我的经验和记忆让我弥补回了损失。

第十八章　投机者的勇气，其实就是按照自己的判断行事的决心

华尔街上，历史总是在不断重复。你还记得我说过的那个故事吗？就是在斯特拉顿囤积玉米时，我回补平仓的事情？嗯，同样的策略我几乎是一模一样地在股市上又用过一次。那只股票是热带贸易公司。我做多买进它赚了钱，放空卖出它也赚了钱。它一直都很活跃，很受胆子大的交易者青睐。报纸常常指责它的内部集团，说他们更关注股价的波动，而不去鼓励长期的投资行为。前几天，我认识的一位极具才干的经纪商断言，玛里根总裁和他的朋友们在炒作热带贸易公司的股票中发展出来的一套榨取利润的方式太完美了，那是炒作伊利铁路公司的丹尼尔·德鲁和炒作糖业公司的哈维迈耶也比不上的。他们经常鼓励空头们做空热带贸易，然后有条不紊地进行彻底的逼空。那套方法的铁腕无情，还有一丝不苟，就和一台水压机的感觉没两样。

当然，常有人提起热带贸易公司在股市中的某些"令人憎恶的事件"。不过我敢说，这些批评的人正身受被逼空之苦。这些场内交易者常常输在内幕者的灌了铅的作弊骰子下，为什么还会继续玩下去呢？呃，有一个原因就是，他们很好动。这一点热带贸易肯定能让他们满足。这只股票向来活跃，耐不住寂寞。在交易这样一只股票的时候，不必探究原因和交代理由，不必浪费时间，不必耗尽了耐心去等待消息推动的行情启动，总有足以交易的股票在周转——除了放空的量大到了一定程度，值得让股票变得稀缺去逼空时。咳，上当的人永远都有！

不久前我正好在佛罗里达像往常那样度冬假。我钓着鱼，玩得

很开心,除了在收到一批报纸的时候,其余时间完全不去想市场的事。一天早晨,在接到两星期一次的邮件后,我看看了股票行情,发现热带贸易的卖出价是155。我上一次看到的价格是140左右,我想。我的看法是,我们正在进入一个熊市,我要等待卖空的良机,但是用不着太匆忙,这就是我之所以会置身事外钓鱼的缘由。我知道等真正的时机到来时,我会回去的。而在此期间,我做什么和不做什么,都不会加快事态的发展。

根据那天早晨收到的报纸来看,热带贸易公司的走势在大盘中显得很刺眼。这使我对大市的看空具体化了。因为,我认为热带贸易的炒作者在大市迟缓的情况下拉高价格,是一件特别愚蠢的事情。挤压利润也得看时候,有时候必须暂停。一个交易者在算计的时候,很少会把反常的事情当做一个可喜的因素。在我看来,拉高该股价格是大错特错。没人能犯这么大的一个错误而不受惩罚,在股市上没有。

读完报纸后,我又回头去钓鱼,但是心里却一直在想热带贸易内部的人到底要干什么。他们注定要失败,这就像一个人从20层高的楼上往下跳但却没有降落伞一样,他毫无疑问肯定会把自己摔成一堆烂泥。我想不了其他事情,所以最后还是放弃了钓鱼的打算,给我的经纪商发了封电报,以市价卖空了2000股热带贸易。这之后,我才算可以安心钓鱼了。钓了实在不少。

那天下午,我接到了一封由特快专递送来的回电。我的经纪商报告说,他们以153的价位卖出了2000股热带贸易。到现在为止都还不错。我是在一个下跌的市场上放空,这是预料中的。但是我没法再钓鱼了。我离行情板实在太远了点儿。这个念头是在我开始思考热带贸易会随大市一起下跌,而不是在内幕炒作之下上涨的各种原因后出现的。因此我离开了自己的钓鱼基地,回到了棕榈滩——或者不如说,回到了和纽约的直线联系中。

在到达棕榈滩,看见那些误入歧途的内幕者仍然在执迷不悟的那一刻,我就卖给了他们第二个2000股。收到成交报告后,又是

第十八章　投机者的勇气，其实就是按照自己的判断行事的决心

另外 2000 股。市场的表现好极了，也就是说，我一卖它就跌。事事都很顺心，我出门去兜了一圈。但是我并不觉得痛快，没有更多地卖出，这一点让我越想越不高兴。因此我回到经纪商那儿又卖出了 2000 股。

我只有在卖空这只股票的时候才觉得高兴，这样很快就做空了 1 万股。接着我决定回纽约。现在我有事干了，钓鱼可以抽其他时间。

到纽约后，我特意去了解了一下这家公司的情况，目前的和预期的。了解到的事情强化了我的信念。那些内幕者的做法岂止是莽撞而已，在这样一个时机拉高该股价格，不但脱离了大盘走势的基调，他们甚至也没有公司的收益做底。

该股的上涨，尽管既不合理也不合时宜，但还是在公众中挑起了一些追随者。而这毫无疑问在鼓励内幕者们去继续耍弄那些不明智的手段。于是我卖出了更多的股票。内幕者停止了他们的愚蠢行径。我一次又一次地按照自己的交易方式测试市场，结果最终卖空了 3 万股热带贸易公司的股票。那时的价格已经是 133 了。

我曾经接到过警告，说热带贸易的人知道他们的每一张股票在华尔街的确切下落，以及空头的身份和他放空规模的准确数字，还有其他一些在战略上有重要意义的事情。他们都是些精明能干的交易者。总而言之，是一个危险的对手。但是，事实就是事实，最强有力的联盟是市场条件。

当然了，在从 153 下跌到 133 的过程中，空头的力量在增长，那些在回跌时买进的公众又像往常那样开始争论道：这股票在 153 以及更高的价位时，曾经就被认为值得买进；而现在低了 20 个点了，那必然更该买进了。同一只股票，同样的股息率，同样的管理者和同样的业务，大大的便宜了啊！

公众的买盘分解了流动的卖盘。内幕者们知道有许多场内交易者都在做空，就认为到了逼空的好时机，于是把价格涨到了 150。我敢说有许多人都回补平仓了，可我还是坚持没动。为什么要动呢？内幕者也许知道有一笔 3 万股的卖空还没拿回来，可这就能吓

着我吗？促使我在153开始卖空，并且一路卖到133的原因不仅还存在，而且比从前更有力。而内幕者们也许渴望能迫使我平仓，可他们举不出任何有说服力的理由。基本条件在为我抗争。要做到既无畏又耐心并不难，只要投机者对自己和自己的判断怀有信心。已故的沃兹是纽约棉花期货交易所的前任主席，也是著名的《投机艺术》一书的作者。他说，一名投机者的勇气，其实就是他按照自己的判断行事的决心。就我而言，我不可能怕犯错。这是因为除非事实证明我错了，不然我从来不会认为自己错。实际上，除非要我从自己的体验出发，不然我是不会安心的。市场在某一时间段内的表现并不一定能证明我错了，我的市场部位是对还是错，是由涨势或者跌势这种市场根本性质来决定的。我只有依靠知识才能成功，如果失败了，那一定是因为我自己的错误。

　　从133到150这段反弹的性质来看，没有什么可让我害怕到要去回补平仓的。这只股票很快就如预料的那样开始下跌了。它在内部集团开始给予支持之前，就跌破了140。与内部集团的买进相配合的是大批关于这只股票的利好传言。我们听说，这家公司现在极为赚钱，它的效益使固定股息率理应得到增长。还有，据说做空的人非常之多，很快就要对所有的空头们进行"世纪大挤压"，尤其是那个放空过了头的人。我听到的传言多得说不完，它们只把价格拉高了10个点呢。

　　对我来说，这些人为的炒作似乎并没有什么危险。不过，当它的价格到了149时，我下了决心，认为继续让华尔街把这些四处流传的利好消息当成事实接收下来是不明智的。当然，面对那些吓坏了的空头们或者凭着道听途说的消息在经纪公司交易的那些轻信的客户们，无论是我还是随便哪个局外人，都说不出什么能让他们信服的话。只有大盘行情才能予以有礼有节的最有效的驳斥。人们不会相信任何一个大活人的誓言，更不会相信一个放空了3万股的家伙，但是他们会相信大盘。因此，我使出了当初对付斯特拉顿囤积玉米时的同样手段。那次，我以卖出燕麦的方式使交易者对玉米行

第十八章　投机者的勇气，其实就是按照自己的判断行事的决心

情看空。这就是经验和记忆！

内幕者们恐吓空头，拉高热带贸易的股价时，我并没有试着抛出该股去打压它的涨势。我已经卖空了3万股，这在市面上的卖盘中占了很大的比例，再多就不明智了。他们这么热心地为我张着圈套——第二次反弹真可算是一次急切的邀请——可我并不打算把头伸进去。热带贸易到了149时，我所做的，就是卖空了大约1万股赤道商业公司。这家公司持有一大批热带贸易的股份。

赤道商业公司这只股票并不像热带贸易那么活跃，正如我预见的那样，它在我的抛盘下跌得很厉害。当然，我的目的达到了。交易员们，还有证券公司里那些听了热带贸易未加辩驳的利好消息的客户们，看见热带贸易在上涨的同时，赤道商业公司却在迅速下跌，就很自然地做出了结论，认为热带贸易的强劲只不过是烟雾弹而已，显然是设计出来为配合赤道商业公司进行内部清算的，那可是家持有大量热带贸易股份的公司。他们认为，抛出来的这些股票一定是多头在平仓，而且是赤道公司内部的，因为任何一个不知情的人都不会在热带贸易的涨势如此强劲时，还梦想着卖空那么大一笔。因此，他们抛掉了热带贸易，阻止了该股的涨势。内幕者们很识时务，并不打算接下所有的抛盘。他们一撤销支撑，热带贸易的价格就跌了。交易者和主要的证券公司现在也开始卖出赤道公司，于是我借机回补，以一笔微小的利润把卖空平仓了。我当初卖空它并不是为了赚钱，而是为了打压热带贸易的涨势。

热带贸易的内幕者和他们辛勤的宣传人员在华尔街上反复散布各种各样的利好消息，试图拉高价格。每次他们这么干时，我就卖空赤道商业公司。而等热带贸易带着赤道商业一起回跌时，我再回补平仓。这样大煞了那些炒作者的威风，热带贸易的价格终于跌到了125。做空的人变得实在太多了，致使内幕者得以把价格拉高了20还是25个点。这次的放空过了头，所以这个涨势是充分合理的。不过我虽然预见到了这个反弹，但是并没有平仓，因为不希望失去自己的部位。在赤道商业能够以涨势来声援热带贸易的反弹之

前，我进行了大量卖空——结果与往常一样，揭穿了关于热带贸易的利好言论。在最近那次惊人的涨势之后，这些言论一度变得十分嚣张。

至此，大市已经变得相当疲软了。如我所说，正是因为我坚信我们正处于熊市，所以才开始在佛罗里达的钓鱼基地卖空热带贸易的。我还做空了不少其他股票，不过最喜欢的还是热带贸易。结果，事实证明大势所趋，内幕者们无力再与之对抗，热带贸易开始狂跌。多年来它第一次跌破了 120，接着是 110，然后破了面值 (100)，而我一直没有平仓。有一天，整个股市极其疲软，热带贸易破了 90，一塌糊涂之际，我平仓了。还是和过去同样的原因，机会来临了——市场的消化能力够大、大盘疲软、卖方远远多于买方。我也许会显得是在喋喋不休地吹嘘自己的聪明，可即使冒这个风险，我也要告诉你，我那 3 万股热带贸易差不多是以这波行情的最低价平仓的。而我其实并没有想着要在底部平仓，我只是打算在损失不大的情况下，把自己的浮动利润兑换成现金。

我自始至终都站得很稳，因为我知道自己的部位很合理。我并没有挑战市场大趋势或者违背基本的市场条件，情况正相反，恰恰就是这些，使我十分肯定那些过分自信的内幕集团一定会失败。他们的企图，别人以前也做过，全都失败了。那些频繁出现的反弹，即使在我完全知道它们要来的时候，也吓不倒我。先平仓，然后再以更高的价位建仓；比起这个来，我知道坚持不动的结果会好得多。坚守自己感觉正确的部位，使我赚了超过 100 万美元。这与灵感也好，高明的看盘技巧也好，或者固执的勇气也好，都无关。它得利于我对自己判断的忠诚，而不是我的机智或者虚荣心。知识就是力量，而力量则不必惧怕谎言——即使当它们被印在行情带上时也不必，真相很快就会大白。

一年后，热带贸易又被拉高到了 150，而且在那儿盘整了几个星期。是该整个股市大幅回落调整的时候了，因为它一直都在持续上涨，多头已经不再。我测试过，所以我知道。目前，热带贸易公

第十八章　投机者的勇气，其实就是按照自己的判断行事的决心

司所属的那个集团生意非常糟糕，即使股市里其他的股票都该涨，我也看不出它们那些股票能靠什么上涨，何况其他的也没涨。于是我开始卖空热带贸易。我打算总共做空 1 万股，我的卖盘把价格压了下去。我看不见任何支撑，然后突然间，买方的性质变了。

我向你保证，我能感觉到支撑来临的那一刻。我这么说时，并不是想把自己装扮成一名奇才。我立即想到，如果那只股票内部的人从来都不觉得自己有义务去拉高该股的价格，而现在面对一个普遍下跌的股市却在买进，那其中就必有缘故。他们并不是一些无知的傻瓜或者慈善家，也不是希望拉高价格卖出更多证券的银行家。虽然有我和其他人的抛盘，这只股票的价格还是涨了。我在 153 平了那 1 万股；到了 156 时，我甚至开始做多了；因为那时的大盘告诉我，最小阻力的趋势是向上。我对大市看空，和我对抗的是一只个股的交易形势，而不是一条通常的投机理论。该股价格猛涨，冲过了 200。它是当年最轰动的股票。根据传言和报纸说，我在被逼空中损失了 800 万还是 900 万美元，这种说法真让我受宠若惊。事实上，我不但没有做空热带贸易，而是在它上涨的过程中，一路做多。我持有它的时间甚至过长了点儿，以致有些利润没拿到。你想知道我为什么这样做吗？因为我认为，如果我是热带贸易内部的人的话，自然就应该那么做。可那并不是我该操心的事情，因为我的任务只是交易，也就是说，只看放在自己面前的事实，而不是去想当然地认为别人应该怎么做。

第十九章　炒作要围绕股票的价值，而不是价格

我不知道什么时候或者是谁，最早把"炒作"这个词和大量推销交易所里那些证券的行为联系起来的，其实那不过就是一种很平常的买卖过程。操纵市场以便用低价买进自己想要建仓的股票，这也是炒作。但是有所不同，这么做也许不必非得卑劣到动用非法手段，但是却很难避免一些人们眼中的不正当行为。在一个牛市里，你怎样才能大量买进一只股票，而不至于自己拉高价格呢？这总是一个问题。而如何才能解决呢？起决定作用的因素很多，你无法给出一个通用的解决办法，除非说：可能要靠很高明的操纵。例如？这个嘛，那就要看情况了。答案只能是这样，不可能更详细了。

我对自己交易的每个阶段都深感兴趣，当然，我既从自己的经验中学习，也从别人的经验中学习。不过，要想从下午收盘后在证券公司营业部里听到的那些故事中去学习如何操纵现在的股票，是非常困难的。以前的大部分手段、策略，还有应变之计，要么过时无用了，要么就是非法、不切实际的。股票交易的规则和条件已经改变，德鲁或者小贾可伯或者古尔德在50还是75年前的那些故事，即便是准确详细的描述，也不怎么值得去听了。如今的炒家没有必要去借鉴他们的所做所为，就像西点军校的学生也没有必要去学习古人的射箭术来增长自己射击子弹的知识一样。

另一方面，研究人性的因素却总可以让人得到好处。例如，人们总是贪图安逸，去相信那些使他们愉悦的事情。还有，他们总是任由自己、实际上是巴不得自己，去受到贪婪的影响。恐惧和希望既然一如既往，那么研究投机者的心理也和以前一样有价值。武器

第十九章 炒作要围绕股票的价值，而不是价格

变了，可战略还是战略，在纽约股票交易所正如在战场。我认为对整个情形的描述，最言简意赅的一句话来自托玛斯·伍德洛克："股票投机成功的原理建立在一个假设上，那就是，人们在未来会继续犯他们曾经犯过的错误。"

在股市热火朝天的时候，也就是参与的公众人数最多的时候，向来没有必要去费什么心机，所以在这种时候讨论炒作还是投机，就好比要从同时落在街对面屋顶上的那些雨点中看出区别来一样，是在毫无意义地浪费时间。傻瓜总是想不劳而获，而所有的行情热潮总在直接引人去赌博。这种好赌的天性被贪婪所唤醒，被处处兴旺的景象所激励。想轻松赚钱的人，必定会付出代价去彻底证明这个卑鄙的地球上根本不存在这回事。起先我听到以前的那些故事和手段时，总以为上世纪末的那些人比本世纪的人好骗。不过我保证，就在我这么想的那天或者第二天，我就从报纸上读到了一些关于最新骗局的新闻，说某个骗子经纪商破产了，大部分无声无息消失了的存款中，有大约数百万美元傻瓜们的钱。

我刚到纽约的时候，尽管受到交易所的禁止，洗盘和对敲还是非常热门。有时候的洗盘非常直接，瞒不过任何人。无论何时，只要有人想清洗这只或那只股票时，那些经纪商们答应起来可真是毫不犹豫。而且正如我以前说过的，投机行里如果有大量的人在做多某只股票，他们为了把这些资金微薄的人清洗出去，就会把这只股票立即打压下两三个点，给其行情制造出一种跌势。他们不止一次这么干，而且这种行为被坦白地称为"投机行的操作"。至于对敲，这种操作手法使用起来总是令人心存顾忌，因为经纪商们要互相配合协调一致地操作比较困难，这些动作都会违反交易所的规定。几年前，一个著名的操盘手取消了卖单，但是没有取消对敲的买单，结果一个不懂事的委托员在短短几分钟内就把价格拉高了 25 个点。而一等他停止了买进，就看到该股以同样快的速度跌了下来。本来的计划，是要造出一种交易活跃的假象。糊涂的计划，实行起来用的又是如此不可靠的工具！瞧，如果你还想让你那些最好的经纪商

们继续当纽约交易所成员的话，就不能信任他们。还有，现在对虚假交易的征税比过去高多了。

字典里，操纵还含有逼空的意思。不过，逼空可能是人为操纵的结果，也可能是竞争买进的结果，比如说，发生在1901年5月9日的北太平洋铁路股票的逼空，就肯定不是人为操纵。在斯图兹汽车股票的逼空中，每个人在资金和声誉上都付出了高昂的代价，而且那并不是一次故意设计的逼空。

实际上，在那些了不起的逼空中，只有极少数能让它们的操纵者从中获利。凡德比尔特准将两次逼空哈莱姆股票都赚了很多钱，这数百万是从许多心眼儿不正的立法者，想欺骗他的市议员，以及赌徒的手中赚来的，是老头儿应得的。另一方面，古尔德在西北铁路股票的逼空中就赔了钱。迪肯·怀特逼空拉卡瓦纳股赚了100万，而基恩逼空汉尼拔－乔瑟夫铁路股票则亏了100万。要想在逼空中成功地赚到钱，当然要取决于两个因素，一是所囤积股票的市场价格高于自己的成本价；另一个是空头的规模必须要到相当的程度，那样逼空效应才易于产生。

我以前常常想不明白，为什么逼空会在半个世纪前的那些大操盘手中如此盛行。他们个个才干过人、经验丰富、头脑清醒，不会像孩子似的去轻易相信同行们的好心。然而，他们受挫的次数之频繁实在令人震惊。一个睿智的前辈经纪商告诉我，19世纪60年代和70年代的所有大操盘手们都有一个雄心，那就是操纵一次逼空。许多人出于虚荣，而另外一些人则是要报复。不管什么情况，被人指点着说，此人成功逼空了这只或者那只股票，实际上就是被人承认了自己的头脑，勇气和成就。逼空者在成功后得到了傲慢的权利，他可以理直气壮地接受同行们的赞誉。激励逼空的操纵者去尽最大努力的，远远不只是所期待的现金利润，那是冷酷的操盘手们内在的虚荣心在作祟。

在那个年代里，狗吃起狗来可真是津津有味，轻松自在。我想我告诉过你，我以前设法逃脱过好几次被挤压的境况，这不是因为

第十九章　炒作要围绕股票的价值，而不是价格

我有神秘的行情感应能力，而是因为当不利于我的买盘出现时，我可以大致辨认出来，而不至于去继续卖空。我能做到这一点，是通过测试常态的方法。这种方法在从前肯定也被用过。老丹尼尔以前经常频频挤压一些家伙，使他们为卖空伊利铁路公司的股票付出了高昂的代价。可他自己在伊利铁路股票中却受到了凡德比尔特准将的挤压。当老丹尼尔求饶时，准将冷酷无情地引用了一句丹尼尔这个大空头自己的恒言：

"谁卖出了不是自己的东西，

他不是买回来就是进监狱。"

华尔街上很少还有人记得一位操盘手。这位操盘手以巨人的姿态屹立了不止一个时代。使他不朽的主要功绩似乎是那个词组："掺水股"。

阿狄森·杰罗姆，是公认的1863年春季公开市场交易之王。据说，他的市场消息被认为等同于银行里的现金。总之，他是一个了不起的交易者，赚了数百万资产。此人慷慨到了奢侈的地步，在华尔街上有大批的追随者——直到以"沉默的威廉"闻名的亨利·吉朴在旧南部逼空一案中，把他所有的数百万全都一扫而空。顺便说一句，吉朴是民主党领袖富劳尔的姐夫。

从前的大部分逼空中，主要的操纵手法就是不让那个受到了各种引诱在卖空某只股票的人知道你正在囤积该股。由于一般公众都不喜欢看空，因此它的主要目标是同行们。促使当年那些聪明的专家们放空股票的原因，和促使现在的专家们放空的原因是基本相同的。

从读到的故事中，我总结出，除了准将的哈莱姆股票逼空一案中那些背信弃义的政客的卖空，其他专业交易者们之所以卖空，都是因为股价太高了。他们之所以会认为股价太高，是因为该股从来没有出现过如此高的卖出价。卖出价太高，以至于不能接手；而如果不能接手，那就该卖出。这听上去挺现代，是吧？他们想的是价格，而准将想的则是价值！结果呢，据老一辈人说，在这之后的很多年里，无论何时，只要人们想形容赤贫，就常常会说"他卖空了

哈莱姆"!

　　许多年前，我碰巧在和一个人说话。这人从前是古尔德的经纪商之一。他诚恳地向我保证，说古尔德先生不但是一位最不同寻常的人——正是此人，曾经让老丹尼尔颤抖着评论道，"被他沾上只有一死"——而且远远胜过以前和现在所有的操盘手。他的所作所为非金融奇才不能至，这一点毫无疑问。即使时隔已久，我也能看出，他对新的情况有一种令人吃惊的适应能力，而这对一名交易者来说是非常宝贵的。他变换起攻击和防卫的措施来毫无困难，因为他更关心的是操纵资产，而不是股票投机。他操纵市场是为了投资，而不是为了改变市场方向。他很早就明白，赚大钱要靠拥有铁路，而不是在股票交易所的场内操纵这些铁路的股票。当然，他利用了股市。不过我疑心这是因为股市是弄快钱最便捷的方式，而他需要上千万的钱，这就像老亨廷顿，此人总是缺钱，因为他需要的钱总是比银行借给他的钱还要多出两三千万。所谓远见，在没有资金的时候意味着心痛，而一旦有了钱，就意味着成就；成就之后，则意味着权势；而权势，则意味着金钱；金钱，又意味着成就；等等等等，如此循环往复。

　　当然，炒作在那个年代并不只限于这些大人物们，还有很多的不太重要的炒手。我还记得一个老经纪人说过的一个故事，是关于19世纪60年代的风度和道德观念的。他说："我对华尔街最早的记忆，是第一次参观金融区。我父亲要在那儿办点事情，不知何故把我也带上了。我们沿着百老汇路走着，我记得到华尔街就转了弯。我们顺着华尔街走，经过了布罗德街，或者拿索街，到了现在美孚银行所在的那个拐角时，我看见一大群人跟在两个人后面。第一个人在往东走，努力摆出一副漠不关心的样子。他后面跟着的那个人，那是一个红脸汉子，一只手拿着帽子疯狂地扇着，另一只手握成拳在空中挥舞。他扯着嗓子嚷嚷着：'吸血鬼！吸血鬼！那笔钱的价格是多少？吸血鬼！吸血鬼！'我可以看见人们纷纷从窗户里伸出了头来看。那时还没有摩天大楼，不过我敢肯定，那些二三

第十九章 炒作要围绕股票的价值，而不是价格

层楼的人身子探得一定会摔下来。我父亲询问发生了什么事，有人答了几句，不过我没听见。我一心只想着紧紧抓住父亲的手，不让人群把我们冲开。那群队伍越来越壮大，而且街上的人也越来越多，我觉得很不安。激动的人从四面八方跑了过来。等我们终于从人堆里挤了出来后，父亲向我解释，说那个喊'吸血鬼！'的人是某某某。名字我忘了，不过他是纽约那些集团股票的最大作手，据说他赚到和亏掉的钱，除了小贾可伯外，比华尔街上其他任何人都多。我记住了小贾可伯的名字，是觉得这个名字对一个大男人来说有点滑稽。另外那个人，那个吸血鬼，是一个臭名昭著的占用资金者。他的真名我也忘了，不过还记得他个子很高，消瘦，苍白。从前的那些集团常常通过借钱的方式把资金占住，使别的交易者在需要钱时借不到。他们借钱之后，只拿一张保付支票，实际上并不把钱取出来用。这当然是一种操纵，是某种形式的炒作，我认为。"

我同意这位老伙计的。炒作的这一阶段，已经一去不复返了。

第二十章　不要和大盘争辩，任何时候都不要忘记，你的目的是赚钱

华尔街仍然在谈论着的那些操纵股票的大人物中，我本人从未和其中任何一位交谈过。我指的不是领袖人物，而是股票作手，他们都和我不是一个时代的人。虽说我刚来纽约的时候，他们中最伟大的基恩正处于鼎盛时期，可我那时仅仅还是一个少年，一心只想着怎么把在老家的投机行里取得的成功，照搬到这儿的一家声誉良好的证券经纪公司来。而且，再则，那时基恩正忙着做美国钢铁公司。那是他炒作股票的经典之作，而我却对炒作没有任何经验，对它或者它的价值和意义都没有真正的认识，而且，就此而论，我也并不渴求这样的知识。如果我当时居然对此有所思考的话，我猜自己一定会把它看做是穿上了高级衣服的骗术，而其低级形式就是我在投机行里遭遇过的那些花招。对于这个问题，我后来听到的那些谈论大多是些臆断和假设，与其把它们称之为理智的分析，倒不如说是在猜谜。

我听不止一个熟悉基恩的人说过，他是在华尔街工作过的古往今来胆子最大、最有才华的操盘手。这就能说明不少问题了，因为华尔街上还是出现过一些了不起的交易者的。他们的名字都已经被遗忘了，可不管怎样，他们曾经是自己那个时代的王者，尽管也许只是一天！大盘行情把他们从卑微无名中拉出来，托到了金融王国显赫的光芒中。可结果小小的一纸行情并不够结实，支持不了太长时间，难以让他们名垂青史。而基恩在他的日子里无疑是最优秀的作手。那是一段漫长而激动人心的日子。

他以自己在这个领域的知识，还有作为一名操盘手的经验，以

第二十章 不要和大盘争辩，任何时候都不要忘记，你的目的是赚钱

及个人的才干为资本，向哈维迈耶兄弟提供服务。后者想要他在股市中为糖业公司的股票开辟出一番天地。那时他破了产，不然的话是会继续独立操作的。他可真是个冒险家！在糖业公司上他获得了成功，使该股成为交易的热门股，买卖起来很容易。那之后，内幕集团们常常请他去操盘。有人告诉我，他在替这些集团操作时，从来不收取也不接受佣金，而是像集团中其他成员那样提成。当然，如何操纵该股是他一个人说了算的。常常有闲言说，两边都出现过背叛行为。他和惠特尼－瑞恩集团的争执就起源于这种指责。一名作手很容易被同伴们误解，因为他们无法以他的眼光来看待他的需求，这是我从自己的经验中得知的。

　　1901年春天对美国钢铁公司股票的成功炒作，是基恩最伟大的操作。令人遗憾的是，这件事情没有留下一个准确的记录。据我所知，基恩从来没有和J.P.摩根谈论过此事。摩根的公司与之有来往的是塔伯特·泰勒公司，基恩把那儿的营业部当做自己的大本营。塔伯特是基恩的女婿。我深信不疑，基恩从工作中得到的乐趣也是他报酬的一部分。那年春天，他在自己帮着炒热的股市中赚了数百万美元，这件事情众所周知。他告诉过我的一个朋友，仅在两三个星期内，他就在公开市场上为承销团卖出了超过75万股的股份。如果你把两件事情考虑进去的话，就知道这个成绩不差：一是，这都是些从未流动过的新股，而且这家公司的资本比那时整个美利坚的债务还要多；二是，就在同一时间，在这个基恩帮着炒起来的同一个市场上，瑞德、里兹、莫尔兄弟、菲蒲斯、弗里克以及其他钢铁巨头也在向公众抛售成千上万的股票。

　　当然，市场的基本条件对他有利。不但有这一行的实际经济状况，还有公众的情绪和他背后那雄厚无比的财力，这些都使他的成功成为可能。我们所有的并不只是一个大牛市，而是一次浪潮，一种不太可能再现的精神状态。后来就发生了证券卖不出去的恐慌，曾经被基恩在1901年炒到55元的钢铁公司普通股，在1903年的卖出价是10元，到了1904年，就连9元都不到了。

我们无法分析基恩的炒作行为。因为没有他的书,也不存在有足够细节的记录。比如说,如果能看看他是怎么炒作联合铜业的,一定会很有意思。罗杰和洛克菲勒曾经试图抛掉他们多余出来的股票,可是失败了。他们最后请来基恩推销自己的股票,基恩答应了。请记住,罗杰在他那个时代是华尔街上最有才干的商人之一,而洛克菲勒是标准石油圈内最富冒险精神的投机者。他们的威望如日中天,有着几乎挥霍不尽的资源和游刃股市多年的经验,然而,他们还是不得不请基恩出山。我提到这些是要你知道,有些任务必须得专家来完成。现在,这个广而告之的股票,承销的又是美国最大的资本巨头,可却卖不出去,除非在资金和声誉上做出极大的牺牲。罗杰和洛克菲勒很聪明地认识到,只有基恩也许能帮助他们。

基恩立即着手工作。他炒作的是一个牛市,以面值抛掉了22万股联合铜业。他把内幕者的股票脱手之后,公众还在继续吃进,使该股价格又涨了10个点。实际上,当内幕者们看到公众对买进这只他们抛掉的股票如此踊跃时,自己竟然也开始看多了。有一件事情是,罗杰确实通知基恩做多联合铜业。要说他这是想要基恩来接自己的股票,那不太可信。罗杰是很精明的一个人,不至于不知道基恩可不是一只任人宰割的羔羊。基恩的操作像往常一样,也就是说,在大涨之后,大批抛售股票,一路压低出货。当然,他的战术行动是由他的需要以及天天都在变化的小波动决定的。在股票市场中,就好比身在战场,心中要牢记战略和战术的区别。

基恩有一个密友是我所知道的最擅长用假蝇技术钓鱼的人。就在前两天,他告诉我,在炒作联合铜业期间,基恩总是会在某天发现自己的股票快没了,也就是说,那些他被迫吃进以拉高价格的股票快没了,于是第二天他就会去买回来一批。买来一天后,他会再转手抛出同样数目的一批股票,然后,就会撒手不管。这既是为了观察市场会怎样自行发展,也是使市场适应这种情况。等到了真正开始抛售的时候,他就像我对你说过的那样:一路压低出货。一路上,总有很多参加交易的公众在期望反弹,另外,空头们也在回补

第二十章 不要和大盘争辩，任何时候都不要忘记，你的目的是赚钱

平仓。

这次炒作期间和基恩接触最多的那个人告诉我，罗杰和洛克菲勒的那些股票大约价值 2 000 万还是 2 500 万美元。基恩把它们脱手后，罗杰送给他一张 20 万的支票。这不禁使人想起了那位百万富翁的太太——她给了那个大都会歌剧院的清洁女工 0.5 美元酬金，谢谢她找到了自己那条 10 万美元的珍珠项链。基恩把支票退了回去，并且附了一张纸条，彬彬有礼地说，他并不是股票经纪商，不过很高兴能为他们提供一些服务。他们留下了支票，回信给他，说很愿意与他再次合作。这之后不久，罗杰就向基恩提供了一条很友好的内幕消息，要他在 130 左右买进联合铜业！

好一个才华横溢的操盘手，詹姆斯·基恩！他的私人秘书告诉我，基恩先生在操作顺利时，脾气很暴躁。那些熟悉他的人说，他一暴躁就喜欢冷嘲热讽，那些话留在听者的记忆里，很长时间内都忘不了。而他在赔钱的时候脾气是最好的，举止极为优雅，待人和蔼，出口成章，非常有趣。

无论何地，成功的投机者都有着优秀的心智水平，基恩是其中之最。他不和大盘争论，这是显然的。他绝对是无畏的，但却不是鲁莽的。只要发现错了，他在瞬间内就可以并且立即回头。

自他那个时代以后，股票交易规则已经发生了很多的变化，旧有规则的执行也更为严苛，在股票的交易和利润上又新增了许多税，诸如此类，不一而足。游戏似乎不同了，基恩用来巧妙赚钱的策略已经不再有效。还有，我们已获得保证，说华尔街的职业道德也有了更高的水准。然而，公平地说，在我们金融历史上的任何一个阶段，基恩都会是一个了不起的作手，因为他是一个非常优秀的股票操盘手，对投机这个游戏有着透彻的了解。他所取得的成就，是在当时的条件许可下。他在 1922 年的话，也会像在 1901 年或者 1876 年那样在事业上取得成功的——1876 年那会儿，他刚从加利福尼亚到纽约，两年内就赚了 900 万美元。有一些人的步伐远远走在民众的前面，无论民众如何改变，他们都注定会是领导者。

其实，关于炒作的变化，决没有你想象得那么激进。它的回报并不是太好，因为不再会有史无前例的操作了，因而也就没有了史无前例的利润。不过，炒作在某些方面比以前更为容易，而在另外一些方面，则比基恩那个时代要难多了。

宣传是一门艺术，这一点毫无疑问。炒作就是以大盘为媒介的宣传艺术。炒作者希望读者看到的故事，应该通过大盘来讲述。故事越真实，它就注定了会越有说服力；而越有说服力，宣传就越好。如今的作手，比方说，不但必须使一只股票看上去很强劲，而且必须使它真的很强劲。为此，炒作必须建立在可靠的交易规则上。而正是这一点，使基恩成为了一名如此神奇的作手。他一开始就是一个技艺高超的交易者。

"炒作"这个词已经有了贬义，它需要换一个名了。我不认为它的过程本身有任何特别神秘或者欺骗性的地方，当然，前提是它的目标是大量卖出一只股票，而且操作中没有伴随着对事实的歪曲。一个作手必定会在投机者中寻找他的买家，这一点没什么疑问。他求助于那些期望自己的资本有高回报，因而愿意冒更大风险的人。对于明知道这些，可还是为了自己没能轻松赚到钱而埋怨别人的人，我没有多少同情心。这样的人赢了钱时极其聪明，可亏了钱时，别人就成了骗子，成了一名炒手！"炒作"这个词在这种时刻从这样的嘴里说出来，就是在说你暗中搞鬼。而事实并不如此。

炒作的目标通常是培养起市场能力，这是指在任何时候都能以某个价格脱手相当一批股票的能力。当然，由于基本市场条件转向的原因，集团也许会发现，如果自己去卖掉这些股票的话，会有很大的牺牲，不能令人满意，于是他们就会决定雇用一名专家。他们相信，其人的技巧和经验会使他有能力组织一次有条不紊的撤退，而不用去承受一次可怕的溃败。

你会注意，我没有说到那些以尽可能的低价大量吸货为目的的"炒作"，比方说，那种以控股为目标的买进，因为这种情况现在并不多见。

第二十章　不要和大盘争辩，任何时候都不要忘记，你的目的是赚钱

古尔德想确保他对西联电讯的控制时，决定大量买进该股。在股票交易所内多年没有露面的华盛顿·康南，突然亲自出现在西联电讯的交易台前。他开始出价买进西联电讯。交易者们对着他大笑，笑他太蠢，竟然把他们想得如此简单，然后就高高兴兴地把他想买的股票都抛给了他。康南这招太直接了，没有一点儿技巧，以至于他们认为他说古尔德先生想买进该股，那是在撒谎，而目的是想借此拉高价格。这算炒作吗？我想我只能回答说："是，也不是。"

如我所说，在大部分情况下，炒作的目的是以可能得到的最好价格把股票抛售给公众。它不只是销售问题，还是一个分配问题。就一只股票的交易而言，它被1000个人持有，这在任何方面显然都比被一个人持有要好。所以一个作手必须要考虑的，不只是以好的价格卖出，而且还有其分布上的特点。

如果你之后无法引诱公众从你的手中把股票接过去的话，那么就不应该把它的价格拉得太高。缺乏经验的作手想高位出货但是失败了时，老前辈们就会显得非常睿智地告诉你说，一个人可以把一匹马牵到水边，却无法强迫它喝水。这个说法太有创意了！事实上，有一条准则应该被牢记，那是基恩和他才干卓越的后来者们都牢牢记着的：要先把股票炒到能力所及的最高点，然后在一路压低中出卖给公众。

我来从头开始说。假设有这么一个承销团或者集团或者个人有大量的股票，希望能以最高价卖出。这是一只在纽约交易所正式挂牌交易的股票，要把它脱手，最好的地方应该就是公开市场，而最好的买方应该就是一般的公众。抛售一事由某个人负责，这人是一名现任或者前任合伙人。他试图在交易所抛售这只股票，但是没有成功。他对股票市场的运作很熟悉，或者说很快就熟悉了，于是意识到他需要一个比自己更有才干和经验的人来做这件事情。他本人认识或者听说过几个成功主持过类似交易的人，就决定利用他们的专业技能。他就像病人寻找医生，或者工程师寻找熟手一样，在他们中间寻找那个人。

假定他听说我对这个游戏很拿手。嗯，我的假设是，他就去努力了解我的方方面面。接着，他就安排了一次见面，准时来到了我的办公室。

当然，我很可能知道那只股票，而且对它的背景也了解。那是我分内的事情，我以此谋生。我的来访者把他和同伴们希望要做的事情告诉了我，请求我来执行这桩交易。

然后轮到我说话了。我提了很多问题，我相信，要清楚地理解他们的要求，这些信息就是必需的。我要确定那只股票的价值，并且对其市场能力进行评估。这些，再加上我对目前形势的分析，可以帮我判断这项操作是否能够成功。

如果我的信息使我看好，我就会接受这个提议，并且当场向他提出自己接受这项任务的条件。如果他反过来接受了我的条件，也就是酬金以及要求，那么我就立刻开始着手工作。

我一般要求并且也能拿到一批股票的买权。对此，我坚持要递增式履约，因为这对各方面都最公平。履约价格的起步略低于流行的市场价，然后逐渐升高。比方说，我拿到了10万股的买权，该股的实时价格是40。我最初以35认购了几千股，然后是37，接着是40，然后是45和50，等等，直到75或者80。

如果我的专业手法，也就是我的炒作，引起了价格上涨，如果在最高位买方的需求还非常大，那么我就可以抛出相当大的一批股票。当然，我也可以同时履约购买。我赚了钱，而我的客户也赚了钱。本来就应该这样。如果他们为之付钱的是我的技能，那他们就没有白花钱。操作当然有时最终会失败，不过那很少发生，因为除非我对赢有相当的把握，否则不会接下这个任务。我今年有一两件交易不太顺利，没有赚到钱，那是有原因的。只是那是另外一个故事，或许我以后会说。

要使一只股票上涨，第一步就是去宣传"它要上涨了"这个事实。听上去挺傻吗？嗯，你还是再想一想吧。并不那么傻，对吧？要宣传你这个真心诚意的打算，最有效的途径就是炒热这只股票，

第二十章　不要和大盘争辩，任何时候都不要忘记，你的目的是赚钱

使之活跃强劲。该说的说，该做的做。这之后，普天之下最厉害的公关就是行情，最好的宣传媒介就是大盘了。我不需要给客户们写报告，而且既不必把该股的价值通知给每日新闻，也不必弄财经评论让人们来注意公司的前景。我更不必去争取一批追随者。所有这些令人极其想要的效果，我只需使该股的交易活跃就都能达到。出现了活跃交易行为的同时，就会有人要求对此进行解释；而这当然就意味着，不用我的任何帮助，必要的理由自会跳出来。

场内交易者想要的不过就是有事可做。只要能够，他们愿意以任何价格买卖任何股票。他们要是看到了动静，交易起来就以数千股论。这些交易量合在一起就相当大了。这些人必然会成为作手最早的买家。他们会一路跟随你上涨，因而在炒作的任何阶段都是一个有力的帮助。据我所知，基恩以前常常习惯性地雇用最活跃的场内交易者们。这既是为了隐瞒炒作方，同时也是因为他知道，这些人是最好的业务扩展者和消息传播者。他经常在口头上给他们一些履约价高于市场价的买权，这样他们在能够兑现前可能还会帮得上忙。他们的钱他就让他们赚。要争取一帮专业的追随者，我本人向来只需要使一只股票的交易活跃起来就行。交易者们对此会完全满足。当然，有一点要好好记住，交易所场内的那些专业人士们买进股票的意图，在于卖出时能获得一笔利润。利润的大小他们并不坚持，但是到手一定要迅速。

我把股票炒热是为了引起投机者对这只股票的注意，原因已经说过。我既买进，又卖出，而交易者们也跟着我做。我坚持以买权的形式投机性地持有大量股票，而一个人只要做到这一点，那么卖出的压力就不会很大，所以买进比卖出更受追捧。但公众追随更多的是场内交易者，并不是作手。他们是作为买方加入的，对这一高涨的需求，我予以满足——也就是说，我照数把股票抛给了他们。如果进行得当的话，这些需求所能消化的股票应该多于我在炒作的早期被迫吃进的数量。而当这种情况发生时，我就从技术上卖空。换句话说，除了我实际持有的股票外，我还卖出了更多。我这么做

是绝对安全的，因为我是根据自己的买权在卖出。当然，当公众的需求变得疲软时，该股会停止上涨，到那时，我就等待。

比方说，这只股票停止了上涨。有一天，它非常疲软。或许整个股市已经形成了一种回落的趋势，也许是某个眼神锐利的交易者看出该股已经谈不上有什么买单了，于是他就开始卖出，而他的追随者也照做不误。无论出于什么原因，我的股票开始下跌。于是我就动手买进，开始托盘。如果它自己的内部集团对它看好的话，那么这个待遇就是它应得的。而且，我做到了在不用吃进的情况下为它托盘，也就是说，我以后必须脱手的股票数量并没有增加。请注意观察，我做这些并没有使自己的财务资源减少。我所做的，实际上当然就是回补自己高位卖空的那些股票，那是我在公众，或者专业交易者，或者两者一起都有买进需求时放空的。一定要使交易者或者公众明白，该股在下跌时有买家出现。这有助于阻碍专业人士不计后果的卖空行为以及持股者在惊恐下的清仓行为。这两种抛盘是你在一只股票越来越疲软时，通常都会看见的，而它也正是该股没有得到支撑的表现。这就是我那些回补买单的作用，我称之为稳定程序。

随着市场的拓宽，我当然也会在价格升高之际卖出股票，但是抛出的数目向来都不足以阻碍涨势。这么做是在严格遵照我的稳定计划。事情很明显，我在一个合理而且有条不紊的涨势中卖掉的股票越多，那些保守的投机者才越发能受到鼓励，这样的人比不计后果的场内交易者要多得多。而且我卖的越多，在必然会到来的疲软阶段中，就越有能力给予该股更多的支撑。只要手中一直持有卖空的股票，我就总是能够给该股以支撑而并不危及自身。一般来说，我都以一个有利可图的价格开始卖出，不过我常常卖出但不获利，就是为了建立或者增强我所谓的无风险买进能量。我的任务不只是拉高价格或者为客户脱手一大批股票而已，我要为自己赚钱，这就是我不要求任何客户为自己的操作提供经费的原因。我的服务费用有多少，要由我的成功来决定。

第二十章　不要和大盘争辩，任何时候都不要忘记，你的目的是赚钱

当然，我所描述的这些，在实践中并不是一成不变的。我没有，也不会去坚持一个僵化的系统。我的要求和条件是根据情况在调整的。

要想把一只股票分配出去，就应该先把它炒作到可能有的最高点，然后再抛出。我重复这一点，一来因为它是一个基本原理，二来也因为公众显然相信，抛盘都出现在顶部。有时候，一只股票在某种程度上步履维艰，涨不上去，那么就到了该卖的时候了。其价格自然会在抛盘的压力下进一步下跌，跌幅比所预期的要大得多。不过，你一般可以把它拉回来的。只要我炒作的那只股票在我买进时上涨，那我就知道没问题了，而且需要的话，我还会无所畏惧地用自己的钱充满信心地买进，就像我在其他股票出现同样情况时会做的那样。因为那是阻力最小的趋势。你还记得我的这个交易理论，是吧？嗯，当阻力最小的价格趋势明确后，我就会遵循。这不是因为我在那个特定的时间正在炒作那只特定的股票，而是因为我向来都是一名股票操盘手。

当该股没有在我的买进下上涨时，我会停止买进，然后抛出卖盘把它打压下去；即使我没有碰巧在炒作这只股票，我也会对它做同样的事情。你知道，一只股票的主要销售是在下跌中完成的。一个人在一次跌势中可以脱手的股数之多足以令人震惊。

我重申一次，在炒作的过程中，我没有一刻忘记过自己是一名股票交易者。我在炒作中的问题，说到底，和我在交易时遭遇到的问题是一样的。如果炒作的人无法使一只股票按自己的意愿波动，那么所有的炒作也就都结束了。当你正在炒作的那只股票没有它所应有的表现时，就收手。不要去和大盘争辩。不要指望去挽回利润。该收手时就收手，那要便宜得多。

第二十一章　最好的消息人士是大盘

我非常清楚，所有的大道理听上去似乎都没什么特别重要的，很少有令人印象深刻的大道理。如果给出一个具体例子的话，效果可能会好些。我这就要告诉你，我是如何把一只股票的价格拉高了30个点的。我只吃进了7 000股，就做了这一点，并且还带动起人气，培养起了一个可以消化任何数量股票的市场。

那只股票是帝国钢铁公司，该股由一些很有声望的人发行，宣传做得相当好，被认为是一只优质资产股。这只股票大约30%的股份发到了华尔街上的各家公司，由他们卖给一般公众。但是它上市后却一直不是特别活跃。有时人家问起这只股票，就会有内幕人士，也就是最早那个承销团的成员，据说公司的收益超过了预期，前景令人备受鼓舞，此话确实属实。就发展来看，这家公司情况很好，只是还算不上令人兴奋。从投机者的角度来看，该股缺乏吸引力；而从投资者的角度来看，其价格的稳定性和股息的长期性也没有表现出来。它从来没有过令人瞩目的走势，一直非常温和，以至于内幕者那些非常真实的消息都未曾引起过它的上涨。不过，另一方面，它的价格也从来没有下跌过。

有这样一些股票：它们不跌，是因为没人卖出；而没人卖出，则是因为没人愿意做空一只分配不当的股票，因为那种股票的内幕集团持股太多，对卖方的牵制会非常大。这些股票同样也是无法诱使人买进的。帝国钢铁就安安心心地成了这样一只股票，保持着一种没人注意、没人赞赏、没人谈论的状态。对投资者而言，它因此成了一只投资股；但对投机者而言，它是一只缺乏活力的股票，在你一旦买进后，就会陷入昏迷状态，使你后悔莫及。就好比一个人被迫拖着一具尸体一两年后，所损失的总会多过这尸体的原始成

第二十一章 最好的消息人士是大盘

本,而且等真正的好事出现时,他肯定会发现,自己已经被它束缚住了。

有一天,帝国钢铁集团最重要的那位成员,代表他自己和同伴们来见我。该股的70%未分配股份控制在他们手中,他们希望能为这只股票造势。他们想要我帮着把自己的持股脱手,价格要高于他们认为自己在公开市场上抛售会得到的那个价格。他们想知道我接受这个工作的条件是什么。

我告诉他,过几天我会让他知道。接下来我就开始调查这家公司。我请专家查看了公司的各个部门——生产,业务和财务。他们向我提供了不带偏见的报告。我期望的既不是好消息,也不是坏消息,我只要事实,而这正是他们提供的。

报告显示,这是一家优质资产。在此前景下,以流行的市价买进这只股票是可行的,只要投机者愿意再等一小会儿的话。在这种情况下,该股的价格在现实中可能出现的各种波动中,最合理、最普通不过的就是上涨,因为它体现了未来的价值,有了这一点,我看不出自己有什么理由不该认真地、充满信心地接下这项工作,把帝国钢铁的价格炒高。

我把自己的想法告诉了那人,他就到我的办公室来详细讨论这件事。我把自己的条件告诉了他。我对酬金的要求不是一笔固定的现金,而是十万股帝国钢铁的买权。这笔买权的履约价格最低是70,最高为100。对某些人来说,这似乎是一大笔钱,不过他们应该想想,那些内幕者自己都确信他们本人是无法以70这个价位卖出10万股,甚至5万股的。这只股票没有人气。优良的收益也好,极好的前景也好,所有的这些言论都没有吸引来买家,无论多大的买家。另外,我的钱只有在我的客户先赚到了几百万美元的情况下,我才可能拿到。我所坚持要赚的,并不是一笔过高的销售佣金,而是一笔很公平的、视我的成功而定的酬金。

知道了这是一只真正有价值的股票,而且大市也在看涨,环境对所有的优质股票都很有利,于是我推算自己应该能做得相当不错。我说了自己的这个想法，客户很受鼓舞，立即答应了我的条件。这件事情在充满了友好的气氛中开始了。

我着手开始尽可能彻底地保护自己。此集团拥有，或者说控制着已发行股票的大约 70%，我要他们把这些股票通过信托协议的方式寄存了起来，我可不打算成为那些大股东的卸货场。这样一来，大部分的持股被安全地锁定了，可我仍然还有 30%的散股要考虑，不过那是我必须要冒的风险。经验丰富的投机者从不指望自己所从事的事情会绝对没有风险。事实上，那些所有未托管的股票并不见得就会一下子全都扔到市场上来，这就像人寿保险公司的客户不太可能会在同一天的同一时刻一起全部死掉。股市的风险和人寿一样，也有一张没有印刷出来的精度表。

我保护好自己，对这样的一种股市操作中一些可避免的危险进行了预防之后，就准备开始行动。我的目标是使我的买权具有价值。要做到这一点，我就必须把价格拉上去，培养出人气，使我能够卖出所持有的 10 万股股票。

我做的第一件事情，就是了解一下在一次涨势中，大概会有多少股票被交易。这件事情通过我的经纪商很容易就办到了。他们毫无困难地就查到了有多少股票在以市价或者略高于市价的价格抛出。我不知道那些交易员是否把预定的委托单告诉他了。现在的行情名义上是 70，但是以这个价格，我连 1 000 股都卖不出去，不但这个价位，甚至再低几个点，我都看不到哪怕一点点需求的影子，我只能凭借我的经纪商提供的数字行事，而它足以向我显示出，有多少股票在抛出，以及买盘是多么的少。

一有这些价位的消息后，我就悄悄地吃进了所有卖出价在 70 以上的股票。我说"我"，你明白，我是指我的经纪商。那些卖单都来自于一些小股东，因为我的客户在锁住他们的股票前，自然已经取消了自己可能发出的任何卖单。

我不必非得买进很多股票，再说，我知道合理的涨势会带来其他买单，当然，还有卖单。

第二十一章 最好的消息人士是大盘

我没有给过任何人看好帝国钢铁公司的消息,没必要这么做。我的工作是直接用那种最有效的广告来调动人气。我并不是说,永远都不应该做宣传。宣传一只新股的价值,和宣传毛织品或者鞋子或者汽车的价值一样的正当,而且确实有这个需要,公众应该接收到准确而可靠的信息。不过我的意思是指,我在这方面的需要,大盘都能满足。就像我在前面说过的,有名气的报纸总是努力为市场波动找到理由。那就是新闻。读者们不但要求知道股市中发生了什么事情,而且还要求知道为什么发生。因此,炒作者连一根手指都不需要抬,那些财经记者自会发表市面上所有的信息和传闻,而且还有盈利报告、交易条件和前景的分析,总而言之,发表任何也许可以帮助解释这次涨势的消息。每当有记者或者熟人问起我对一只股票的看法时,只要有看法,我就会毫不犹豫地说出来。我不主动给出建议,而且从来不提供消息,但是保密在操作中得不到任何好处。与此同时,我明白,最好的消息人士,最具说服力的推销员,是大盘。

我吃进了所有价位在 70 以及略高一些的卖单,减轻了市场的压力,这自然而然地使帝国钢铁的交易最小阻力趋势清晰了起来。它明明白白地显示出向上。那些具有敏锐观察力的场内交易者一旦洞察到了这一点,就理性地认为这只股票要上涨。涨多少,他们不知道,不过这已经足以使他们开始买进了。他们对帝国钢铁的需求,完全是由该股显而易见的上涨趋势——大盘透露出的绝对可靠的多头消息!——激发的,我立即满足了他们。我把开始时从那些厌倦了的股东手上买来的股票卖给了这些交易员。这次抛出自然是非常明智的,我为自己满足了这一需求感到很得意。我没有把自己的股票强塞到市场上去,我并不想要一个过于迅速的涨势。在操作的这个阶段就把自己那 10 万股的一半抛掉,并不会是一件好事。我的工作是创造出一个能让我把自己持有的全部股票都抛掉的市场。

可即使我仅仅只卖出了交易者们急切要买进的数量,该股还是在暂时失去了我自己的买盘,那是我在此之前一直持续在做的事情。交易员的买单很快就没了，该股价格停止了上涨。这种情况一出现，就开始出现卖盘，它们来自于失望的多头们或者那些交易员们——上涨的趋势一受挫，那些交易员们买进的意愿就消失。不过我对这些抛盘已有准备，下跌时，我把自己在高出几个点的时候卖给那些交易员的股票又买了回来。这些我知道注定会被卖掉的买单挡住了跌势，价格停止下跌后，卖单也停止出现了。

接着我又重新开始。我把上涨中出现的卖盘都接了过来，这些并没有多少，而价格则从一个高于 70 的起始点再次开始上涨。别忘了，有许多股东在下跌的时候对自己没有早点卖掉股票悔得吐血，可在低于顶部三四个点的时候却不愿意脱手。这种投机者总是发誓说，如果反弹，他们一定会全部抛掉。上涨的时候他们下了卖单，然后随着股价走势的变化，就改变了想法。当然，总也有力求安稳的短线交易者在获利脱手，对他们而言，利润只有到了手才能算利润。

这之后我所要做的就是重复这个程序，在买进和卖出之间互换，而每次价格都更高了些。

有的时候，你在接下了所有的卖盘后，大幅急剧拉高价格，在你所炒作的这只股票上造成一种小小的多头抢盘现象，对局势会很有好处。这是极好的广告，因为它会激发起谈论，还会把专业交易者和投机大众中喜欢波动的那部分人吸引进来。我认为那部分为数众多。这个手法我用在了帝国钢铁上，急涨产生的所有需求我都全部满足。我的卖盘总是把涨势控制在一定范围内，既是从幅度上也是从速度上。通过低买高卖，我已经不仅仅是在拉高价格了——我在培养帝国钢铁的市场能力。

在我开始操作之后，一个人无法自由地买进或者卖出该股的情况再也没有出现过。我的意思是，买进或者卖出一批适量的股票而不至于引起价格过分剧烈的波动。人们不再担心买进被套牢，或者卖空被挤压了。在专业人士和公众中，对帝国钢铁长期看好的信任在逐渐扩展，这在很大程度上是因为在波动中树立起了人们的信

第二十一章 最好的消息人士是大盘

心,当然,活跃的交易消灭了许多其他的障碍物。结果是,在买进和卖出了好几千股股票后,我成功地使该股的卖出价达到了面值(100)。价位在100的时候,每个人都想买进帝国钢铁了。为什么不呢?现在所有人都知道,它是一只好股票,曾经,而且仍然物美价廉,涨势就是证据。一只股票能从70涨30个点,那从100涨,就会比30个点更多,这是很多人的想法。

在把该股价格拉高那30个点的过程中,我只吃进了7 000股。这批股票的平均价格基本上正好是85,这意味着15个点的利润。不过,我还在纸面上的全部利润当然还要远远超过这些。我的利润相当安全,因为现在的市场能力可以承受我想抛出的全部卖盘。谨慎操纵的话,这些股票可以卖得更高,而且我有10万股递进式买权,履约价格在70~100之间。

我计划把纸面利润兑换成实在的现金,但是局势的发展使这些计划没有实行。如果要我自己说的话,这是一次非常漂亮的炒作,它绝对正当,取得成功是当之无愧的。这家公司的资产很有价值,股票的价格再高些也不算贵。最早那个承销团中有一个成员是一家有着丰富资源的著名银行,他们生出了一个愿望,想控制这家公司。控制一家像帝国钢铁这样兴旺发达并且日渐壮大的公司,对银行可能比对个人投资者要更有价值。无论如何,这家银行提出买下我在这只股票上的所有股权。他们开出的价格意味着一笔巨额利润,我立刻就接受了。只要可以在利润很好的情况下一次性抛出,我总是愿意的。我对自己的所得相当满意。

在处置那10万股买权之前,我了解到,这个银行聘用了更多的专家对这家公司进行过更为彻底的评估,其结果足以使他们向我开出那些条件。我自己还保留了几千股这只股票作为投资,我信任它。

我在炒作帝国钢铁的操作中,没有任何不完善不正常的地方。只要价格在我的买盘下上涨,我就知道一切顺利。某些股票有时会陷入步履维艰的境地,但它从未有过。操作某些股票时,当你发现自己的买盘没有引起恰当的回应时,你就会十分清楚,是该卖掉的时候了；你知道，如果一只股票有它的价值，而且大市也情况不错的话，那么在一次下跌之后，即使跌幅达 20 个点，你也总是可以把它的价格拉回来。但是我操作帝国钢铁时，从来用不着这么做。

我在操纵股票的时候，从来不会忘记最基本的交易原则。可能你会奇怪，我为什么总是重复这一点，或者为什么总是在不要和大盘争辩，或者不要因为市场的表现而发脾气这样的事情上反复唠叨。你会认为，那些从自己的业务中赚了几百万，而且有时在华尔街成功操作过的人很精明，是有智慧做到冷静参与这个游戏的。呃，要知道，有些最成功的发行人在市场没有按照他们的意愿发展时，表现得像个烦躁的女人。这种情形之多，一定会让你吃惊。他们似乎把那当做是对他们个人的轻蔑，先是被激怒，然后就赔钱了。

有很多传言在谈论我和约翰·普兰第斯之间的一次矛盾。人们都想象那是股市上发生的一个戏剧性故事。故事中，那桩交易出了岔子，或者说发生了欺骗行为，使我，或者他，赔掉了数百万，等等类似的情节。可是，事情并不是如此。

普兰第斯和我多年来一直很友好。他多次向我提供过消息，我利用这些消息赚到了钱。我也给他提过建议，这些建议他也许采纳了，也许没有。如果他采纳了，那么他就也能省下些钱。

在石油产品公司的组织和发行工作中，他涉足很深。经过或多或少还算成功的上市之后，股市的基本面局势恶化，这只新股的价格并不如普兰第斯和他的伙伴们所希望的那样好。当基本条件转好时，普兰第斯就组建起一个集团，开始炒作石油产品公司。

关于他的操作技术，我无可奉告。他没告诉过我他是怎么做的，我也没有问过他。不过显而易见的是，即使他有华尔街的经验，而且毫无疑问很聪明，结果却证明，他的所作所为并没有多大价值。集团很快发现，他们自己卖不掉多少股票。他一定试过了自己知道的所有办法，因为一个集团的操盘手是不会要一个外人来替换自己的，除非他觉得自己没有能力执行这项任务，而这是一般人最不喜欢承认的事情。总而言之，他找到了我，友好地寒暄几句之

第二十一章 最好的消息人士是大盘

后,他说他想要我来负责石油产品公司的炒作,把集团所持有的股票卖掉。这笔股票的总数略微超过 10 万股,该股的卖出价当时是 102 至 103。

我觉得这件事情不确定的因素太多,就婉言谢绝了他的提议。但是,他坚持要我接受,而且把它放在了私人关系的层面上,因此我最后还是同意了。我天生不喜欢把自己牵扯进那些我没有信心能获得成功的事情中去,不过我也认为,一个人应该为朋友和熟人做点什么。我说我会尽力而为,但是我告诉他,我对这件事情不是很有信心,然后列举了我以后必须会面对的不利因素。然而普兰第斯对此只是说,他并没有要我向集团保证能有数百万的利润。他认定只要我接过手,那么结果就会足以使任何有理性的人满意。

好吧,就这么着,我接手了一件自己并不赞成的事情。正如我惧怕的那样,我发现局面相当棘手,而这很大程度上是普兰第斯亲自为集团炒作时所犯的错误造成的。不过,对我最不利的一个因素是时间。我深信,这轮多头行情正迅速接近尾声,因此,让普兰第斯那么受到鼓舞的好转,最终会被证明为只不过是一次短暂的反弹。我担心在自己能对石油产品公司有所作为之前,大市就会明确地转空。然而,我已经答应了下来,所以我决定尽量去努力。

我开始拉高价格,并且取得了一定的成功。我想我把它拉到了 107 上下,这个价位相当不错了,我甚至都能够卖出一点点股票了。数目不多,但是我很高兴并没有使集团的持股增加。有许多集团外的人就等着一次小涨好甩掉他们的股票,而我简直就是上天赐给他们的。要是总体情况不那么坏的话,我兴许还能做得好些。没有让我早点参与,真是太糟糕了。我觉得现在自己所能做的,就是在尽可能减少集团亏损的情况下,把股票抛掉。

我叫人找来普兰第斯,对他说了自己的看法。但是他即刻反对了起来。我就向他解释自己为什么会这么做。我说:"普兰第斯,我能够很直接地感受到市场的脉搏。你的股票没人跟进。不用费什么工夫就能看出公众对我炒作的反应了。听着:如果你虽然已经尽可能在使石油产品公司具有吸引力，并且一直都在提供所需要的支撑，可发现公众还是不理睬它，那么你就可以断定出了岔子。只是，出了岔子的不是这只股票，而是股市。想硬来是绝对没用的。如果你非要硬来，那就注定会赔钱。一个集团操盘手在有人跟进时，应该乐意买进自己的股票；可如果他是市场中唯一的买家时，那他再买进就是傻瓜。我每次买进5 000股，公众就应该或者说能够跟着再买进5000股。可我肯定是不打算去买的。如果我买进，那么只有一种结果，就是被一大堆自己并不想要的多头股票套牢。现在能做的事情只有一件，那就是卖出。想抛售的唯一办法就是卖出。"

"你是说，不管什么价格都卖？"普兰第斯问道。

"没错！"我说。我看得出来，他准备反驳。"如果我不管怎样都要卖掉集团持股的话，那你就要下定决心了，价格会跌破100的，而且——"

"哎，不行！绝不！"他嚷嚷着，倒好像我在请他去参加自杀俱乐部。

"普兰第斯，"我对他说，"炒作股票的主要原则，是拉高一只股票以便把它脱手。但是，在上涨的时候是无法大量抛出的，这你没法做到。大量的抛出是在从顶部一路下跌的期间完成的。我无法把你的股票拉高到120或者130，我倒是想，可做不到。所以，你只能从现在这个价位开始抛。我的看法是，所有的股票都在跌，石油产品公司也不会例外。与其让它在下个月被别人的抛盘砸下来，不如用集团的股票现在就开始往下压。反正它总是要跌的。"

我看不出自己的话有什么可令人伤心的，可你简直能从东半球听到他的哀号。这样的话他一句都不要听。这绝对不行。这会给该股的记录抹黑。更别说银行那边可能有的麻烦事了，这股票是以贷款抵押的形式放在那儿的，等等。

我还是告诉他，以我的判断，这世上没有任何东西能阻止石油产品公司下跌15或者20个点，因为整个股市都在往那个方向走。我再一次告诉他，指望他这只股票会是个让人惊讶的例外，那是荒

第二十一章 最好的消息人士是大盘

谬的。可我的话再度落空,他坚持要我为这只股票托盘。

这是一个精明的生意人,一个风云一时、非常成功的股票炒手;他在华尔街上赚了数百万,对投机这个游戏比普通人的认识要深刻得多;就是这样一个人,竟然坚持要在一个即将成熟的熊市上为一只股票托盘。当然,那是他的股票,可不管怎么说那都是件坏事。即使我非常不愿意,可还是再次和他争辩了起来。但没用,他坚持用买单托盘。

当大市疲软,跌势真正起来之后,石油产品公司自然跟着其他股票一起跌了。我不但没有卖出,实际上还为内幕集团买进了股票——遵照普兰第斯的指示。

唯一的解释是,普兰第斯不相信熊市迫在眉睫。我本人深信牛市已经结束。我用实验证明了自己第一个推测,我测试的不仅仅是石油产品,还有其他的股票。我还没有等到熊市宣告它的安全抵达,就开始卖出了。当然,石油产品公司的股票我一股都没有卖,我卖空的是其他股票。

石油产品集团,正如我所想,抓着他们开始就持有的所有股票,以及为了托盘而劳而无功地吃进的那批股票。他们最后还是全部都抛掉了,只是价格要比当初本可以拿到的低很多——如果普兰第斯照我的意思让我那时候卖掉的话。只可能是这个结果。可普兰第斯仍然认为他是正确的,或者据说他还是这么认为。据我所知,他说我之所以向他提出那样的建议,原因在于我在做空其他股票,而大市在上涨。这自然是在暗示,在不论价格的情况下抛掉石油产品集团持股,会造成该股下跌,而这个跌势对我在其他股票上的放空是有利的。

这纯属无聊。我并不是因为卖空才看空。我看空,是因为我对形势的估量,我只有在看空之后才会卖空。坚持一件错误的事情向来不会赚到什么钱,至少不会在股市上赚到什么钱。我计划抛掉该集团的持股,是基于自己20年的经验。经验告诉我,那是可行的,也是明智的。普兰第斯作为一名交易者,本该和我一样明白,那时候做其他任何事情都太晚了。

我猜想，普兰第斯和数千名外行人一样，认为一名操盘手什么都能做到。其实是做不到的。基恩最大的一次操作就是1901年春天对美国钢铁公司普通股和优先股的炒作。他的成功，并不只是因为聪明、足智多谋，也不是因为有一个全国最富有的人组成的集团做后台——这些只是部分原因。他成功的主要原因是因为顺应了大市和公众的情绪。

对一个人来说，不顾经验教训和常识行事，总是不好的。不过华尔街上的傻瓜并不都是外行。普兰第斯对我的怨气，我刚刚告诉过你了。他觉得很恼火，那是因为我没有按照自己的意愿操纵，而是听了他的话。

只要操作中没有故意歪曲事实，那么以大量卖出一只股票为目的的炒作就没有任何神秘、不光彩或者欺诈的地方。合理的炒作必须建立在合理的交易原则上。人们总是盯着过去的做法，比如说洗盘。但是我向你保证，纯然欺骗的手段只占了极小的部分。股市炒作与柜台买卖股票债券之间的区别，与其说是方式不同，不如说是客户不同。摩根公司把债券卖给公众，那是卖给投资者；一个作手把一大批股票抛给了公众，那是给投机者。一名投资者要的是稳妥，是他所投资本的长期回报率；而投机者要的则是到手迅速的利润。

作手必然会发现他的主要市场存在于投机者中。这些人只要有一定的机会获取一笔丰厚的资本回报，就愿意承担大于一般的风险。我本人向来不信任盲目的赌博。我或许会赌一把，买进100股，但是无论做了哪一件事情，我一定会有理由。

我还清楚地记得自己是怎么加入炒作这个游戏的，也就是说，怎么开始为别人卖出股票的。回想这件事情让我很愉快，因为它如此淋漓尽致地表现出了华尔街的专业人士们对炒作股票的态度。这事发生在我"卷土重来"之后，也就是说，在我1915年交易伯利恒钢铁公司股票，开始恢复自己的财务状况之后。

那时我在相当稳定地交易，而且运气非常好。我从未指望会在

第二十一章 最好的消息人士是大盘

报纸上露面，可也没有特意把自己隐藏起来。但是，与此同时，你知道，哪个作手如果碰巧正活跃，那么华尔街上的专业人士们就会把他的成功或者失败进行夸大，而报纸自然就会听说了这个人，并且把传闻发表出来。根据那些流言，我经历了许多次破产；而根据同样的这些流言，我赚了许许多多的钱。对这样的言论，我唯一的反应就是惊讶于它们是何时何地产生的，还有，是如何发展变化的！我的经纪朋友们曾经接二连三地来告诉我同一件事情，每个人的说法都有点儿不同，越来越完善，越来越详细。

我说这些是要告诉你，我最早是怎么承担起为别人炒作股票这件事情的。那都归功于报纸上那些关于我如何把所欠的几百万债务全额付清的故事。报纸上把我的投机和获利夸张得太多，以至于我成了华尔街的热门话题。一名操盘手用20万股就可以在市场上兴风作浪的时代已经过去了。但是，如你所知，公众总是渴望为旧日的领袖们找到后继者。作为一名技巧高超的股票操盘手和一名独立赚取了数百万的赢家，基恩先生声名卓著，所以发行商们和银行家们才会请他来抛售大批的证券。简而言之，他的炒作服务之所以受欢迎，是因为华尔街听说了他以前"成功的交易历史"。

可是，基恩已经不在了，去了天堂。他曾经说绝不去那儿，除非他心爱的马儿沙桑贝在那儿等他。而其他两三个人在谱写了几个月的股市历史之后，也因为长时期的沉寂而陷入了默默无闻中。我指的尤其是那些西部投机者，他们1901年来到华尔街，从所持的钢铁公司股票上赚取了上千万美元后，就留了下来。他们在现实中与其说是基恩那样的操盘手，不如说是超级发行商。但是他们极其能干，极其富有，而且在他们以及他们的朋友所控制的公司股票上也极其成功。他们并不能算基恩或者富劳尔那样的大作手，但是华尔街仍然在他们身上找到了大量谈资，而且他们在专业人士和赌性比较重的证券公司里无疑有着一批追随者。他们的交易不再活跃后，华尔街发现自己没有作手了，至少在报纸上没读到了。

股票大作手回忆录

　　你还记得吧，1915年股票交易所重新开业，开始了一个大牛市。随着市场的拓宽以及协约国在美国的购买力不断加大，我们迎来了一次热潮。就炒作而言，要为一个战争新娘创建起一个无限制的市场，完全不必任何人费力。许多人利用合同，甚至只是口头许诺的合同，就赚取了数百万美元。他们不是在友好的银行帮助下，就是靠把自己的公司推到场外市场交易，总之，他们成功地变成了发行商。而任何东西，只要适当地推销，公众都会买进。

　　当这次热潮的高峰过去后，其中一些发行商发现自己需要专家来推销股票。那时公众抓着各种各样的证券，其中有些人是以比较高的价格买进的。要想把未经流通过的新股脱手，并不容易。热潮之后，公众肯定地认为，什么都不会涨了。这并不是买家的辨别能力提高了，而是盲目的买进结束了，是公众的心情变了。要使人们悲观，甚至都不必使价格下跌，只要市场变得清淡，并且持续清淡一段时间，那就足以达到目的。

　　每起一次热潮，公司就纷纷成立。其主要目的，如果不是唯一目的的话，就是迎合公众的对各种各样股票的需求，进而从中获利。也有迟到的发行。发行商之所以会犯下这个错误，是因为作为人类，他们不愿意看见热潮就要结束。再有，只要潜在利润够大，冒风险也值得。当视力因希望而受损时，是看不见顶部的。一般人在看见一只无人理睬的股票从12元或者15元突然间涨到了30元，就会认定到了顶部；这个想法直到看见它又涨到了50元才改变；他们接着认为，这次绝对是涨到头了，然而，它随后又涨到了60元、涨到了70元、涨到了75元；现在肯定不会涨了，因为该股几个星期前还低于50元呢，可它又到了80元，然后是85元。这些普通人从不考虑价值，只想着价格，而且他们采取行动的依据不是大势情况，而是恐惧心理。他们选择了最容易的那条路，也就是不再去想涨势必有尽头了。这就是为什么那些外行虽然够聪明，并不在顶部买进，但是却赚不到钱的原因。热潮中，公众总是最先赚到大笔的钱——在纸面上，而且它始终停留在纸面上。

第二十二章　用明智的无私来
避免愚蠢的自私

有一天，吉姆·巴恩斯来看我。他不但是我的一个主要经纪商，而且还是一个密友。他说想让我帮他一个大忙。他说话的样子大异往常，于是我就问他是个什么样的忙，暗自希望那是件我可以做到的事情，因为我的确想要报答他。他告诉我，他的公司对一只股票很感兴趣，实际上，他们就是那只股票的主要发行人之一，而且占了很大一部分股份。因为形势的需要，他们必须卖掉相当多的一批股票，吉姆想要我来替他抛售。这只股票是联合炉具公司。

有许多理由使我不愿意和这只股票牵扯上任何关系。但是，我欠巴恩斯的一些情，而他坚持强调这事算帮他私人的一个忙，所以单这点就让我无法拒绝了。他是个好人，一个朋友，而且我猜想他的公司在这件事里陷得非常深，所以我最后同意尽力而为。

在我看来，战争热潮和其他热潮之间的区别中，最鲜明的一点就是在股市上出现了的一种新型人物——青年银行家。

战争热潮很疯狂，它的来源和起因人人都一目了然。而与此同时，国内最大的银行和信托公司无疑是在全力以赴帮助各种各样的公司发起人和军火商，使他们一夜之间成为百万富翁。事情后来演变到了这个地步：一个人在还没有合同的情况下，只要说自己有个朋友是协约国理事会一个成员的朋友，就会有人向他提供执行合同所需的全部资金。我常常听到一些离奇的故事，说一些小职员成了公司总裁，做着数百万美元的业务。他们的钱是从信托基金公司借来的，他们的合同转来转去，使人人都获利。黄金洪水般从欧洲涌入这个国家，银行家们必须想办法把它们留下来。

前辈们也许不免会带着疑虑看待这种做事情的方式，可这样的老人似乎并没有多少了。宁静安逸的年代里尽可流行白头发的银行总裁，但是在这个热火朝天的时代，最有资格的却是年轻人。那些银行毫无疑问赚取了巨额利润。

麻烦的是，炉具这个行业非常兴旺，业内的三家公司都是有史以来第一次居然能从他们的普通股上赚取收益，他们的主要股东都不愿意放弃自己的控股。这些股票在场外交易得很好，他们已经把自己愿意卖掉的都卖掉了，对自己的现状很满足。从他们单个儿来看，资产都太少，不足以担当大的市场动作，于是巴恩斯的公司就介入了。他指出，三家公司联合起来，就一定可以达到股票交易所上市的规模，而新股上市后，其价值就会比以前的旧股要高得多。在华尔街上，给股票换个颜色，使它们更有价值，这一招并不新鲜。比方说，一只股票以面值100出售的话，已经卖不出去了。不过呢，有时候把它扩张四倍后，你就能以30或者35的价格把它卖出，这相当于旧股120或者140的价位，而这些价位是旧股永远也不可能达到的。

巴恩斯和他的伙伴们似乎成功地吸引了他们的一些朋友参加合并。这些人投机性地持有业内一家大公司格雷炉具的一批股票，他们所持有的每1股格雷炉具，在合并后算4股新股。接着米德兰和西部也跟着它们的老大加入了合并，条件是1股换1股。它们在场外的交易价是在25到30左右，而格雷炉具的名气则比较大，并且有股息，所以价格一直在125上下。

有些股东坚持要把持股卖出兑换成现金。为了吃进这些股票，也为了能提供工作和发行的费用，筹集几百万资金势在必行，于是巴恩斯就去见他的银行总裁。那人友好地借给他的集团350万美元，用做借款抵押的是10万股新组建的公司股票。反正我是这么听说的，说集团向这位银行总裁保证，新股价格不会低于50。这个价格可不低，所以这件事会很划算。

承销商们犯下的第一个错误在于时机问题。市场上发行的新股

第二十二章 用明智的无私来避免愚蠢的自私

已经饱和，他们应该早就看到这一点。不过即便在那时，如果他们没有企图效仿在热潮高峰期的那些发行人，想去获取不合理的巨额利润，他们最终也许还是可以赚到相当一笔钱的。

你可千万不要以为巴恩斯和他的合伙人都是些傻瓜或者缺乏经验的孩子。他们很精明。他们中所有的人都熟悉华尔街的那一套，其中有一些还是非常成功的股票交易者。但是他们做出的事情远不只是过高估计了公众的购买力而已，这毕竟是他们只能用实际测试来决定的。他们所犯下的代价最昂贵的错误，是指望牛市会持续下去。我猜想，这是因为这些人以前极其成功，而且成功得过于迅速，以至于他们毫不怀疑自己在牛市转向前就会完成这桩交易。他们的名气都很大，而且在专业交易者和证券公司里有相当一批追随者。

这次的上市宣传极为隆重。多家报纸十分慷慨，进行了大篇幅的报道。以前的三家公司被视为代表了美国炉具行业，而且据说它们的产品享誉世界。它们的联合是一次爱国行动，它们要征服世界的故事遍布报纸，什么亚洲市场、非洲市场还有南美市场，都不在话下。

公司董事会成员的名字都是财经版的所有读者耳熟能详的。宣传工作非常有成效，而一位匿名的内部成员对价格走势的保证也非常明确并且极具说服力，这些都为新股创造了巨大的需求。结果是，当申购结束后，他们发现这只以50美元一股公开发行的股票被超额认购了25%。

想想看吧！承销商们应该指望的最好结果，就是经过几个星期的工作，把价格拉高到75或者更高的部位使均价达到50，然后以那个价格抛出新股。就三家公司以前的股票价格而言，"那个价格"，则意味着大约100%的涨幅。这是危机所在，而他们没有以应有的态度对待它。这向你显示出，每一行都有自己的窍门。大道理没有具体技巧有价值。意料之外的超额认购使承销商们十分欣喜，他们断定公众已经准备好，会以任何价格买进任何数量的这只股票。而且，他们竟然蠢到了没有足额配售。如果承销商们下定决定要贪心，最好尽量做的高明一点。

他们应该做的，当然是足额配售，使自己短缺公众认购总数的25%。这会使他们在需要时能够支撑该股，而且不用花钱。那样他们不费吹灰之力就能拥有极有利的战略部位，而这个部位是我本人在炒作股票时总会尽力争取的。他们本来应该可以阻止价格下跌，从而激发起人们对新股价格稳定的信心和对承销团背后支持的信任。他们本应该记得，在把向公众发行的股票卖出之后，事情并没有结束，那只不过是他们要抛出去的一部分而已。

他们以为自己做得非常成功，可没过多久，就尝到了他们这两个主要错误的后果。公众没有更多地买进新股，因为整个大市现出了回落的趋势。集团退缩了，不再支撑联合炉具。而如果连内部的人在衰退时都不买自己的股票，那谁还会买呢？一只股票失去了内部集团的支撑，这种情形一般都会被认为是一条相当可靠的利空消息。

没必要去列出详细的统计数据了。联合炉具的价格和股市上的其他股票一起波动，但是再也没有超过最早上市时的价格，也就是略高于50的价位。后来巴恩斯和他那伙朋友不得不用买单使它维持在40以上。没有在该股上市之初给予支撑固然令人遗憾，可更糟的是没有把公众认购的股票全额配售。

总之，该股如期在纽约股票交易所上市后，价格也随之一路下跌，直跌到37时，才号称站稳了。而它之所以能站稳，是因为巴恩斯和他的伙伴们不得不把它托在那个位置，因为他们抵押给银行换贷款的那10万股，是按每股35美元计算的。如果银行真要想清算这笔贷款的话，那谁也不知道该股会跌到什么价格了。曾经以50美元一股踊跃买进的公众，现在对着37元无动于衷，而且可能在27元时也不会想要它了。

随着时间的流逝，银行的过度放款引起了人们的思考。青年银行家的时代结束了。银行业看上去摇摇晃晃，眼见保守主义突然间就要故态复萌。曾经的密友现在被要求偿还借款，就好像他们压根从没和银行总裁一起打过高尔夫球。

第二十二章 用明智的无私来避免愚蠢的自私

放款人用不着威胁，借款人也用不着再去乞求。双方的日子都很不好过。比如说，和我的朋友巴恩斯做生意的那家银行，表现得虽然还和气，但是也透着一股劲儿，分明在说"看在上帝的分上，赶紧还款吧，不然大家都得倒大霉！"

倒霉这件事情及其可怕的种种可能性，足以使巴恩斯来找我，请我卖掉那10万股，以便清偿银行的350万美元贷款。巴恩斯现在已经不指望能从这批股票上赚钱了。如果承销团只损失一小笔的话，他们就会非常感激。

这件事情看上去似乎毫无希望。大市既不活跃，也不坚实，只是偶尔会出现反弹。每到那时，人人都会精神一振，试图相信一轮上涨行情就要启动了。

我对巴恩斯的回答是，我要好好研究一下，然后把自己接下这件事的条件告诉他。嗯，我确实研究了。我没有分析这家公司的最新年度报告，我的研究仅限于这个问题与股市相关的那一段。我要做的不是用收益或者前景来拉高价格，以便兜售该股，或直接把那一大批股票抛给公开市场。我所要考虑的，只是在这件任务中，有什么也许能帮上我，或妨碍我的。

比方说，我发现过多的股票集中在过少的人手中，也就是说，限制很紧，令人极为不安。克里夫顿·甘恩公司持有7万股，这家公司同时经营银行和经纪业务，是纽约股票交易所的会员；他们是巴恩斯的密友，多年来专门做炉具业的股票，在促进合并一事中发挥过影响，曾经让他们的客户得过不少好处。前议员沙缪尔·高登持有另一个7万股，此人的侄子有一家高登兄弟公司，他是那儿的特别合伙人。著名的约什华·伍尔夫则持有6万股。这几个人加起来一共持有20万股联合炉具，他们都是华尔街上的专业老手，不需要任何好心人去告诉他们何时应该卖出。如果我的炒作手段引来了公众购买，也就是说，如果我使该股强劲起来并且交易活跃的话，我就会看见甘恩和高登还有伍尔夫的抛盘，而且数目不会小。他们那20万股像尼亚加拉瀑布般飞泻而下的景象不会太让人着迷的。别忘了，牛市行情的高峰已经过去，无论我操作的技巧多么高明，都不会再产生压倒一切的购买需求了。巴恩斯对这件事情不存幻想，他为了帮助我，自己倒是回避了。他给我了一只步履维艰的股票，要我在一个将死的牛市上抛售。对于牛市即将结束这一点，报纸上当然没有提到，但是我知道，巴恩斯知道，银行一定也知道。

然而，我已经答应巴恩斯了。于是，我派人去请甘恩、高登和伍尔夫。他们那20万股就是达摩克利斯(古希腊某国王朝臣。国王命令他坐在一柄用一根毛发悬挂着的裸剑之下，以此向他显示，做国王并不是像他说的那样幸福——译者注)头顶上的那柄用一根毛发悬挂着的剑，随时都有砍下来的可能，我想我得把那根毛发换成一条铁索才成。在我看来，最容易的办法就是达成某种互惠协议。如果他们在我抛售银行那10万股时，什么都不做，按捺住自己的抛盘，那么我就会主动帮助他们，尽力创造出一个市场，好让我们所有人都可以出货。按照目前的情况，他们抛不出十分之一，联合炉具就会崩盘。这一点他们知道得很清楚，所以从来都不敢尝试。我所请求他们的，不过就是判断卖出的时机，用明智的无私来避免愚蠢的自私。在华尔街上做傻瓜是不会有报酬的，在其他任何地方也一样。我渴望说服他们，要他们明白，过早的或者考虑欠周的抛盘，会阻碍彻底出清他们手中的持股。时间紧迫。

我想自己的建议对他们会有吸引力，因为他们都是经验丰富的华尔街人，对联合炉具的实际人气不会有幻想。甘恩是一家很红火的会员交易公司的头儿，分部遍及11个城市，客户成百上千。他的公司过去为不止一个集团操作过。

持有7万股的高登议员是一个极其富有的人。大都市的报纸读者们都熟悉他的名字，因为一位16岁的美甲师曾经起诉他毁约。这个女孩有一件价值5000美元的貂皮大衣，还有被告写给她的132封信。他把侄子们引进这一行做经纪商，自己则做了那家公司的特别合伙人。他曾经参与过十几个集团的炒作。他继承了很多米德兰炉具公司的股份，这些股份为他换了10万股联合炉具。他持

第二十二章 用明智的无私来避免愚蠢的自私

有的股票太多了,所以当初不顾巴恩斯那想当然的利好消息,在市场走向疲软前就兑现了3万股。他后来对一个朋友说,他本来还会抛出去更多,只是其他那些大股东们都求他别再卖了。那都是些旧友和密友,出于对他们的尊敬,他只好罢手。除了这个原因之外,就像我说过的,他也没有可出货的市场。

第三个人就是约什华·伍尔夫了。他可能是所有交易者中最有名气的。20年来,人人都知道他是场内的一个大投机者。在拉高或者压低股票上,他罕有对手,因为一两万股对他而言,就像是两三百股一般。我在来纽约之前就听过他的大名。他那时候混在一个赌客圈内,那个圈子无论在赛马场还是股市,玩的都是无限额游戏。

人们常常指责他,说他什么都不是,不过乃一赌徒而已。可他是有真才实学的,而且在投机游戏上有很高的天赋。不过他同时又以对追求高级趣味无动于衷而闻名,是无数轶闻的主角。流传最广的一则故事是,伍尔夫参加了一个他称之为上流晚宴的宴会。由于女主人的疏忽,其他的几个客人未来及得到制止,就开始谈论起文学来。

伍尔夫边上坐的那个女孩只听见他吃东西的声音,一直没听见他说话,就转过头来,带着一脸急切的神情,想听听这位了不起的金融家有什么意见,问道:"哎,伍尔夫先生,您觉得巴尔扎克怎么样?"

伍尔夫礼貌地停止了咀嚼,把嘴里的东西咽下,回答道:"我从来不交易没上市的股票!"

这就是联合炉具公司三位最大的个人股东。他们来见我时,我告诉他们,如果他们组成一个小集团,拿出一些资金,然后以略高于市价的价格给我一笔购买他们的股票的买权,那我就会尽力造势。他们立即问我需要多少钱。

我回答:"你们持有那只股票很长时间了,一直都束手无策。你们三个一共有20万股,自己也知道得很清楚,除非把人气拉上去,否则根本没机会出货。而要想消化你们所有的持股,人气就必须高到一定的程度，所以，最明智的就是一开始就有足够的资金，以便能买进所有必须吃进的股票。启动之后再因为没有足够的资金而不得不停止，这是最没有意义的。我建议你们组建一个联合集团，筹集 600 万元现金，把那 20 万股的买权以每股 40 美元的价格给集团，然后把你们所有的股票都信托保管。如果事情顺利，你们不但可以摆脱砸在手里的那堆玩意儿，而且你们这个小集团还能赚到点儿钱。"

正如我说过的，对于我在股市上的成功，有各式各样的传言，我猜这一点帮了我的忙，因为没有什么比成功更令人信服。总之，这些家伙并没有让我多费什么口舌。他们清清楚楚地知道，如果自己做，结果会是怎样。他们认为我的计划不错。离开的时候，他们说会立即组建一个联合集团。

他们没费多少事就吸引了许多自己的朋友入伙。我猜他们在说到集团的利润时，口气比我还要肯定。据我所知，他们对此是真的深信不疑，所以这么说的时候倒也不是昧着良心。总之，一两天后，集团成立了。甘恩、高登和伍尔夫以每股 40 美元的价格给出了那 20 万股的买权，我亲自监督着这些股票被信托保管起来，这样以后如果我要拉高价格，它们就不会出现在市场上来捣乱了，我必须保护自己。本来很有希望的事情，却因为集团或者圈子里成员的背叛，结果没有像预期的那样取得成功——这样的事情发生过不止一次。在华尔街上，狗不会对吃狗怀有愚蠢的偏见。当年，第二家美国钢铁和电缆公司上市时，盖茨这边和银行的塞里格曼那边有过一个君子协定，但这些内部的人后来互相指责对方背信弃义企图出货。呃，我在一家经纪公司的营业部里听见有人背诵一首四行诗，据说是盖茨的大作：

蜘蛛跳上了蜈蚣背，
邪恶残忍地咯咯笑：
"我要毒死这老凶神，
他要不死我就得亡！"

第二十二章 用明智的无私来避免愚蠢的自私

请注意，我这么说绝对不是在暗示说，我在华尔街上的任何朋友在股票交易中会想欺骗我。只是按照通常的原则，对任何突发性事件都要有所准备。这是很简单的道理。

伍尔夫、甘恩和高登告诉我他们为筹集600万现金组建了集团之后，我除了等这笔钱到位，就没什么可做的了。我敦促他们行动要迅速，这至关重要，然而资金还是来得很零散，我印象中分成了四五次才到齐。我不知道原因是什么，不过还记得自己曾经不得不向他们三个发出紧急求救信号。

那天下午我接到了几张大支票，给我带来了大约400万美元，还得到了保证，说余下的一两天内交上。牛市结束前，集团终于看上去开始可以做点什么了。情况再怎么好，这件事情都不会容易，所以我越快开始动手就越好。公众对冷门股票在市场中的新动向并没有特别的兴趣，不过有400万现金在手，一个人可以做许多事情，可以让任何股票热起来。这笔钱足可接下所有可能出现的抛盘。如果时间紧迫，就像我说过的，那么就不必等待另外那200万。该股越早涨到50，对集团就越好，这是显而易见的。

第二天早晨开盘时，我惊讶地看到联合炉具的交易量大得异乎寻常。我前面告诉过你，这只股票好几个月来都步履艰难。它的价格一直被钉在37，巴恩斯很小心地不让它跌得更低，因为银行抵押的是每股35。至于上涨嘛，要想看见联合炉具的股价在大盘上有任何涨幅，还不如期待直布罗陀岩山摇摆着穿越海峡呢。

先生啊，这天早晨该股的人气那可是相当高，价格涨到了39。头一个小时的交易量就大得超过了整个前半年。这只股票成了那天的中心，给整个股市都渲染上了一层看涨的气氛。后来我听说，在证券公司的客户室里，这只股票是唯一的话题。

我不知道这意味着什么，不过看见联合炉具士气高涨，对我没有任何伤害。一般来说，当任何股票有了任何不同寻常的波动时，我是用不着去打听的，因为我在场内的朋友们——既有为我交易的经纪人，也有我私人的场内交易员朋友——一直和我保持联系。他们认为我想知道，所以在有了任何新闻或者传闻后，就会给我打电话。这天我所听到的就是，联合炉具内部绝对在买进，里面没有任何水分，全是实实在在的买盘。买家接下了所有 37 到 39 的抛盘，而有人软磨硬缠向他们询问消息时，一概遭到了拒绝。这使那些机警狡猾的交易者断定有事情发生了，而且是大事。当一只股票的价格由于其内部买进而上涨，但是内部人士却拒绝鼓励其他的所有人跟进时，那些行情探子就开始使劲猜想正式消息什么时候会被公布。

我本人什么都没做。我观察着，惊讶着，留意着交易的轨迹。第二天，买进的量不但更大，而且气势也更猛。那些卖出价高于 37 的卖单，曾经在专业人士的委托簿上挂了几个月，如今毫不费力地就被吸收了，而且新挂出来的卖单不够多，对涨势没有任何阻碍。很自然地，价格涨了上去，冲破了 40，很快就碰到了 42。

它一碰到这个数字，我就感觉自己应该开始抛出银行拿着做抵押的那批股票了。当然，我推断价格会因为我的抛盘下跌，不过如果我的整体均价是 37 的话，那就挑不了我的错。我知道这只股票内在的价值，而且从它没动静的那几个月，我对它的市场价值也有了点儿概念。我小心翼翼地把股票抛给他们，直到脱手 3 万股。然而，涨势丝毫未减！

那天下午我得知了为什么会有这个及时但却神秘的涨势。似乎是这样的：场内的交易者们在前一天下午收盘后和下一天早晨开盘前都得到了消息，说我极为看好联合炉具，打算把它一口气拉高 15 或者 20 个点，就像我习惯的那样——据那些从未研究过我的人说，我有这个习惯。消息灵通人士的头儿正是名人约什华·伍尔夫，就是他本人的内部买盘激发了前天开始的涨势。而他在场内交易者中间的那些密友们都巴不得地跟进了，因为他太了解内情，不会误导自己的追随者的。

事实上，抛出来的股票并没有原来担心的那么多。想想我锁住的那 30 万股，你就知道我原来害怕的是哪些股票了。现在的结果表明，拉高股价这件事比我预期的要容易。归根到底，富劳尔先生

第二十二章 用明智的无私来避免愚蠢的自私

是对的。每当人家指责他炒作自己公司做的股票时，例如芝加哥煤气公司、联邦钢铁公司，还有 BRT，他就会说："我只知道一种让股票上涨的方法，那就是吃进。"这也是场内交易者们唯一的方法，而价格也与之相呼应了。

接下来那天，早餐前我从不同的晨报上都读到了一则消息。数千人都在读这些同样的报纸，而且毫无疑问，通过电缆，它们也被送到了几百个分部和城外的办公室。这个消息说，拉瑞·利文斯顿就要开始炒作联合炉具，拉高它的价格了。其他有关的细节，各个报纸则说法不一。其中一个说法是，我组建了一个内部集团，打算惩罚那些过分的空头；另一个说法在暗示近期内有一个关于红利的公告要发布；有报道在提醒所有的人记住我通常对自己看好的股票所采取的那些行动；另外还有报道指责公司在隐瞒资产，说那是为了方便内部人士吸货。所有的这些报道都一致认为，涨势还没有真正开始。

我在开盘前到达办公室阅读信件的时候，发现许多新鲜热辣的小道消息充斥着华尔街，都在建议人们立即买进联合炉具。我的电话铃声响个不停，接电话的员工听到的都是那天早晨已经用不同方式问了几百次的同样问题：联合炉具真的要涨吗？我必须得说，伍尔夫和甘恩还有高登——很可能包括巴恩斯——干起传播消息这种小事来，真是非常拿手。

我一点儿也不知道自己有那么多的追随者。哇，那天早晨，买单从全国各地涌了进来，都是委托买进几千股三天前无论什么价格都没人想要的那只股票。有一点别忘了，公众事实上唯一可依照的就是我在报纸上的那个名声：一个成功的大投机者。我得为这个名声谢谢那个或者那些想象力丰富的记者。

嗯，先生，在这种情况下，上涨的第三天，我开始抛出联合炉具。接着的第四天和第五天也在抛。然后我就发现，我已经帮巴恩斯把那 10 万股全抛完了。这些股票在马歇尔国民银行抵押了一笔 350 万美元的贷款，银行正等着他们还钱呢。如果最成功的操作是指操作者以最小的代价实现了所盼望的结果，那么联合炉具就毫无疑问是我的华尔街生涯中最为成功的一次操作。这期间我从不必吃进任何数目的股票。我没有为了以后能更容易抛出而在开始时必须吃进；我也没有把该股价格拉到可能的最高点，然后再开始真正抛出；我大量抛出的时机甚至都不是在下跌时，而是在上涨中。不费吹灰之力就有人为你准备好了足够的购买力，尤其是正当你的时间紧迫时，这简直是一个天堂美梦。我曾经听富劳尔先生的一位朋友说，这位了不起的大多头有一次为伯利恒集团操作，帮他们获利抛出了5万股，但是富劳尔公司却得了超过了25万股交易量的手续费。汉密尔顿说，基恩为了抛出22万股联合铜业，在必要的操作中，交易量达到了至少有70万股。那可是相当丰厚的一笔手续费！想想这些，再看看我吧，我付出的唯一那笔手续费，就是实际上为巴恩斯抛出的那10万股的手续费。我认为那着实省下了一笔钱。

我卖出了答应为我的朋友巴恩斯抛出的那批股票后，集团同意筹集的资金还没有全部到位，而且我一点儿也没兴趣买回那些自己抛出去的股票，所以就有些想找地方度一个短假了。我记不住具体过了多长时间，不过确实还清楚地记得，我没有再去理会那只股票后没多久，它的价格就开始下跌了。有一天，整个股市疲软，有个失望的多头匆匆忙忙地想抛掉自己手中的联合炉具。他的抛盘使该股跌破了买权的履约价格，也就是40。似乎没人想要它。正如我前面所说，我对基本面的局势并不看好，这让我比任何时候都要感激那个奇迹的发生，它使我得以抛出了10万股，而不用像那些好心的消息灵通人士所预言的那样，在一个星期内把该股价格拉高20或者30个点。

发现没有托盘，该股价格就养成了常规下跌的习惯，直到有一天，它跌得相当厉害，碰到了32。这是历史最低价，因为你还记得吧，巴恩斯和最早的那个承销团曾经为了避免银行把他们那10万股抛到股市上去，把该股价格一直托在37这个位置。

那天我正在办公室安然地研究着行情，得到通报说，伍尔夫来

第二十二章 用明智的无私来避免愚蠢的自私

访。我说我可以见他,他就冲了进来。他的块头不是很大,可是看上去确实胀鼓鼓的——我立即发现,这是他怒气冲冲的缘故。

他冲到我靠着行情传送器站立的地方,喊道:"喂!到底怎么回事?"

"请坐,伍尔夫先生,"我客气地说着,自己也坐了下来,想鼓励他冷静地说话。

"我哪儿也不想坐!我就想知道这是什么意思!"他声嘶力竭地喊着。

"什么什么意思?"

"你到底在对它做什么?"

"我对什么做什么?"

"那只股票!那只股票!"

"哪只股票?"我问他。

可这只使他更加气得脸发红,他高声叫道:"联合炉具!你在对它做什么手脚?"

"什么手脚也没做!绝对没有。出什么事了?"我说。

他瞪着我足足有5秒钟,然后爆发了出来:"看看它的价格!看看!"

他真是很气愤啊。因此我站了起来,看着大盘行情。

我说:"它的价格现在是31.25。"

"是啊!31.25,而我拿了一大堆。"

"我知道你有6万股。你已经持有很长时间了,因为你最早买进了你那些格雷炉具……"

可他没让我说完。他说:"可是我又买进了许多。其中有的买入价高达40!而我还拿着呐!"

他怀着那么大的敌意怒视着我,我就说:"我没要你去买进。"

"你没什么?"

"我没有要你去吃进它。"

"我没说是你让的。可是你打算拉高它的价格……"

241

"我为的是什么?"我打断他问道。

他看着我,气得说不出话来。等能说出话了,他说:"你本来是要把它拉上去的。你已经拿到买进的资金了。"

"是的。可是我一股也没买进,"我告诉他。

这句话是那最后一根稻草。

"你有400多万美元买进的钱,可是一股也没买进?你一点儿都没买进?"

"一股也没买!"我重复了一遍。

这时候他已经愤怒得语无伦次了,最后终于挣扎着说:"你把这个称为什么样的游戏?"

他内心里在用各种各样难以言表的罪名谴责我。从他的眼中,我确凿无疑地看见了长长的一个罪名单。我不由得对他说:"你真正想问我的,伍尔夫,其实是,我为什么没有用50以上的价位把你在40以下买进的那些股票接过去。对不对?"

"不,不对。你有一批价格在40的买权,而且还有为了拉高价格准备好的400万现金。"

"是的,但是我没碰那钱,我的操作没有让集团损失一分钱。"

"听着,利文斯顿——"他开口道。

但是我没有让他继续往下说。

"还是你听我说吧,伍尔夫。你知道你和高登还有甘恩的那20万持股锁定了,也知道如果我拉高价格,市场上不会出现太多的流通股。我要拉高价格有两个原因:首先是为这只股票聚积人气;其次是从那批履约价格为40的买权上赚取一笔利润。但是你却要么是不满意自己那好几个月都无法脱手的6万股以40这个价格抛掉,要么是不满意自己在集团中所占的那份利润,总之,于是你决定大量买进40以下的股票。你确信我会用集团的资金拉高价格,所以就想等我这么干的时候,把这些股票抛给我。你要在我吃进前买进,在我抛出前卖出,而十有八九,我就是那个接手的人。我猜想你认为我非得把价格拉到60不可。这事太容易,所以你大概只为

第二十二章 用明智的无私来避免愚蠢的自私

了倒手，就吃进了1万股。而且为了确保如果我不接手时另有人把口袋张开，你把消息传遍了美国、加拿大和墨西哥，根本就没有考虑过此举给我带来的额外麻烦。你所有的朋友都知道了我要干什么。有了他们和我的买盘，你就会毫无问题了。这个嘛，你把消息给了你的密友们，他们买进后也把消息传播了出去。这样一传十、十传百，结果我到了终于要抛的时候，发现几千名聪明的投机者正等着我呢。你那主意可真是一个好心的想法，伍尔夫。联合炉具在我甚至还一点儿也没想吃进的时候就开始上涨了，你想象不到我有多么惊讶。你也想象不到，当本来想把承销团的这10万股以50或者60的价格抛给我的那些人，以40的价格接过了这批股票时，我是多么地感激！我没有用那400万美元为这些人赚点儿钱，可真算得上是个傻瓜，对不？这笔资金是用来买进股票的，只不过是在如果我认为必要的时候。呃，我没认为有此必要。"

伍尔夫在华尔街上呆的时间不短了，所以没有让愤怒妨碍正事。他一边听我说，一边冷静了下来。我说完后，他语气挺友好地说："听着，拉瑞，老兄，我们该怎么办？"

"你爱怎么办就怎么办。"

"好了，随和点儿吧。如果你处在我们的位置，会怎么办？"

"如果我在你的位置，"我郑重其事地说，"你知道我会怎么办吗？"

"怎么办？"

"我会全部抛掉！"我告诉他。

他看了我一会儿，然后一句话没说，就转过身去，走出了我的办公室。从此再也没来过。

这之后不久，高登议员也来拜访了。他也相当不高兴，为了他们的麻烦而埋怨我。接着甘恩也加入了这股愤怒和抗议的呼声中。他们忘了在组建集团时，自己的那些股票还大量囤积着卖不出去呢。他们现在只记得我没有把他们的持股以更高的价格抛出，只记得我有集团的几百万美元，只记得这只股票在44的时候还很活跃。按照他们的思考方式，我本该在全部抛出的同时，还获取一笔丰厚的利润。

　　当然，他们也适时冷静了下来。集团一分钱也没亏损，主要问题仍然没变：卖掉他们的股票。一两天后，他们回来请我帮忙，高登尤其坚持。我终于答应帮他们把所有的股票以 25.5 美元的价位抛出，超过这个价格的，我收取一半作为自己的服务佣金。现在的价位大约是 30 左右。

　　就这样，我又要帮他们卖出股票了。就基本市场情况，特别是联合炉具的个股表现来看，只有一个办法做这件事情，那当然就是不去试图先拉高价格，而是直接压低抛售。拉高的过程中，我肯定会收到股票；而下跌的过程中，我却可以碰上捡便宜的人，那些人总是认为一只股票在低于顶部 15 或者 20 个点时是便宜货，尤其是那个顶部就出现在不久前。在他们的想法中，一定会有反弹。在见过联合炉具逼近 44 美元之后，低于 30 的价位看上去无疑是个大好机会。

　　它像往常那样奏效了。专捡便宜货的人买进了足够多的量，使我得以出清了集团的持股。不过，你觉得高登、伍尔夫或者甘恩会感激我吗？完全不。他们对我还是很恼怒，至少他们的朋友是这么告诉我的。他们经常对人说我是如何整他们的。我没有像他们期望的那样去牺牲自己拉高价格，为了这个，他们无法原谅我。

　　事实上，如果不是伍尔夫和其他人到处传播那些滚烫的消息，我永远也无法抛掉银行那 10 万股。如果我像往常那样操作，也就是说，用合理而且自然的方式，那么我就会不得不接受能卖出的任何价格。我说过，我们碰上了一个处在跌势的大市。要想在这样的市场上抛售，要卖出的唯一方式未必是不计后果，但一定是要不计价格的。没有其他可能的办法了，但是我想这一点他们并不相信。他们仍然很生气，而我没有。生气没有任何好处。我不止一次地认识到，投机者的情绪一旦失控，他就完蛋了。在这件案子中，那些牢骚不满没有引起风波。不过，我要告诉你一件奇怪的事。有一天，我太太到一个别人热情推荐的裁缝那儿去。那个女人又能干又

第二十二章　用明智的无私来避免愚蠢的自私

殷勤，性格非常好。在第三或者第四次拜访时，这位裁缝感觉不那么拘束了，就对我太太说："我希望利文斯顿先生不久就会拉高联合炉具的价格。我们买了一些，因为据说他打算把它抬上去。我们一直都听说他在所有的操作中都很成功。"

我对你说，想到无辜的人可能因为听信了那种消息而赔钱，就让人不太痛快。也许你理解了我本人为什么不给任何消息的原因。那个裁缝让我觉得，要说不满的话，我倒是真的对伍尔夫很不满。

第二十三章　要警惕匿名的权威言论

在股市中，投机行为永远都不会消失。谁也不希望它消失。对其危险性发出的警告也无法遏制投机。无论人们有多么能干，经验有多么丰富，都还是会有猜错的时候；设计周密的计划会由于意外以及不可预测的因素而流产；灾难也许来自自然界的激变或者气候因素，也许来自你自己的贪婪或者其他人的虚荣心，也许来自恐惧或者无节制的希望。然而，除了这些也许可以称之为自然敌人之外，一名股票投机者还必须对付某些做法或者恶习。它们不仅在道义上站不住脚，在商业上也一样。

当我回顾自己刚来华尔街的那段时间，回想起25年前那些常见的操作时，我必须承认发生了许多变化，越变越好了。老式的投机行已经不复存在，但是骗人的经纪公司却仍然兴旺，供养它们的是那些坚持要参与快速致富游戏的男男女女们。股票交易所的管理很有效率，不但追缉这些彻头彻尾的骗子，而且坚持要自己的成员严格遵守规则；许多有益市场健康的规章制度现在也得以严格实施，不过仍然有待完善。某些恶习一直在持续，这要归咎于华尔街上根深蒂固的保守主义，而不是对道义的麻木不仁。

股票投机获利一向都比较困难，现在更是一天比一天难。还在并不算太久以前，一个真正的交易者基本上对每一只上市股票都能有相当的了解。美国钢铁公司其实是由一些次要的联合公司合并而成的，这些公司中，大部分都成立了不到两年；而摩根在1901年推出这只美国钢铁公司的股票时，股票交易所挂牌上市的股票只有275只，它的"未上市部门"里的股票大约有100只。这其中还包括了许多小股票、没有交易的次要股、以及保息股票。这些股票缺乏投机吸引力，是人们无须理会的，事实上，绝大部分股票数年

第二十三章 要警惕匿名的权威言论

内都不会有一次交易。而现如今，常规上市的股票就有大约 900 只，在我们近期活跃的市场上，有大约 600 只个股在买卖交易。此外，以前股票的板块或者分类，追踪起来更容易些。它们不仅数量比较少，而且资本规模也要小些。再有，那时的交易者所必须掌握的信息也不必覆盖如此广的领域。现在，什么样的股票都可以交易，世界上几乎每一个行业都有股票上市。要想不和市场脱节，就需要更多的时间和更多的精力。对那些想操作得更为明智的人来说，股票投机变得困难多了。

有成千上万的人在投机买卖股票，但是投机获利的人却很少。就像公众在某种程度上一直都在参与市场一样，随之而来的是公众也一直都在亏钱。投机者致命的敌人是无知、贪婪、恐惧和希望。世界上所有的法令，以及地球上所有交易所的所有规章制度，都无法把这些弱点从人类这种动物的身上剔除掉。而且，即使精心拟定的计划，也会遭到意外事故翻天覆地的破坏，这是冷血的经济学家或者热心的慈善家都无力约束的。还有另外一个亏损的来源，那就是有意而为的错误消息。它和直接消息不同，是在经过各种各样的伪装和掩饰之后，再传给股票交易者的，因此它更阴险，危害性更大。

普通的外行人在交易时，所凭借的自然是小道消息或者传闻。它们或许是口头上的，或许是纸面上的；或许是直接的，或许是间接的。日常生活中的消息是无法提防的。比方说，一位来往了一辈子的好朋友真心诚意地希望能使你致富，就把自己买卖了某只股票的消息告诉你。他是好意。如果消息错了，你又能怎么办呢？而面对那些职业消息人士或者骗子，公众所得到的保护，就像在假酒和假钞面前一样，十分有限。至于那些典型的华尔街谣言，投机公众们既得不到保护，也得不到赔偿。证券公司、作手、集团以及个人中的大规模交易者，动用各种手段来帮助自己以可能的最高价格抛掉手上多余出来的股票，而报纸和行情贩子对利好消息的传播就是其中最具危害性的手段。

拿来财经新闻社任何一天的报纸，你都会吃惊地看见，上面居然登载了那么多含有半官方意味的声明。而所发言论的权威人士往往是某"首席内幕者"或者"一位重要的董事"或者"一位高级官员"或者某个"掌权"的人。在公众的推测中，这些人对自己所谈论的事情应该是很清楚的。这里有几张今天的报纸，我随便挑了一条，听听这个："银行界的一位领导人说，要预言股市下跌，现在还为时过早。"

银行界真有一个领导人说这话了吗？如果他说了，那他为什么要这样说呢？他为什么不允许发表自己的名字？他是怕说出了名字后人们会相信他吗？

这里是另外一条，关于本周股票交易活跃的一家公司。这次发表声明的人是一位"重要的董事"。好吧，这家公司有十几名董事，如果真有这么一位的话，那么到底是哪一位在发表这番声明呢？很显然，只要没有名字，那么谁都不用对这个声明所可能造成的任何损失负责。

除了用脑子去研究各地的投机行为外，股票交易者还必须多多考虑到这个游戏在华尔街上的某些特点。一个人在设法判断如何赚钱之外，还必须设法不要赔钱。了解什么不该做，与了解什么应该做，几乎同等重要。因而，一定要记住，基本上个股的所有涨势中都参与了某种形式的炒作。这些涨势是内部的人制造出来的，目的有一个，也只有这么一个，那就是在最大程度上获利出货。不过，普通的经纪公司客户总是坚持要从别人那里套出某只股票上涨的原因，他们觉得自己这么做才够得上是个精明的生意人呢。当然了，操纵者于是就会按照自己的方案，对这个涨势做出一番"解释"来。我坚定不移地相信，如果不允许发表那些含有看涨意味的不具名意见，那么公众的亏损就会大幅度减少。我指那些目的在于使公众买进或者继续持有股票的声明。

利用不知名董事或者内幕者的权威发表的看涨文章中，绝大多数传播给公众的印象都是不可靠而且误导的。公众认为这些消息是半官方的，值得信任，所以就接受了下来。他们每年为此损失着成

第二十三章　要警惕匿名的权威言论

千上万的钱。

比方说，有一家公司在所处的行业内经历了一段萧条时期，该股无人过问。它的报价代表着大众对它实际价值的普遍看法，也可能就是它真正的价值。该股如果过于便宜，就会有人知道并且买进，那么它就会涨；如果过于昂贵，人们知道后就会卖出，那么价格就会下跌。无人谈论或者不做任何事情的话，这两种情况就都不会发生。

这家公司所处的行业有了转机。这一点谁会最早知道呢？是内部的人还是公众？你可以肯定不会是公众。接下来会发生什么呢？不用说，如果继续好转，那么收益就会增长，公司就可以重新发放股息，或者要是股息从未中断过，那么就可以增加股息。也就是说，该股的价值会增长。

假设公司情况不断好转。管理层会把这件让人高兴的事公布出去吗？总裁会告诉股东们吗？会有一位好心的董事为了那些阅读报纸财经版和通讯社报道的读者着想，出来发表一份签了名的声明吗？还会有某位低调的内幕者继续贯彻他那一贯的匿名原则，用一份不具名的声明来肯定公司美好的前景吗？这次没有。一个字都没有人说，报纸或者行情探子没有发表任何声明。

价值增长的信息被小心翼翼地保护起来，不让公众知道，而与此同时那些现在沉默起来的"内部重要人物"则到股市上去把自己能捞着的股票全部便宜买进。随着这些消息灵通但却毫不声张的买盘不断出现，这只股票涨了上去。财经记者们知道内部的人应该知道这个涨势的来由，于是就开始提问。全体匿名的内部人士们全体声称，他们没有消息可以奉告，他们不知道有什么理由会有这次涨势。他们有时甚至会声明，对于股市的这种奇特行为或者股票投机者的这种举动，他们并不特别上心。

涨势在继续，那些知道内情的人终于迎来了欢乐的一天，买好了他们想要的或者有能力要的所有股票。华尔街上立刻开始充斥着各种各样的看涨传闻。行情探子告诉交易者们，"据可靠的权威"，这家公司绝对已经转危为安了。以前在说该股上涨没有理由时不愿意具名的那位低调的董事，如今又被拉了出来——当然还是没有具名——他说，对于公司的前景，股东们完全有理由觉得深受鼓舞。

在洪水般的看涨消息敦促下，公众开始买进这只股票。这些买盘使价格愈涨愈高。到了适当的时机，全体一致匿名的董事们的预测就会变为现实，公司或者重新发放红利，或者提高了股息率，这要视情况而定。这一来，看涨消息就更厉害了。它们不仅在数量上前所未有的多，而且更加热烈。在被人直截了当地要求说明目前的情况时，一位"主要董事"告知外界，说公司的情况岂止是继续好转而已；一位"重要的内部人员"在被百般央求之后，也终于在一家通讯社的诱供下承认，公司的收益简直好得惊人；和这家公司在业务上有联系的一位"著名银行家"，在别人的要求下回答说，公司销售量的扩大根本就是这个行业历史上前所未有的，即使不接新的定单，公司都得日夜赶工不知道多少个月呢。一位"财务委员会成员"在一则被报纸加了双框的声明中，对于公众惊异于该股的涨势一事，表达了他本人的惊异：他觉得，唯一令人惊异的是该股在涨势中表现出来的克制，而任何人去分析即将出台的年度报告，都能够轻易算出这只股票的账面价值比其市场价值高出了多少。不过，无论在任何情况下，这些乐于沟通的好心人们没有一个给出过名字。

只要收益继续不错，看不出公司的兴旺有任何减缓的迹象，那些内情者们就会在自己低价买进的那些股票上稳坐不动。既然没有任何会把价格拉下来的因素，那他们为什么还要抛掉呢？但是，在公司业务转向恶化的那一刻，会发生什么呢？他们会出来发表声明，或者发出警告，或者哪怕是最微弱的暗示一下？不太会。趋势现在向下了。正如他们在公司业务转好的时候悄无声息买进那样，他们现在也一声不吭地开始卖出。在这些抛盘下，该股价格自然要往下跌。于是，公众就又开始接到那些熟悉的"解释"。一位"内部主要人士"坚称一切顺利，跌势只不过是空头们卖空的结果，

第二十三章 要警惕匿名的权威言论

他们想影响大市。如果该股下跌一段时间后，在某个好日子里居然出现了一次暴跌，那么要求"原因"或者"解释"的呼声就会变得很高。除非有人出来说点什么，不然公众就要往最坏处想了，于是，行情新闻就会登出这样的一些消息："当我们要求这家公司的一位重要董事对该股的疲软做出解释时，他回答说，他对今天的跌势所能得出的唯一结论，就是空头在打压。基本情况并没有变化。公司目前的业务好于以往任何时候，除非发生了某些完全无法预见的事情，不然在下一个分红会议上，很可能会提高股息。市场中的空方攻势变得凶猛，这次下跌显然是他们的一次突袭，其目的就在于打掉那些把持不住的股票。"这些行情消息希望再优惠一下读者，多给点信息，说不定还会继续声明，说，据"可靠的信息"，大跌这天抛出的股票中，大部分被该股的内部人士接过去了；空头们会发现，他们卖空把自己卖进了一个陷阱里，会有遭到清算的那一天的。

　　除了相信看涨言论而买进股票会导致公众承受损失外，听信劝告而不去卖出股票，也会使公众遭受损失。阻止人们卖出那些"重要内部人士们"不想支撑或者吃进的股票，是仅次于唆使人们买进他们想抛出的股票的最好办法。公众在读过"重要董事"的声明后，所相信的是什么呢？普通的外人会怎么认为呢？他们当然会相信该股永远也不会下跌，会认为那是空头的抛盘在迫使它下跌。他们相信，只要空头一旦停止，内部的人就会发起一次讨伐性的涨势，使那些空头们到时候以高价回补平仓。公众相信这些并没有错，因为如果跌势真的起因于空头的打压，那么事情就的确会如此演变。

　　不过，咱们所谈论的这只股票并没有反弹，尽管有那么多的威胁或者保证，在说要给那些过分的空头来一次惊人的逼空，可它还是继续在跌。它没法子不跌，内部人的抛盘太多，市场消化不了。

　　这只被"重要董事们"和"主要内部人员们"抛售出来的股票成了专业交易者之间的一只足球。它继续下跌，似乎看不到底部。内部人士知道行业状况对公司未来的收益不利，所以不敢托盘，直到公司业务出现下一次好转。那时候，内部买盘就又会默默出现。

我做了不少交易，多年来一直和股市保持着相当紧密的联系，我可以说，由于空头打压而致使某只股票暴跌的例子，我一个都想不出来。所谓的空头打压，只不过是准确掌握了真实情况后的卖盘而已。然而，说该股下跌是因为内部的抛盘或者内部没有支撑，这不会奏效。每个人都会急着抛掉手中的股票，而当所有的人都在卖出，没有人买进时，后果不堪设想。

公众应该牢牢抓住这一点：股价长期下跌，其真正原因永远不会是空头打压。当一只股票持续下跌时，那就一定是有问题了，不是它的交易有问题，就是公司有问题。如果跌势不合理，那么该股的卖出价就会低于它的实际价值，这会带来买盘，从而抑制跌势。事实上，空头靠卖出股票能赚到大钱的唯一机会，就是当那只股票价格过高的时候。而你可以用自己的最后一分钱来打赌，内情人绝对不会把这个事实公之于众。

经典的例子当然要数纽黑文联合交通运输公司一案。如今每个人都知道这件事了，但当时却只有极少数人明白。该股在 1902 年的卖出价到了 255 美元，是新英格兰地区首要的交通运输投资。那个地区的人用自己所持的这只股票，来衡量自己的社会地位和所受到的尊敬。要是有人说这家公司正走向破产，他不会为说这话进监狱，但是会和其他疯子一起被关进精神病院。不过，当摩根安排了一位新的野心勃勃的总裁来管理时，这家公司开始分崩离析。人们起先并不清楚新政策会把公司推入这样一个境地，但是随着联合公司以昂贵的价格买进了一项又一项资产，极少数目光尖锐的观察者开始质疑这种政策。有人用 200 万买下了一套电车系统，但转手卖给纽黑文的价格却是 1 000 万。有一两个莽撞的人说管理层的举动太轻率，因此却犯下了大不敬罪。要想暗示即便纽黑文也承受不起如此挥霍，那无疑是蚍蜉撼大树，不可能。

最早知道祸到临头的，自然是内部的人。他们逐渐意识到了公司真实的状况，就减少了手中的持股。只有他们的抛盘而没有他们

第二十三章　要警惕匿名的权威言论

的支撑，新英格兰的这只金边交通股的价格于是开始下跌。像往常一样，人们开始提问，并且要求解释。而解释和以往一样，立即出现了。"内部主要人士"声明，就他们所知，一切顺利，造成跌势的是那些不计后果的空头卖盘；于是，新英格兰的"投资者们"就继续持有他们的纽黑文交通运输股票。他们为什么不呢？难道内部的人没有说一切顺利，都是空头在打压吗？难道没有继续宣布要分红吗？

与此同时，承诺的逼空并没有出现，而股价又创了新低。内部抛盘变得愈发急迫，而且也不太伪装了。该股价格一落千丈，对于新英格兰每一个把它当做一笔安全投资和稳定收益的人来说，这意味着可怕的亏损。但是，当波士顿具有公益精神的人们要求对此做出一个诚恳的解释时，他们却被指责为是股票经纪人，是群众煽动者。

该股从每股255美元跌到了每股12美元。这次历史性的下跌向来就不是，也不可能是空头打压所致。它既不是空头操作引起的，也不是空头操作使之持续的。内幕者一直都在抛售，而且因为他们自己不说，也不允许别人说出真相，所以抛售的价格总是高于实际情况。无论250还是200、150还是100，或者50还是25，这些价格对于该股来说都仍然过高，这一点内部的人知道，而公众却不知道。如果公众知道一家公司的全部真实情况只有极少数人才掌握的话，那么他们在企图通过买卖这只股票赚钱时，也许就会明智地把这种情形作为一项不利因素来考虑。

过去20年来，那些跌幅最大的股票，都不是因为空头的打压。但是公众对这种解释的轻信，却造成了总数多达上亿美元的亏损。人们对这些股票表现不满，原本是会抛售清仓的，如今却因为这样的解释而没有卖出。他们期望着，一旦空头停止打压后，价格会立刻涨回去。我当年经常听见人们责难基恩，在他之前，人们经常指责的是沃里史奥佛或者艾第森·卡玛克，后来，这个股票借口就落到了我身上。

我还记得英特维尔石油公司一案。它有一个内部集团，他们把这只股票炒了上去，在涨势中找到了一些买家。炒作方把价格拉到了50，然后开始抛售，于是出现了一次快速下跌。公众像往常一样，要求对此解释。英特维尔为什么如此疲软？问这个问题的人太多，使得答案成了重要新闻。于是，有一家金融新闻机构就去采访了一些经纪商。这些经纪商最了解英特维尔的涨势，也应该同样了解它的跌势。可当新闻机构问他们要一个能够发表出来，向全国广播的理由时，这些经纪商、这些多头集团的成员们，是怎么回答的呢？嘿，他们说，是拉瑞·利文斯顿在打压股市！这样还不够，他们又补充说，他们要去"抓住"他。然而，英特维尔集团当然还在继续抛售。该股那时的价格每股只有12左右，他们可以把它卖到10美元以下，而平均卖出价仍然会高于成本。

对于内部的人来说，压低出货是明智的，也是恰当的。可对于那些在35或者40价位的外人来说，就是另一回事了。这些人读着印刷出来的消息，拿着股票不动，就等着利文斯顿落入愤慨的内部集团手里。

在一个牛市中，尤其是在经济高峰期，公众一开始赚到的钱在后来会赔掉，就是因为他们在牛市上停留过久。"空头打压"这种说法助长了他们的停留。对许多解释公众应该予以警惕，他们所给出的解释，只是那些不具名的内部者所希望公众相信的罢了。

第二十四章　真相不可能出自知情人士之口，这是投机游戏的本质

公众总是希望从别人那儿得到信息，这就是传播消息和接受消息之所以非常普遍的原因。经纪商通过自己的市场简讯或者口头表达，向客户提供交易建议，这并没有错，但是他们却不应该过于纠缠公司目前的实际状况。因为市场总是要领先6～9个月的，目前的收益并不能成为经纪商建议自己的客户买进股票的依据。除非能确定，相关公司的业务前景在今后的6～9个月里，都能保证维持同样的收益率。如果透视这么长远的未来时，还是可以比较清晰地看见情况在不断发展，目前的实际能量将会得到改变，那么关于股票目前是否便宜的争论也就会消失。对交易者来说，必须目光长远；但是对经纪商来说，眼前关心的却是收取手续费，因此，一般的市场简讯有谬论是必然的。经纪商们依靠从公众那儿收取手续费过日子，而且会试图用自己的市场简讯或者口头信息，来诱使公众买进那些内幕者或者操纵者委托他们卖出的股票。

常常有这样的事情发生：一个内幕者来到一家大经纪公司，说："我希望你把这只股票的人气炒上来，能让我脱手5万股股票。"

于是经纪商就进一步详细询问。比方说，那只股票现在的价格是50，内幕者告诉他："我会给你价格为45元的5000股股票买入期权，以后每涨一个点，再给你5000股，直到总共50000股。同时，我也会给你市价卖出50000股股票的卖出期权。"

这个，对于一名追随者众多的经纪商来说，是一笔相当容易赚到的钱。而这样的经纪商当然正是内幕者们所寻找的。一个与全国各地的分部和关系户之间有直线联系的经纪公司，在这样一桩交易

中，通常都会找到一大批追随者。记住，无论什么情况下，经纪商的操作绝对安全，因为他有卖权。如果他能使一批公众追随自己，他就能够在自己正常的手续费之外，还以丰厚的利润卖掉自己的全部持股。

我想到了华尔街上一个很有名的"内幕者"的盘剥手段。

他总是去见一家大证券经纪公司的客户代表，有时候甚至更进一步，去见公司的低级合伙人。他会说些这种话："老兄啊，我想向你的多次帮忙表示一下感谢，给你一个好好赚点钱的机会。我们正组建一家新公司，要吸收一家公司的资产。我们将来接管，那只股票在它目前的价格基础上一定会大涨。我打算以65美元的价格给你500股。那股票现在的价格是72。"

这位要报恩的内幕者，把这件事告诉了许多大证券经纪公司里的几十个客户头子。既然他的这些受惠人都在华尔街，那么当他们得到那些已经显示出盈利的股票时，会怎么做呢？那当然是，建议他们能联系到的所有人都去买进这只股票。这些早在那位好心的施主意料之中。这些人会帮着拉高人气，使得这位好心的内幕者可以把他的好东西以高价卖给可怜的公众。

另外还有一些股票促销手段应该被禁止。以分期付款的方式向公众报价的上市股票，交易所就不应该允许交易。使报价正规化，这对于任何股票来说都有一定的约束作用。而且，一个公平的自由市场，以及价格上不时出现的差异，就足以为诱发交易提供全部条件了。

另外一种常见的抛售手段，是专门因为市场紧急而扩增股本。它使那些不动脑筋的公众们亏损了数百万美元，但却无人因此而被送进监狱，因为它完全合法。而这个过程，其实就和给该股票换一种颜色的做法相差无几。

这种把旧股票的1股变为新股的2股，或者4股，甚至10股的戏法，通常都是想使旧产品更加容易买卖。以前的价格是1镑一包，而且还卖不出去；但是换成一包四分之一镑，定价为25分，

第二十四章　真相不可能出自知情人士之口，这是投机游戏的本质

也许就会比较容易卖出，没准还会定价为27或者30分呢。

公众为什么不去探究把该股变得容易卖出的原因呢？这自然又是因为华尔街上的好心人所致。聪明的交易者不要相信你的敌人，只此一条警告就应该足矣。公众因为无视它，每年都损失着成千上万的钱。

无论是谁，只要制造或者传播有意诋毁个人信用或者公司业务的谣言，也就是说，引导公众卖出，造成证券贬值，都会受到法律的惩罚。这条法令的本来意图也许主要是在艰难时期，通过惩罚那些大声质疑银行偿付能力的人，来减轻恐慌引起的危害。不过，它当然也起到了反对以低于真实价值的价格出售股票，以保护公众的作用。换句话说，美国法律惩治那些利空题材的散布者。

如何才能保护公众，抵制以高于其实际价值的价格买进股票的危险呢？谁来惩治那些无根据的利好消息散布者呢？没人。然而，公众在股价过高时，听从不知名的内部人士建议而买进股票所遭受的损失，要多于在所谓的"打压"期间，由于利空消息而过低出售股票所遭受的损失。

如果像现在那条惩治空头骗子的法令一样，也通过一条可以惩治多头骗子的法令，那么我相信公众会节省下成千上万的钱。

承销商、炒作方和其他匿名乐观主义的受惠者们自然会告诉你，任何靠谣言和匿名言论来交易的人，亏了钱只能怨自己，怨不着别人。依此类推的话，也许可以说，任何蠢到了吸毒上瘾的人，都没有资格得到保护。

股票交易所对此应该伸出援手。这对反抗不公行为以保护公众是至关重要的。如果一个知道内情的人，想让公众接受他对事实的一个声明，甚至是他的一个想法，那么请他把名字签上。在利好信息上签名，并不一定能使它们真实，但是却会使"内部人士"和"董事们"更加谨慎从事。

公众应该把股票交易的基本要素一直牢记在心。当一只股票上涨时，要求对其上涨的原因进行详细解释并不必要。持续的买盘才

能使一只股票持续上涨。只要它在持续上涨，而且时时伴随着自然的小幅回落，那么一路跟着它就会相当安全。但是，如果一只股票经过长久稳定的涨势之后，开始转向并且逐渐往下走，只在偶尔会有一些小的反弹，那么显而易见，最小阻力趋势已经从向上变为向下了。情况就是这样，还有什么好要求解释的呢？它下跌的时候，也许有很多充分理由，但是这些理由只有极少数人知道，这些人要么密而不宣，要么就是反而告诉公众，说这只股票很便宜。公众应该意识到，真相不可能出自知情的少数人之口，这个游戏的本质就是如此。

　　许多号称来自于"内部人士"或者官方的所谓声明，都没有事实依据。有时候，甚至根本没有人要求内部人士发表声明，无论是署名的还是不署名的。这些故事是某些人，或者其他在市场上有重大利益的人发明出来的。在一只股票涨势的某一阶段，那些大量持股的内幕者们不会反对让专业作手来帮助交易该股。内部人士也许会把正确的买进时机告诉给这位大作手，但是你可以确定，他们永远也不会透露卖出的时机。这就把这位大作手放到了和公众一样的位置，所不同的，只是作手必须要有一个足以让他出货的市场。这时，就是误导"信息"最多的时候了。当然，有一些内部人士是在这个游戏的任何阶段都不能予以信任的。一般来说，大公司的领导人也许会以自己所知道的内情交易，但是他们实际上并不会去撒谎。他们只是什么都不说而已，因为他们知道，有时候沉默是金。

　　我已经说过很多次了，可总还是不嫌多。那就是，作为一名股票作手，多年的经验使我确信，没有人能够一直不断地战胜股市，但是，他也许能在某些情况下，以个股赚钱。无论一名交易者的经验有多么丰富，他总有交易失败的可能，因为投机不可能做到百分之百安全。华尔街的专业人士们知道，"内部"消息比起饥荒、瘟疫、庄稼欠收、政策调整或者其他任何可以称之为普通事故的消息，能更快地击垮一个人。在华尔街或者其他任何地方，没有通往成功的柏油大道，那何苦还要雪上加霜，再去堵塞交通呢？